Crashkurs Personalpsychologie

D1724884

Uwe Peter Kanning

Crashkurs Personalpsychologie

Organisations- und arbeitspsychologische Grundlagen für die Praxis

1. Auflage

Haufe Group
Freiburg · München · Stuttgart

Bibliografische Information der Deutschen Nationalbibliothek

Die Deutsche Nationalbibliothek verzeichnet diese Publikation in der Deutschen Nationalbibliografie; detaillierte bibliografische Daten sind im Internet über http://dnb.dnb.de/ abrufbar.

Print:	ISBN 978-3-648-14726-9	Bestell-Nr. 14138-0001
ePub:	ISBN 978-3-648-14727-6	Bestell-Nr. 14138-0100
ePDF:	ISBN 978-3-648-14728-3	Bestell-Nr. 14138-0150

Uwe Peter Kanning
Crashkurs Personalpsychologie
1. Auflage, Februar 2021

© 2021 Haufe-Lexware GmbH & Co. KG, Freiburg
www.haufe.de
info@haufe.de

Bildnachweis (Cover): © Bloomicon, shutterstock

Produktmanagement: Dr. Bernhard Landkammer
Lektorat: Ulrich Leinz

Dieses Werk einschließlich aller seiner Teile ist urheberrechtlich geschützt. Alle Rechte, insbesondere die der Vervielfältigung, des auszugsweisen Nachdrucks, der Übersetzung und der Einspeicherung und Verarbeitung in elektronischen Systemen, vorbehalten. Alle Angaben/ Daten nach bestem Wissen, jedoch ohne Gewähr für Vollständigkeit und Richtigkeit.

Inhaltsverzeichnis

Vorwort

Professionell aufgestellt, kann das Personalwesen zu einem zentralen Motor der Leistungsfähigkeit eines jeden Unternehmens werden. Gute Personalarbeit sorgt dafür, dass geeignete Mitarbeiter gezielt angeworben, ausgewählt und im Unternehmen richtig platziert werden. Sie hilft dabei, Stärken und Schwächen des Einzelnen als solche zu erkennen, und unterstützt ihn bei der Entwicklung seiner Kompetenzen. Sie befähigt Führungskräfte, die Leistung der Mitarbeiter zutreffend einzuschätzen, und sie fördert die Entwicklung einer Führungskultur, die gleichermaßen leistungsorientiert und wertschätzend ist. Entwicklungsmaßnahmen werden anspruchsvoll evaluiert und liefern Hinweise zur Optimierung der eingesetzten Methoden.

All dies sind nur einige Potenziale der Personalarbeit, die in den meisten Unternehmen aber leider bestenfalls ansatzweise entfaltet werden. Aufgrund suboptimaler Personalauswahl werden Schätzungen zufolge jedes Jahr Gelder in dreistelliger Milliardenhöhe nach dem Zufallsprinzip investiert, weil zum einen, diagnostische Methoden zum Einsatz kommen, die kaum Aussagen über die berufliche Leistung der Bewerber ermöglichen und zum anderen validere Methoden oft unbekannt sind. Im Bereich der Personalentwicklung sieht es kaum besser aus. Hier dürften bestenfalls 50 % der eingesetzten Gelder einen praktischen Nutzen im Berufsalltag entfalten. Insbesondere in der Führungskräfteentwicklung dienen die eingesetzten Trainings nicht selten eher der Managerbespaßung, als einer ernsthaften Auseinandersetzung mit den eigenen Schwächen. Viele an sich wirkungsvolle Trainings verpuffen, weil die Teilnehmer nach der Maßnahme allein gelassen werden und es keine Unterstützung beim Transfer der Trainingsinhalte in den Arbeitsalltag gibt. Im Bereich des Coachings konkurrieren Tausende selbst ernannter Experten mit wirklichen Experten und es ist für die Kunden kaum möglich, zwischen beiden Gruppen zu differenzieren. Statt sich an Erkenntnissen der Forschung zu orientieren, folgt man Modethemen oder vertraut einfach den Traditionen.

Dies führt u. a. dazu, dass das Personalwesen in vielen Unternehmen kein besonders hohes Ansehen genießt. Viel zu weit ist der Glaube verbreitet »Personal kann jeder!« Und wenn es um Personaleinsparungen geht, stehen die Personalabteilungen ganz oben auf der Liste. Im Gegensatz zum Ingenieurwesen oder dem Controlling ist es in vielen Unternehmen dem Personalwesen nicht gelungen, sich so weit zu professionalisieren, dass die Verantwortlichen als gleichwertige Entscheidungsträger ernst genommen werden. Das Personalwesen wird viel zu oft zur bloßen Serviceabteilung degradiert, die den Vorstellungen der Fachabteilungen zu folgen hat. Wie absurd dies ist, fällt erst auf, wenn wir uns einmal den umgekehrten Fall vorstellen. Kaum jemand stört sich daran, wenn ein Abteilungsleiter im Motorenbau schlechte Einstellungsinterviews durchführt. Die Personaler haben dies hinzunehmen. Wie würden Ingenieure wohl reagieren, wenn sie in Zukunft ihre Motoren nach den Vorgaben der Personalchefin bauen müssten?

Wenn das Personalwesen mehr sein soll als Personalverwaltung, wäre man gut beraten, seine Methoden und Entscheidungen auf eine verlässlichere Basis zu stellen. Seit Jahrzehnten gibt es empirische Forschung, in Feldern wie Personalauswahl, Personalentwicklung, Führung, Motivation oder Arbeitszufriedenheit. Diese Erkenntnisse sickern aber nur in homöopathischen Dosen in die Personalabteilungen deutscher Unternehmen ein und werden im praktischen Handeln noch weniger beherzigt.

Was Ihnen dieses Buch bietet

An diesem Punkt setzt das vorliegende Buch an. In verständlicher Weise klärt es über grundlegende Methoden und Forschungsergebnisse der Personalpsychologie auf. Dabei werden alle zentralen Felder der Personalarbeit angesprochen: *Personalmarketing, Personalauswahl, Leistungsbeurteilung, Arbeitszufriedenheit, Motivation, Führung, Personalentwicklung* und *Mitarbeiterbefragungen*. Die Texte sind so geschrieben, dass sie keine einschlägige Vorbildung voraussetzen. Jedes Kapitel endet mit konkreten Vorschlägen für die Praxis. Im letzten Kapitel werden die wichtigsten Erkenntnisse in Form von *Checklisten* zusammengefasst. Ihre Anwendung hilft dabei, Schwachstellen und Entwicklungsfelder im eigenen Unternehmen zu identifizieren.

Wie bei jedem meiner Bücher musste auch das vorliegende Buch von zahllosen Tippfehlern befreit werden. Für diese wichtige Arbeit danke ich den Studentinnen der Wirtschaftspsychologie Malien Arndt, Evelyn Fellhölter, Tatjana Raisig und Alwine Roberg gen. Alterbaum noch einmal ganz herzlich.

Münster im Sommer 2020
Uwe Peter Kanning

1 Einführung

Im Folgenden geht es darum, die grundlegende Sichtweise der Personalpsychologie auf Theorien und Methoden der praktischen Personalarbeit darzustellen und ihren Nutzen für den Alltag zu verdeutlichen. Dabei wird sich zeigen, dass die Psychologie eine kritische Perspektive einnimmt und immer danach fragt, welche Methoden nachweislich wirken und welche nur deshalb in vielen Unternehmen zum Einsatz kommen, weil sie aus einer Tradition heraus nicht mehr hinterfragt, oder allein durch den vermeintlich »gesunden Menschenverstand« untermauert werden, de facto aber auf Sand gebaut sind.

1.1 Was ist Personalpsychologie?

Die Personalpsychologie umfasst das gesamte Anwendungsgebiet der Psychologie im Personalwesen, von der Personalauswahl über die Personalentwicklung bis hin zu sehr grundlegenden Fragen der Führung oder der Mitarbeitermotivation (Schuler & Kanning, 2014). Ihrer Tradition folgend geht die Psychologie dabei naturwissenschaftlich-empirisch vor. Man denkt sich also nicht einfach plausible Theorien und Methoden aus, die dann über Generationen hinweg tradiert werden, sondern überprüft die Annahmen durch wissenschaftliche Studien. Erklärtes Ziel ist es dabei, die Spreu vom Weizen zu trennen und dadurch eine *evidenzbasierte Personalarbeit* zu etablieren. Oder anders ausgedrückt: Glauben und Überzeugungen sollen weitestgehend durch belastbares Faktenwissen ersetzt werden.

Dabei versteht es sich von allein, dass nicht jede Handlung im Alltag vollständig wissenschaftlich abgesichert sein kann oder muss. Das Personalwesen lässt sich in diesem Zusammenhang ganz gut mit dem Gesundheitswesen vergleichen. Auch hier reicht das Wissen bei weitem nicht aus, um alle Krankheiten zu heilen. Nicht jede Handlung einer Krankenschwester oder einer Fachärztin ist zuvor wissenschaftlich auf ihren Nutzen hin untersucht worden. Gleichwohl müssen die grundlegenden Therapieschritte, Medikamente oder Operationen in wissenschaftlichen Studien auf ihre Wirkung hin überprüft werden. Es muss klar sein, bei welchem Krankheitsbild welches Vorgehen in die richtige Richtung führt und welche Alternativen den Patienten schaden. Es gilt, Patienten vor Scharlatanen und Quacksalbern zu schützen und ihnen die zum gegenwärtigen Zeitpunkt bestmögliche Behandlung zu bieten.

Ganz ähnlich sieht es in der evidenzbasierten Personalarbeit aus. Wir wissen heute sehr vieles nicht, was wir gerne wissen möchten. So manche Methode, die wir heute noch für sinnvoll halten, mag sich vielleicht in 20 Jahren auch als wirkungslos erweisen. Dennoch wissen wir schon heute vieles sehr viel besser als so mancher selbsternannte Experte. Eine klare Orientierung an den Erkenntnissen der Forschung führt zu qualitativ besseren Entscheidungen, von denen letztlich alle Beteiligten profitieren. Es muss unser Ziel sein, den betroffenen Bewerbern, Mitarbeitern und Führungskräften den derzeit besten Erkenntnisstand zur Verfügung zu stellen.

So mancher erfahrene Praktiker wird sich die Frage stellen, warum man überhaupt empirische Forschung im Personalwesen benötigt. Genügen nicht einfach die Erfahrungswerte der handelnden Personen? Setzen sich wirksame Methoden nicht von allein durch und verdrängen wirkungslose Ansätze vom Markt? Können Methoden, die von vielen Unternehmen und damit auch von vielen erfahrenen Praktikern z. T. über Jahrzehnte hinweg eingesetzt werden, überhaupt falsch sein?

Auch hier hilft ein Blick in andere gesellschaftliche Lebensbereiche. Wenn es wirklich so wäre, dass richtige Theorien und Methoden über die Zeit hinweg absurde Ansätze von allein verdrängen würden, dann gäbe es heute keine Anhänger der Astrologie oder der Graphologie mehr. Beide Pseudowissenschaften sind hundertfach empirisch widerlegt worden und dennoch finden sie nach wie vor Anhänger und Anwender – auch im Personalwesen. Es ist falsch anzunehmen, dass »Medikamente«, die keine Wirkstoffmoleküle enthalten, eine medizinische Wirkung jenseits des Placeboeffektes entfalten können und dennoch gibt es tausende von Menschen, die tagtäglich Geld für Globuli & Co ausgeben. Manch andere Ansätze sind inzwischen verschwunden, haben sich aber über hunderte von Jahren in den Köpfen der Menschen gehalten. Wir können fast sicher sein, dass auch heute noch ein paar tausend Menschen daran glauben, dass die Erde eine Scheibe sei, der Liebe Gott schimpfe, wenn es donnert oder dass sich das Verbrennen einer Hexe positiv auf die nächste Ernte auswirken würde.

Es gibt leider keinen Automatismus, der dafür sorgt, dass sich gute und schlechte Ansätze im Laufe der Zeit ganz allein voneinander separieren und letztere dann auch konsequent ad acta gelegt werden. Auch das Personalwesen ist reich an falschen Überzeugungen und Methoden, die sich eigentlich schon seit langer Zeit überlebt haben sollten. Die nachfolgenden Kapitel werden zahlreiche Beispiele dafür aufzeigen. Getreu der Erkenntnis »Wissenschaft ist das, was Wissen schafft« hilft die Forschung bei einem solchen Separationsprozess, kann ihn initiieren und verstärken. Zum Selbstläufer wird die abgesicherte Erkenntnis dadurch leider nicht.

Es bedarf der Menschen, die bereit sind, wissenschaftliche Befunde zur Kenntnis zu nehmen, sich damit auseinanderzusetzen und sie zu verstehen. In diesem Sinne kann die Personalpsychologie als naturwissenschaftlich-empirische Disziplin einen wichtigen Beitrag zur Professionalisierung des Personalwesens leisten, wenn Verantwortliche in der Praxis sich dafür stark machen.

1.2   Lohnt sich evidenzbasierte Personalarbeit?

Von einer konsequenten Anwendung personalpsychologischer Methoden und Erkenntnisse profitieren letztlich alle Beteiligten.

Für *Arbeitgeber* bedeutet eine konsequente Orientierung an den Erkenntnissen der Forschung auf der einen Seite Kostenersparnis, auf der anderen Seite eine effizientere Nutzung der eigenen Ressourcen. Verdeutlichen wir uns den Nutzen an zwei einfachen Rechenbeispielen:

Beispiel 1: In Deutschland werden in der Wirtschaft pro Jahr etwa 3,4 Millionen Stellen neu besetzt (Brenzel et al., 2016). Multiplizieren wir diese Summe mit dem Durchschnittsgehalt deutscher Arbeitnehmer, so ergibt sich ein Investitionsvolumen von mehr als 150 Milliarden Euro bezogen auf das erste Jahr der Anstellung (vgl. Abbildung 1-1). Diese Schätzung ist sehr konservativ. Die meisten Mitarbeiter werden weitaus länger als nur ein Jahr bei ihrem neuen Arbeitgeber verweilen. Der Arbeitgeber muss zudem Lohnnebenkosten in nicht unbeträchtlicher Höhe zahlen und auch Lohnerhöhungen einkalkulieren. Bezogen auf die Menge der neu eingestellten Arbeitnehmer wird mit Hilfe der eingesetzten Auswahlverfahren sicherlich eine Summe von vielen hundert Milliarden Euro eingesetzt und dies jedes Jahr aufs Neue. Aber bleiben wir bei unserer zurückhaltenden Betrachtung. Wenn wir nun schätzen zu wie viel Prozent die Auswahlverfahren in der Lage sind, die reale Leistung der Mitarbeiter am Arbeitsplatz zu prognostizieren, so dürften wir kaum mehr als 20 % in Rechnung stellen (Kanning, 2015). In der Konsequenz bedeutet dies, dass mehr als 120 Milliarden pro Jahr nach dem Zufallsprinzip investiert werden. Würde man die Befunde der personalpsychologischen Forschung zur Eignungsdiagnostik praktisch umsetzen, ließen sich viele Milliarden gezielter einsetzen. Monetäre Nutzenanalysen zeigen regelmäßig wie immens groß der wirtschaftliche Wert guter Personalauswahl ist (Görlich & Schuler, 2014). Dies offenbart sich jedoch nur selten für Jedermann, z. B. wenn Spitzenmanager scheitern und ggf. sogar ein ganzes Unternehmen mit in den Abgrund ziehen (Kanning, 2019).

Beispiel 2: Jährlich werden in der deutschen Wirtschaft etwa 34 Milliarden Euro in die Weiterbildung investiert (Seyda & Werner, 2014). Schätzungen amerikanischer Forscher gehen davon aus, dass Personalentwicklungsmaßnahmen nur zu etwa 10–50 % eine Wirkung im Berufsalltag entfalten (Baldwin & Ford, 1988; Machin, 2002). Dies ist zum einen darauf zurückzuführen, dass Methoden eingesetzt werden, die prinzipiell wirkungslos sind, zum anderen verpuffen viele an sich sinnvolle Seminare und Workshops nach wenigen Wochen, weil die Teilnehmer nichts von den gelernten Inhalten im Arbeitsalltag umsetzen. Je nach Schätzung liegt der wirtschaftliche Verlust somit in einer Größenordnung zwischen 17 und 31 Milliarden Euro (vgl. Abbildung 1-2). Durch eine konsequente Orientierung an Forschungsergebnissen ließe sich hier einiges einsparen oder effizienter nutzen.

jährliche Personalkosten auf der Grundlage von Personalauswahlentscheidungen	> 150 Mrd. Euro
geschätzte Validität der Auswahlverfahren	ca. 20 %
Nach den Zufallsprinzip investierte Gelder bezogen auf das erste Jahr nach der Einstellung	> 120 Mrd. Euro

Abbildung 1-1: Wirtschaftliche Effizienz der Personalauswahl

jährliche Investitionen in der deutschen Wirtschaft in Personalentwicklung	ca. 34 Mrd. Euro
geschätzte Effizienz	10 – 50 %
Fehlinvestitionen	ca. 17 – 31 Mrd. Euro

Abbildung 1-2: Wirtschaftliche Effizienz der Personalentwicklung

Arbeitgeber sind jedoch nicht die einzigen, die aus einer evidenzbasierten Personalarbeit Nutzen ziehen. Auch *Mitarbeiter* profitieren davon. Keinem Mitarbeiter ist damit gedient, wenn er einen Arbeitsplatz bekommt, der ihn unter- oder überfordert. Mitarbeiter wollen Kollegen haben, die mit anpacken und keine unnötigen Konflikte erzeugen. Sie sind interessiert an fähigen Führungskräften und an einem System, in dem sich Leistung lohnt. Nützliche Weiterbildung ist für Sie ebenso wünschenswert wie für Arbeitgeber.

Kunden und *Geschäftspartner* haben ein natürliches Interesse daran, dass ihr Kooperationspartner mit verlässlichen Leuten arbeitet und Produkte oder Dienstleistungen anbietet, die ihr Geld wert sind. Konflikte sollten konstruktiv gelöst, und Anregungen zur Verbesserung ernst genommen werden.

Zu guter Letzt ist gute Personalarbeit auch im Interesse der *Gesellschaft* insgesamt. Zusammenhalt und Wohlstand in der Gesellschaft stehen und fallen mit der wirtschaftlichen Leistungskraft der Unternehmen. Eine Wirtschaft, die ihre Ressourcen effektiver nutzt, produziert mehr Steuern und hält gleichzeitig die Arbeitslosigkeit gering.

1.3   Warum orientieren sich Personaler kaum an der Forschung?

Im Verlauf der folgenden Kapitel wird immer wieder deutlich werden, wie groß die Diskrepanz zwischen den Erkenntnissen der Personalpsychologie und der alltäglichen Praxis der Personalarbeit ist. Hier stellt sich die Frage nach den Ursachen.

Eine Ursache liegt wahrscheinlich in der *Vielfalt der beruflichen Zugänge* zur Arbeit im Personalwesen. Das Personalwesen ist ein Sammelbecken für Menschen mit unterschiedlichster Ausbildung: Jura, BWL, Pädagogik, Lehramt, Ingenieurswissenschaften, Geographie, Sinologie, Geisteswissenschaften, Psychologie, kaufmännische Ausbildung und vieles mehr. Die wenigsten haben in ihrem Studium eine fundierte empirische Ausbildung genossen und daher auch keinen direkten und positiven Zugang zu Befunden der empirischen Forschung. So mancher Absolvent geisteswissenschaftlicher Fächer ist in seinem Studium niemals mit Forschungsergebnissen konfrontiert worden und glaubt daher, dass Erkenntnis durch Diskussion, Tradition oder gesellschaftspolitische Werthaltung zustande kommt. Forschungsergebnisse nimmt man daher nicht sonderlich ernst und vertraut lieber der eigenen Meinung und Erfahrung. Diejenigen, die gut ausgebildet sind, müssen mit ihren Kollegen oft faule Kompromisse schließen. So kommen nicht die fachlich besten Methoden zum Einsatz, sondern die, die im Kreis der Kollegen die größte Akzeptanz finden.

Eine fehlende Fachausbildung ist natürlich kein Gottesurteil, sondern ein Umstand der sich leicht verändern ließe. Ein Bedürfnis nach fachlicher *Weiterbildung* setzt allerdings ein Problembewusstsein voraus. Wer in einem beruflichen Umfeld lebt, dass evidenzbasierte Fachlichkeit nicht einfordert oder sogar abwertet, wird sich kaum die Mühe machen wissenschaftlich fundierte Weiterbildungen aufzusuchen. De facto verwechseln viele Unternehmen bei der Besetzung von Personalstellen Erfahrung mit Kompetenz. Daher wird Weiterbildung auch nicht entsprechend belohnt. Es reicht, lange genug im Personalwesen zu überleben, um eine hohe Expertise zugeschrieben zu bekommen. Wer dennoch fachliche Weiterbildung sucht, muss erst einmal etwas Niveauvolles finden. Ähnlich wie im Coaching gibt es auch hier keine Qualitätssicherung. Bisweilen könnte man den Eindruck gewinnen, als bewege man sich hier auf einem Heilpraktikermarkt, der für Menschen, die an der Medizin interessiert sind, wenig zu bieten hat.

Die mangelnde Fachkenntnis führt dazu, dass man die *Qualität bestimmter Methoden falsch einschätzt* (Varelmann & Kanning, 2018). Beispielsweise glauben Personaler, dass die Dauer der Berufserfahrung, die berufliche Leistung von Bewerbern im Durchschnitt zu fast 55 % prognostizieren kann. Der tatsächliche Wert liegt bei etwa 7 %. Die Prognosegüte unstrukturierter Interviews schätzen sie auf 41 %. Die Realität bewegt sich zwischen 4 und 14 % (vgl. Kapitel 3). Aus Sicht der Betroffenen handeln sie also durchaus rational, wenn sie bei der Vorauswahl viel Wert auf die Berufserfahrung legen und das Ganze anschließend mit einem schlechten Interview zur Endauswahl treiben. Wüssten sie, wie gering die Prognosewerte tatsächlich sind, hätten sie zumindest eine kleine Chance, das eigene Verhalten zu optimieren.

Personaler sind Menschen und neigen als solche dazu, ihrer eigenen Urteilsbildung weitgehend blind zu vertrauen. Mehr noch, viel zu oft glauben sie, die einzige Instanz, der sie vertrauen können, sei ihr *Bauchgefühl*. Das ist leider eine Illusion. Unzählige Studien zeigen, dass unsere Urteilsbildung zahlreichen, systematischen Fehlern unterliegt (Kanning, 2018, 2019; siehe auch Kapitel 3). Hierzu gehört u. a. die Selbstüberschätzung der eigenen Person. Pointiert ausgedrückt könnte man sagen, dass Intuition, Bauchgefühl und Menschenkenntnis Synonyme für das sind, was wir in der

Psychologie Messfehler nennen. Wer seinem Bauchgefühl unreflektiert folgt, begeht in systematischer Weise Fehler. Lange Berufserfahrung mag dazu in besonderer Weise verführen, obwohl Studien zeigen, dass Erfahrung nicht vor Urteilsfehlern schützt (Bald & Kanning, 2019; Kanning & Wördekemper, 2019).

Eine kritische Reflexion der eigenen Urteilsbildung ist daher nicht nur größte Tugend von Führungskräften, sondern auch von Menschen, die im Personalwesen arbeiten.

Fachlich gut qualifizierte Personaler haben das Problem, dass dem Personalwesen oft die notwendige *Hausmacht* fehlt, um im Unternehmen professionelle Personalarbeit durchsetzen zu können. Viel zu viele Unternehmen verstehen das Personalwesen fälschlicherweise als Dienstleistungseinheit, deren Aufgabe darin besteht, die Wünsche der Fachabteilungen zu erfüllen. Im Endergebnis bestimmen dann Laien darüber, wie Personalauswahlverfahren gestaltet oder welche Trainingsmaßnahmen eingekauft werden. Dies ist ungefähr so sinnvoll, als würden bei Daimler die Personaler darüber entscheiden, wie der nächste Motor der S-Klasse gestaltet wird. Hier zeigt sich, dass es dem Personalwesen bis heute in vielen Unternehmen nicht gelungen ist, als gleichwertige Profession neben Ingenieuren oder Kaufleuten angesehen zu werden. Das Personalwesen erscheint vielen als reine Personalverwaltung.

Eine nicht zu unterschätzende Quelle des Übels ist zudem der Mangel an anspruchsvoller *Evaluation*. Trainingsmaßnahmen werden in der Regel allein durch subjektive Einschätzungen der Teilnehmer evaluiert, obwohl die Forschung seit langem zeigt, dass derartige Einschätzungen nichts über den Lernerfolg einer Maßnahme und noch weniger über den Transfer der Inhalte in den Arbeitsalltag aussagt (vgl. Kapitel 9). Ganz ähnlich sieht es bei der Personalauswahl aus. Viel zu oft gilt eine Auswahlentscheidung bereits als Erfolg, wenn der neue Mitarbeiter nicht entlassen werden muss oder nach wenigen Monaten von allein das Weite sucht. Hier dürfte man ruhig ein wenig anspruchsvoller sein. Überträgt man dies auf das Ingenieurswesen, würde man sich damit zufriedengeben, wenn eine neue Brücke nicht schon in den ersten Monaten zusammenbricht oder ein Auto durch eigene Kraft die Werkshallen verlassen kann. Es fehlen differenzierte Rückmeldungen, die den Verantwortlichen klar vor Augen führen, wie suboptimal ihre Arbeit tatsächlich ist. Sie können daher aus der eigenen Erfahrung viel weniger lernen als beispielsweise ein Handwerker, der fast immer ein eindeutiges Feedback zur Qualität seiner Arbeit bekommt.

1.4 Literatur zur Vertiefung

Schuler, H. & Kanning, U. P. (Hrsg.). (2014). Lehrbuch der Personalpsychologie (3. Aufl.). Göttingen: Hogrefe.

Kolumne Wirtschaftspsychologie: www.haufe.de/personal/hr-management

YouTube-Kanal »15 Minuten Wirtschaftspsychologie«: www.youtube.com/ UwePeterKanning

2 Personalmarketing

Ziel des Personalmarketings ist es, eine vakante Stelle und damit einen Arbeitgeber in der Öffentlichkeit so zu präsentieren, dass geeignete Bewerber auf die Stelle aufmerksam werden und sich auf der Basis einer angemessenen Selbstreflexion für eine Bewerbung entscheiden. Aus potentiellen Bewerbern werden so reale Bewerber. Wenn alles richtig läuft, erhöht sich durch professionelles Personalmarketing die Anzahl der geeigneten Personen im Bewerberpool. Wenn man es falsch angeht, steigt lediglich die absolute Anzahl der Bewerber wobei gleichzeitig der prozentuale Anteil der Geeigneten sinkt. Erstes unterstützt die Bemühungen der Personalauswahl und sorgt dafür, dass die Wahrscheinlichkeit für eine gute Stellenbesetzung steigt. Letzteres führt die Bemühungen der Personalauswahl ad absurdum und reduziert unbeabsichtigt die Wahrscheinlichkeit für eine gute Stellenbesetzung. In diesem Kapitel soll deutlich werden, durch welche Maßnahmen sich gutes und schlechtes Personalmarketing voneinander unterscheiden.

Der Begriff des *Personalmarketings* wird dabei in Abgrenzung zum *Employer Branding* verwendet, obwohl beide in der Praxis mitunter auch als Synonyme erscheinen. Das Personalmarketing bezieht sich genuin auf den Prozess der Personalauswahl und hat das Ziel den Bewerberpool positiv zu beeinflussen. Das Employer Branding ist viel breiter angelegt. Hierbei geht es darum, eine Arbeitgebermarke zu etablieren, die positiv besetzt ist. Zielgruppen sind dabei primär die Menschen, die bereits heute im Unternehmen arbeiten. Das Ziel ist hier die Bindung und Motivierung der Beschäftigten. Mittelbar kann eine gutes Employer Branding dann auch dem Personalmarketing dienen, nämlich dann, wenn eine positiv besetzte Arbeitgebermarke die Anwerbung geeigneter Bewerber erleichtert.

2.1 Mythen und Missstände

Ein Blick in die Praxis zeigt, dass die Potenziale des Personalmarketings oft nicht genutzt werden. Mehr noch, bisweilen schadet das Personalmarketing sogar der Personalauswahl, ohne dass die Verantwortlichen es merken.

Hier die wichtigsten Mythen und Missverständnisse:

- Ziel des Personalmarketing ist es, ausschließlich die Menge der Bewerber zu erhöhen.
- Personalmarketing wird primär als Werbung missverstanden und daher werden die Prinzipien der Produktwerbung auf das Personalmarketing übertragen.
- Die Arbeitsrealität wird stark positiv verzerrt dargestellt (Hochglanzpräsentation im Hinblick auf Autonomie, Kollegen, Führung, Abwechslung, Entwicklungsmöglichkeiten etc.).
- Das Unternehmen formuliert keine oder unrealistisch geringe Anforderungen an die Bewerber.
- Die Darstellung des Unternehmens bzw. der Stelle ist betont abstrakt gehalten; Einsatz von Worthülsen.
- Die Darstellung ist über verschiedene Unternehmen hinweg austauschbar.
- Die Informationen sind sehr kurz gehalten.
- Auf den Internetseiten werden Bilder von extrem gutaussehenden und glücklichen Menschen eingesetzt.
- Auf die Ästhetik der Internetseite wird mehr Wert gelegt als auf die Inhalte.
- Auf die Darstellung von Werten wird mehr Wert gelegt als auf die Vermittlung von Fakten zum Arbeitsplatz bzw. über den Arbeitgeber.
- Bewerber werden geduzt.

2.2   Grundlagen

Stellen wir uns die folgende Situation vor: Auf eine Stellenausschreibung bewerben sich 10 Personen. Nehmen wir weiterhin an, eine dieser Personen wäre für die Stelle real geeignet, während die übrigen 9 Personen ungeeignet sind. In diesem Fall liegt die Zufallswahrscheinlichkeit, einen geeigneten Bewerber einzustellen – die sog. Grundquote (Taylor & Russel, 1939) – bei 10 % (vgl. Fall Nr. 1 in Tabelle 2-1). Wäre das sich anschließende Auswahlverfahren so schlecht wie der Zufall, würde man mit einer Wahrscheinlichkeit von 90 % eine Person einstellen, die im Berufsalltag an den Aufgaben der Stelle scheitert.

An dieser Stelle wird deutlich, wie Personalmarketing und Personalauswahl miteinander verzahnt sind. Das Personalmarketing legt die Zufallswahrscheinlichkeit fest, mit der eine geeignete Person eingestellt wird. Je größer diese Zufallswahrscheinlichkeit ausfällt, desto leichter ist später die Aufgabe für die Personalauswahl. Läge die Grundquote beispielsweise bei 80 % – was bedeutet, dass 80 % der Bewerber für die Stelle geeignet sind –, so würde man auch mit einem sehr schlechten Auswahlverfahren immer noch mit hoher Wahrscheinlichkeit eine geeignete Person einstellen. Umgekehrt gilt, je geringer die Grundquote ist, desto qualitativ besser muss die Personalauswahl sein, um die Schwächen des Personalmarketings bzw. des Arbeitsmarktes ausgleichen zu können.

Viele Menschen denken, dass eine große Bewerberanzahl automatisch zu besseren Ausgangsbedingungen für die Personalauswahl führt, schließlich hat der Arbeitgeber ja dann auch eine größere Auswahl. Diese Sichtweise ist leider falsch. Entscheidend ist in aller Regel nicht die Menge der Bewerber an sich, sondern die Grundquote. Würde es in unserem Beispielfall gelingen, doppelt so viele Bewerber anzuziehen und dabei auch die Anzahl der geeigneten Personen im Bewerberpool zu verdoppeln, wäre nichts gewonnen. Die Grundquote läge nach wie vor bei 10 % (vgl. Fall Nr. 2 in Tabelle 2-1). Ist nur eine vakante Stelle zu besetzen, haben sich die erhöhten Investitionen in das Personalmarketing nicht gelohnt.

Mehr noch, schlechtes Personalmarketing kann dem Auswahlprozess sogar schaden. Vermittelt man den potentiellen Bewerbern den Eindruck, die Stelle sei für nahezu jedermann geeignet, der Arbeitgeber sei zudem extrem attraktiv und würde fast jeden einstellen, so wird man mit Leichtigkeit viele Bewerber anziehen. Darunter sind dann aber leider auch viele, die überhaupt nicht geeignet sind. Dies senkt die Grundquote (Fall Nr. 3 in Tabelle 2-1). Im schlimmsten Fall hat der Arbeitgeber viel Geld ausgegeben, und damit – unbeabsichtigt – die Ausgangsbedingungen für die Personalauswahl deutlich verschlechtert. Jetzt muss er zusätzliches Geld in die Hand nehmen, um durch qualitativ bessere Personalauswahl den Schaden wieder zu beheben.

Gutes Personalmarketing unterstützt den Prozess der Personalauswahl, indem es die Grundquote steigert, also z. B. dafür sorgt, dass in einem Pool von 10 Bewerbern nicht eine Person für die Stelle geeignet ist, sondern vielleicht 3 Personen (Fall Nr. 4 in Tabelle 2-1).

Im Rahmen des Personalmarketings sind somit gleichzeitig zwei Aufgaben zu erfüllen, die zusammengenommen zu einer Steigerung der Grundquote führen:
1. Das Unternehmen muss auch sich als attraktiver Arbeitgeber auf dem Markt den potentiellen Bewerbern präsentieren und dadurch Menschen *anziehen*, sie also anregen, sich zu bewerben.
2. Gleichzeitig muss es manche potentielle Bewerber aber auch *abschrecken* und zwar genau diejenigen, die für die vakante Stelle nicht geeignet sind. Es muss klare Anforderungen der Stelle deutlich machen und damit zeigen, dass nicht jeder für die Stelle geeignet ist.

> **Videotutorial: Fünf Mythen des Personalmarketings**
> *   https://www.youtube.com/watch?v=lsfX5_a9SJc

Das Ziel des Personalmarketings ist somit die selektive Beeinflussung potentieller Bewerber. Die Menschen sollen zu einer *Selbstselektion* veranlasst werden. Sie sollen sich selbst dahingehend hinterfragen, ob sie für die Stelle wirklich geeignet sind oder nicht. Dies können sie aber nur dann leisten, wenn der Arbeitgeber im Zuge des Personalmarketings auch ein realistisches Bild von den Anforderungen der Stelle zeichnet und die Anforderungen nicht kleinredet.

Fall Nr.	Anzahl der Bewerber	Anzahl geeigneter Bewerber	Grundquote*
1	10	1	10 %
2	20	2	10 %
3	20	1	5 %
4	10	3	30 %

Tabelle 2-1: Prinzip der Grundquote
* Zufallswahrscheinlichkeit einen geeigneten Bewerber Bewerberpool zu finden und somit einen »Treffer« zu landen, sofern das Auswahlverfahren keine Validität besitzt.

Die bloße Anzahl der Bewerber steht eigentlich nur dann im Fokus des Personalmarketings, wenn ein Arbeitgeber weniger Bewerber als vakante Stellen hat. Auch dann ist es aber nicht sinnvoll, wahllos Leute anzusprechen, denn letztlich geht es immer auch um die Leistung am Arbeitsplatz und nicht um die Besetzung eines Stuhls.

2.3   Prozess des Personalmarketings

An Anfang des Personalmarketings steht zunächst eine *Analyse des Personalentwicklungsbedarfs* (Abbildung 2-1). Der Arbeitgeber muss klären, welche Stellen in welcher Menge zu besetzen sind. Mehr noch, es geht nicht nur um die »Stückzahl«, sondern um die Qualität der Stelle. Daher muss genau geklärt werden, welche Anforderungen vakante Positionen an zukünftige Mitarbeiter stellen. Zu diesem Zweck muss zunächst für jede vakante Stelle eine Anforderungsanalyse durchgeführt werden. Nur wenn der Arbeitgeber eine differenzierte Vorstellung davon hat, wie der Arbeitsplatz aussieht und welche Anforderungen er an die zukünftigen Mitarbeiter stellt, kann er im Zuge des Personalmarketings darüber auch differenziert Auskunft geben. Wie eine solche Anforderungsanalyse durchzuführen ist, wird in Kapitel 3 beschrieben.

In einem zweiten Schritt geht es um eine *Analyse des Bewerbermarktes*. Stehen passende Bewerber in ausreichender Anzahl auf dem lokalen Arbeitsmarkt zur Verfügung? Wo könnte man sie ggf. gezielt ansprechen? Ist das zu erwartende Qualifikationsniveau ausreichend oder muss man von vornherein mit Nachschulungen rechnen und sollte daher auch Menschen mit geringerer Qualifikation ansprechen? Welche Bedürfnisse haben die Bewerber und kann man sie ohne Weiteres erfüllen? Zudem geht es um die Frage, welches Image das eigene Unternehmen auf dem Markt der interessierenden Personen hat. Nicht alle diese Fragen lassen sich befriedigend beantworten, insbesondere für kleine und mittelständische Unternehmen.

Bei der Beantwortung von Fragen nach Menge und Qualifikation der potentiellen Bewerber, helfen vielleicht Statistiken zu Absolventen von Hochschulen oder Zahlen der Bundesagentur für Arbeit und Arbeitgeberverbänden.

Bei der Frage nach den Bedürfnissen der Bewerber denken manche Leser vielleicht an die Diskussionen rund um die *Generation X, Y, Z*. Sie gehen davon aus, dass junge Menschen völlig andere Bedürfnisse und beruflichen Ziele verfolgen als Menschen die 10 oder 20 Jahre älter sind. Dies ist nicht der Fall. Studien zeigen, dass die Unterschiede zwischen Vertretern verschiedener Generationen im Mittelwert sehr gering ausfallen und bisweilen den Stereotypen, die in der Personalszene kursieren widersprechen. So interessieren sich beispielsweise junge Menschen stärker für materielle Dinge als ältere Menschen. Sie sind auch leistungsmotivierter und streben weniger nach Autonomie als ältere – und das alles immer nur ein klein wenig (Kanning, 2016a; vgl. Kapitel 6).

Für die Forschung mögen solche Unterschiede interessant sein. Für die Praxis sind sie es nicht. Warum? Zum einem handelt es sich hier um Mittelwertunterschiede, die über große Menschengruppen hinweg gefunden wurden. Dabei verliert man leicht den Blick für die Vielfalt der Unterschiede innerhalb der jeweiligen Gruppe. Zur Generation Y gehören beispielsweise fast 15 Millionen Menschen, die sich untereinander so stark unterscheiden, wie Menschen an sich unterschiedlich sind. In Unternehmen bewirbt sich nicht der personifizierte Durchschnitt einer Generation, sondern meist nur einige wenige Individuen, die vom Durchschnitt ihrer Generation weit entfernt sein können. Zum anderen sind die Mittelwertunterschiede so gering, dass sie für die Praxis irrelevant sind, selbst wenn sich der personifizierte Durchschnitt bewerben würde.

Wer eine Vorstellung von den Bedürfnissen (potentieller) Bewerber bekommen möchte, kommt nicht umhin, sie selbst zu befragen. Dies kann z. B. über die eigene Internetseite geschehen, indem man Besucher einlädt einen kurzen Fragebogen anonym auszufüllen. Ähnlich ließe sich bei realen Bewerbern oder neu eingestellten Mitarbeitern verfahren. Einen größeren Einblick in die Bedürfnisse der Zielgruppe erhält man durch größer angelegte Umfragen etwa an Hochschulen. Dies dürfte in aller Regel die Ressourcen der meisten Unternehmen allerdings sprengen.

Auch bei der Analyse des Unternehmensimages kommt man letztlich nicht um anonyme Befragungen herum. Recht pragmatisch wäre die Befragung von Menschen, die auf der eigenen Internetseite landen bzw. die Befragung von realen Bewerbern und neu eingestellten Mitarbeitern. Ein breiterer Blick auf das Image ist dann schon eher eine Aufgabe für Markforschungsinstitute und Hochschulen.

Videotutorial: Was kommt nach dem X? Auf der Suche nach der Generation Y
- https://www.youtube.com/watch?v=zVof0fqAS_0

Kolumne: Gibt es die Generation Y?
- https://www.haufe.de/personal/hr-management/kolumne-wirtschaftspsychologie-gibt-es-die-generation-y_80_424158.html

Im dritten Schritt geht es um die konkrete *Gestaltung von Personalmarketingmaß-nahmen*. Welche Methoden sollen zum Einsatz kommen (z. B. Anzeigen in Jobportalen, Headhunting, Mitarbeiterwerbung)? Welche Botschaften müssen für die Zielgruppe in den Vordergrund gerückt werden? Wie ist die Botschaft visuell zu gestalten? Welches Budget steht zur Verfügung? In welchen Punkten muss das Unternehmen sich langfristig noch verbessern, um den Bedürfnissen der interessierten Bewerber besser entsprechen zu können? All dies sind zentrale Fragen, die an dieser Stelle beantwortet werden müssen.

Der vierte und letzte Schritt bezieht sich auf die Zeit, nachdem die Maßnahmen im Feld realisiert wurden. Nun geht es um die *Evaluation*. Wurden genügend geeigneten Personen angezogen? Enthält der Bewerberpool zu viele ungeeignete Bewerber? Welche Bewerberkanäle waren besonders effektiv und auf welche könnte man in Zukunft verzichten? Die Evaluation legt damit die Basis für spätere Marketingmaßnahmen, wenn die Stelle oder vergleichbare Positionen in Zukunft erneut besetzt werden müssen. Das Ziel ist eine Optimierung des bisherigen Vorgehens.

Personalbedarfsanalyse

Wie viele Stellen müssen besetzt werden?
Welche Anforderungen müssen zukünftige Mitarbeiter
auf diesen Stellen erfüllen? ...

Bewerbermarktanalyse

Wie viele, wie qualifizierte Personen stehen
wo auf dem Arbeitsmarkt zur Verfügung?
Welche Bedürfnisse haben diese Personen?
Welches Image hat der Arbeitgeber in diesem Personenkreis? ...

Gestaltung von Marketingmaßnahmen

Welche Kommunikationskanäle sollen genutzt werden?
Welche Informationen müssen vermittelt werden?
Welches Budget steht zur Verfügung? ...

Evaluation

Inwieweit wurde die Zusammensetzung
des Bewerberpools positiv beeinflusst?
Finden sich genügend Geeignete im Pool?
Welche Kommunikationskanäle waren wie effektiv? ...

Abbildung 2-1: Prozess des Personalmarketings

2.4   Was macht einen Arbeitgeber attraktiv?

Grundsätzlich kann zwischen konkreten und abstrakten (oder symbolischen) Merk-malen eines Arbeitsplatzes bzw. eines Arbeitgebers unterschieden werden.

Konkrete Merkmale sind sehr bodenständig und beschreiben die Alltagsrealität, mit denen Mitarbeiter konfrontiert werden: Gehalt, Arbeitsinhalte, freiwillige Sozialleis-tungen, Urlaubstage, Verantwortungsbereich, Autonomie, Aufstiegsmöglichkeiten, Nähe zum Wohnort, Lage des Arbeitgebers auf dem Land oder in einer Stadt etc.

Abstrakte Merkmale beziehen sich hingegen auf Aspekte, die weitaus schwerer zu greifen sind: Werte des Unternehmens, Führungskultur, Image des Unternehmens, Image der Branche etc.

Viele Praktiker glauben, dass Bewerber heute vor allem an Werten interessiert seien und stellen im Personalmarketing daher die (vermeintlichen) Werte ihres Unterneh-mens in den Vordergrund. Die Forschung zeichnet ein ganz anderes Bild der Realität. Regelmäßig zeigt sich, dass die konkreten Merkmale einen größeren Einfluss auf die Arbeitgeberattraktivität nehmen, als die abstrakten. Die Effektstärken liegen zwi-schen 7 und 43 % für konkrete und zwischen 5 und 9 % für abstrakte Merkmale (Hoye et al., 2013; Lievens, et al., 2003, 2007).

Arbeitgeber sind also gut beraten, wenn sie zunächst einmal versuchen, bei den kon-kreten Merkmalen zu punkten, ehe sie sich Gedanken darüber machen, wie sie Wer-te und andere abstrakte Eigenschaften vermarkten. Kaum jemand, der gut auf dem Arbeitsmarkt positioniert ist, wird wegen vermeintlich schöner Werte oder einem Kicker auf dem Flur in eine Gegend ziehen, die unattraktiv ist oder eine langweilige Arbeit übernehmen. Werte gewinnen vor allem dann an Bedeutung, wenn ein Be-werber mehrere Angebote hat, die sich in Hinblick auf die konkreten Merkmale kaum unterscheiden – also beispielsweise eine Traineestelle bei zwei Premiumherstellern im Automobilsektor.

Ein Blick auf die Internetseiten großer Unternehmen lässt die Vermutung keimen, dass insbesondere die Darstellung von Unternehmenswerten bei vielen Arbeit-gebern zu einer reinen Marketingblase verkommen ist. Alle großen Arbeitgeber erscheinen demnach viel Wert auf mitarbeiterorientierte Führung, kollegiales Mitei-nander, Nachhaltigkeit, Fairness, Verantwortung, Kundenorientierung etc. zu legen.

Die Internetseiten unterscheiden sich kaum hinsichtlich der Werte, sondern eher hinsichtlich der sprachlichen Ausgestaltung. Selbst wenn die Werte ganz offensichtlich nicht der Realität entsprechen – man denke hier an Automobilhersteller, die vor und nach dem Dieselskandal ihren Bewerber einreden wollen, das Unternehmen setze sich für Umweltschutz ein, trage Verantwortung für die Gesellschaft und ginge mit Kunden fair um – versuchen die Verantwortlichen potentiellen Bewerbern das Gegenteil einzureden. Dies dürfte in sehr vielen Fällen nach hinten losgehen, insbesondere, wenn es sich um hoch qualifizierte Bewerber handelt.

Zahlreiche Studien zeigen, dass *Authentizität* eine Schlüsselvariable der Arbeitgeberattraktivität darstellt. Im Gegensatz zum Produktmarketing, wo die meisten Menschen wissen, dass man sie anlügt und dies vielleicht auch mit Humor nehmen können, wirkt sich mangelnde Authentizität im Personalmarketing negativ aus (Lee et al., 2013). Bewerber offen anzulügen ist ohnehin eine kurzsichtige Strategie. Spätestens wenn aus Bewerbern Mitarbeiter werden, durchschauen sie den Betrug. Die hochqualifizierten Mitarbeiter ziehen dann schon bald weiter und suchen sich einen besseren Arbeitgeber. Übrig bleiben die Desillusionierten und die gering Qualifizierten.

Eine Studie von Kanning und Schirch (2021) zeigt, dass Werte in einer bestimmten Art kommuniziert werden müssen, um glaubwürdig zu sein. Werte, die auf Internetseiten oder in Stellenanzeigen erscheinen, steigern umso mehr die Arbeitgeberattraktivität, je differenzierter und glaubwürdiger sie präsentiert werden. Demnach sollte man nicht nur Werte benennen, sondern auch erläutern, was das Unternehmen konkret unter einem Wert wie Nachhaltigkeit oder Fairness versteht. Aus Worthülsen werden so Inhalte. Darüber hinaus ist es von Vorteil, zu belegen, inwieweit diese Werte auch tatsächlich gelebt werden – z. B. durch konkrete Zahlen, wie viel CO_2 im letzten Jahr eingespart wurde oder wie viel Geld in soziale Projekte der Zulieferländer gesteckt wurde.

In diesem Zusammenhang zeigen Studien beispielsweise auch, dass der Einsatz von *Bildern* im Internet oder in Broschüren, die Mitarbeiter des Unternehmens darstellen, authentisch sein müssen, um eine positive Wirkung auf die Arbeitgeberattraktivität zu entfalten (Burt et al., 2010). Wer den Eindruck erweckt, dass reale Mitarbeiter aussehen wie George Clooney und Nicole Kidman, wer Menschen, die im Callcenter arbeiten so darstellt als seien sie gerade bei Heidi Klum vom Catwalk gelaufen oder Maschinenarbeiter in weiß gestärkten Hemden zeigt, der zieht vor allem naive Zeitgenossen an und schreckt Leistungsträger ab. Mitarbeiterfotos sollen Menschen zeigen, die glaubwürdig sind.

In den letzten Jahren kommen immer mehr Unternehmen auf die Idee, Bewerber in Stellenanzeigen oder im Einstellungsinterview zu *Duzen*. Wahrscheinlich steckt dahinter die stereotype Überzeugung, gerade junge Menschen würden hierdurch einen positiven Eindruck vom Unternehmen bekommen. Dies ist leider zu einfach gedacht. Das Duzen von Bewerbern nimmt in der Tat Einfluss auf das Image eines Arbeitgebers, aber nicht nur in eine Richtung. In zwei Studien mit jungen Menschen zeigt sich ein positiver Einfluss im Bereich der Kollegialität. Unternehmen, die duzen wirken demnach freundlicher und moderner. Diesen Vorteil erkauft man aber damit, dass das Unternehmen gleichzeitig weniger leistungsstark und anspruchsvoll wirkt. Unternehmen die Duzen, werden daher weniger leistungsorientierte Menschen anziehen, die Karriere machen wollen (Kanning & Dressler, 2018; Kanning, Kempa & Winkelmann, 2019).

Mehr noch, den Ergebnissen zufolge will die Mehrheit junger Menschen lieber gesiezt werden (Kanning, Kempa & Winkelmann, 2019). Dabei ist es weniger schlimm, Menschen zu siezen, die gern geduzt werden möchten, als umgekehrt Menschen zu duzen, die lieber gesiezt werden möchten.

Alles in allem spricht mithin vieles dafür, im Personalmarketing und in der Auswahl erst mal beim Sie zu bleiben. Auch später im Beruf ist es falsch, eine Duzkultur vorzuschreiben. Arbeitnehmer wollen mehrheitlich selbst entscheiden, wen sie siezen und wen sie duzen (Kanning, Kempa & Winkelmann, 2019). Eine vorgeschriebene Regelung spricht nicht für ein Unternehmen, dass die Interessen der Mitarbeiter ernst nimmt.

> **Videotutorial: Duzen in Personalmarkting, Personalauswahl und Berufsalltag**
> * https://www.youtube.com/watch?v=ApaQP_n9-DE
>
> **Kolumne: Siezen Sie noch oder duzt du schon?**
> * https://www.haufe.de/personal/hr-management/siezen-oder-duzen_80_484682.html

Bei der *Gestaltung von Internetseiten* ist die Versuchung groß, vor allem Wert auf die Ästhetik zu legen und die Inhalte in den Hintergrund zu drängen. Auch dies sind

Prinzipien der Produktwerbung, die man bisweilen unreflektiert auf das Personal-marketing überträgt. Von dieser Praxis ist abzuraten. Eine Studie von Cober et al., (2003) hebt die Bedeutung der Inhalte hervor. Informationen über Gehalt und Ent-wicklungsmöglichkeiten (konkrete Merkmale) sowie über Unternehmenswerte (abs-trakte Merkmale) nehmen deutlich stärker Einfluss auf die Bewerbungsabsicht als die äußere Gestalt der Internetseite.

Innerhalb der Gestaltung der Internetseite ist wiederum die Usability – also die tech-nische Funktionsfähigkeit der Internetseite wichtiger als die Ästhetik der Darstel-lung. All dies gilt nicht nur für die Bereitschaft sich selbst zu bewerben, sondern auch für die Absicht Mundpropaganda zu betreiben und positiv im eigenen Umfeld über das Unternehmen zu sprechen.

Hat sich ein Mensch erst einmal entschieden, eine Bewerbung loszuschicken, so hat das Personalmarketing damit noch nicht alle Aufgaben erledigt. Auch das profes-sionelle *Auftreten im Auswahlprozess* kann zu den Aufgaben des Personalmarketings gezählt werden. Für viele Bewerber ist das Auswahlverfahren so etwas wie die Visi-tenkarte des Unternehmens. Die meisten bewerben sich bei einem No-Name-Arbeit-geber, d. h. sie wissen kaum etwas über die Stelle und das Unternehmen. Bei kleinen und vielen mittelständischen Unternehmen finden sie im Internet kaum mehr als die Stellenanzeige, die noch dazu über verschiedene Arbeitgeber hinweg weitestgehend austauschbar gestaltet ist. Bei Großunternehmen, können sie stundenlang Internet-seiten lesen und sind am Ende auch nicht informierter als zuvor, weil es sich hierbei fast ausschließlich um Werbung handelt, die die Realität mehr verschleiert, als dass sie ernstzunehmende Auskünfte gibt. In einer solchen Situation der Unsicherheit greifen die Bewerber nach jedem Strohhalm und schlussfolgern schließlich von der Art des Auswahlverfahrens auf den Arbeitgeber. Dies ist natürlich ein gewagter Kurz-schluss, aber es ist ratsam, sich als Arbeitgeber darauf einzustellen.

Eine Metaanalyse von Chapman et al. (2005) verdeutlicht die Relevanz des profes-sionellen Auftretens im Auswahlprozess. Untersucht werden verschiedene Faktoren, von denen abhängt, ob Bewerber letztlich ein Stellenangebot annehmen oder nicht (Abbildung 2-2). Zu lediglich 33 % hängt diese Entscheidung von Merkmalen des Arbeitsplatzes bzw. des Arbeitgebers ab. Weitere 28 % entfallen auf das Auswahlver-fahren und das Verhalten des Auswahlpersonals. Wer hier punkten will, muss z. B. ...
* schnell auf eingehende Bewerbungen reagieren,
* verbindliche (Termin-)Zusagen treffen,

- vorbereitet zum Einstellungsinterview erscheinen (z. B. mit einem Interviewleitfaden),
- Bewerber respektvoll behandeln,
- Gelegenheit für Rückfragen geben,
- Entscheidungsprozesse transparent machen,
- kurz nach dem Auswahlverfahren eine Rückmeldung geben.

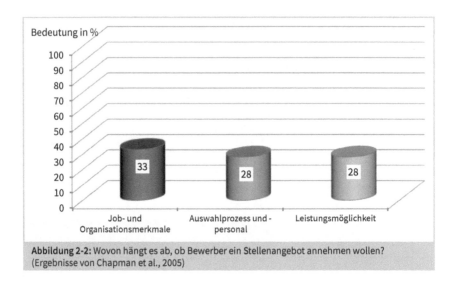

Abbildung 2-2: Wovon hängt es ab, ob Bewerber ein Stellenangebot annehmen wollen? (Ergebnisse von Chapman et al., 2005)

Besonders interessant ist die letzte Säule in Abbildung 2-2. Zu 28 % nimmt die Leistungsmöglichkeit Einfluss auf die Bereitschaft, einen Vertrag zu unterschreiben. Was bedeutet das? Viele Unternehmen glauben, bei Bewerbern einen guten Eindruck zu hinterlassen, wenn sie die Kandidaten nicht mehr fordern und das Einstellungsinterview zur Kennenlernrunde degradieren. Zumindest bei qualifizierten Bewerbern hinterlässt das keinen guten Eindruck. Sie wollen vielmehr sehen, dass der Arbeitgeber sich mit ihrer Eignung ernsthaft auseinandersetzt und diese auch überprüft. In einem guten, anspruchsvollen Auswahlverfahren erhält man am Ende die Stelle, weil man geeignet ist. Eine anspruchsvolle Untersuchung ist dabei nicht nur im Interesse des Arbeitgebers, sondern auch im Interesse des Arbeitnehmers. Sie bewahrt Bewerber davor, Stellen anzutreten, die sie am Ende unter- oder überfordern. In einem schlechten Auswahlverfahren ist der Bewerber allein vom Wohlwollen des Arbeitgebers abhängig. Er wird nicht genommen, weil er gut ist – das wird überhaupt nicht überprüft –, er wird genommen, weil er jemandem gefällt oder abgelehnt, weil er nicht gefallen hat. Eine solche Entscheidungspraxis nach Gutsherrenart erleben insbesondere qualifizierte Bewerber völlig zu Recht als Unverschämtheit.

2.5 Ausgewählte Methoden des Personalmarketings

Im Folgenden wollen wir uns einige klassische Methoden näher anschauen: offene und verdeckte Stellenanzeigen, Headhunting und gezielte Ansprache über soziale Netzwerke, die Anwerbung durch Mitarbeiter und Führungskräfte des eigenen Unternehmens sowie Rekrutierungsveranstaltungen.

2.5.1 Stellenanzeigen

Die Methode der Wahl ist nach wie vor das Schalten von Stellenanzeigen. Waren es früher vor allem Zeitungen und Zeitschriften, so sind es heute jedoch Anzeigen in Online-Jobportalen, in sozialen Netzwerken und auf den Internetseiten der einstellenden Unternehmen.

Die Stellenzeigen beinhalten üblicherweise fünf Aspekte:
- Vorstellung des Unternehmens
- Beschreibung der vakanten Stelle
- Ansprüche des Arbeitsplatzes an zukünftige Stelleninhaber
- Vorzüge des Arbeitsplatzes
- Kontakt zum Unternehmen und Benennung eines Ansprechpartners

Bei der Formulierung der Inhalte ist wichtig, dass der Arbeitgeber keine offenen oder versteckten Diskriminierungen bestimmter Personengruppen vornimmt, die ihm später vor dem Hintergrund des Allgemeinen Gleichbehandlungsgesetzes Ärger einbringt. Die Formulierung soll eine möglichst *differenzierte Beschreibung* des Arbeitsplatzes und des Arbeitgebers ermöglichen, da die Forschung zeigt, dass differenzierte Darstellungen einen Arbeitgeber in den Augen potentieller Bewerber attraktiver werden lassen (Garcia et al., 2010; Robertson, 2005), zudem ziehen differenzierte Informationen vor allem höher qualifizierte Personen stärker an (Walker et al., 2008). Da Stellenanzeigen schon aus Kostengründen eher kurze Informationen bündeln, wäre es somit ratsam, in der Stellenanzeige einen Link zur eigenen Internetseite zu hinterlegen und hier dann ausführlicher zu informieren.

Ziel der Stellenanzeige ist zum einen, potentielle Bewerber auf die Stelle aufmerksam zu machen und zum anderen eine möglichst valide *Selbstselektion* anzuregen. Es sollen sich nur die Personen auf die Stelle bewerben, die nach eigener Einschätzung hierfür gut geeignet sind. Funktioniert dies, so erhöht sich hierdurch die Grundquote (s. o.).

Grundsätzlich gilt für Stellenanzeigen, dass die zentralen Informationen schnell zu erfassen sind, damit der potentielle Bewerber schnell sieht, ob sich das Weiterlesen lohnt. Zudem sollten sie sich optisch von anderen Anzeigen abheben, sofern sie wie bei klassischen Anzeigen in Zeitungen in der Masse leicht untergehen könnten. Selbstverständlich muss die Schrifttype gut lesbar sein, wobei dies heute natürlich auch für verschiedene Endgeräte und vor allem für Smartphones gilt.

Eine besondere Variante sind *verdeckte Stellenanzeigen*. Hierbei bleibt die Identität des Arbeitgebers im Verborgenen. Potentielle Bewerber können im Prinzip alle üblichen Informationen lesen, ohne aber zu erfahren, bei welchem Unternehmen die Stelle ausgeschrieben ist. Diesen ungewöhnlichen Weg beschreiten Unternehmen, z. B. wenn sie ein schlechtes Image haben oder man nicht öffentlich zeigen möchte, dass z. B. eine Geschäftsführungsposition neu zu besetzen ist. Mitunter weiß nicht einmal der derzeitige Geschäftsführer, dass sein Vertrag nicht verlängert werden wird. Die Unternehmen hoffen bei dieser Strategie auf den Foot-in-the-Door-Effekt: Haben die Bewerber erst einmal etwas investiert, also ihre Bewerbungsunterlagen eingereicht und vielleicht auch ein Interview erfolgreich absolviert, werden sie dann auch eher bereit sein, ein Angebot von einem Unternehmen mit schlechtem Image anzunehmen. Inwieweit diese Hoffnung berechtigt ist, scheint einstweilen unklar. Eine Studie von Kanning und Bröckelmann-Bruns (2018) zeigt, dass verdeckte Stellenanzeigen von potentiellen Bewerbern durchweg negativer erlebt werden als offene. Verdeckte Stellenanzeigen werden wahrscheinlich den Bewerberpool negativ beeinflussen. Sie sollten daher eine große Ausnahme bleiben.

2.5.2   Headhunting

Headhunting – oder »Executive Search« – beschreibt ursprünglich die gezielte Abwerbung von Führungskräften aus einem anderen Unternehmen. Aus der Sicht des Unternehmens, das die Führungskraft derzeit beschäftigt, handelt es sich also um eine feindliche Aktion der Konkurrenz. Eine sehr groß angelegte Studie mit mehr als 2.000 Headhuntingfällen beschreibt die zentralen Schwachstellen der Methode, gegen die man sich wappnen müsste (Hamori, 2010).

Da ist zunächst das Problem, dass der Headhunter ein interessantes Objekt für seine Aktivitäten identifizieren muss. Dieses Objekt sollte ein realer Leistungsträger sein und auch auf dem anvisierten Arbeitsplatz hervorragende Leistung erbringen. De facto ist es aber leider so, dass der Headhunter das Leistungsniveau der Menschen, die er anspricht, nicht einschätzen kann. Er orientiert sich vor allem an Statuskriterien, wie Erfahrung, Alter, Position und Image des derzeitigen Arbeitgebers. Dabei wird ausgeblendet, dass auch Menschen mit hohem Status in ihrer Position Minderleister sein können, die Unternehmen in den Ruin treiben (Kanning, 2019).

Menschen, die von Headhuntern angesprochen werden, nehmen deren Angebot mit umso größerer Wahrscheinlichkeit an, wenn sie auch in früheren Jahren über Headhunting in ihre Positionen gekommen sind. Hierdurch erhöht sich die Wahrscheinlichkeit für Blender-Karrieren. Man bleibt nur wenige Jahre in einem Unternehmen und nutzt jede sich bietende Möglichkeit zum Absprung in eine prestigeträchtigere Position. Da Headhunter sich oft nicht trauen, die tatsächliche Eignung der Kandidaten scharf, durch anspruchsvolle Auswahlverfahren zu überprüfen, gelingt es ihnen allein über Prestige und Auftreten die Umwelt über ihre mangelnde Eignung hinwegzutäuschen. Je weiter sie aufsteigen, desto leichter fällt es ihnen die eigenen Fehler anderen in die Schuhe zu schieben. Irgendwann sind sie so weit aufgestiegen, dass sich niemand mehr vorstellen kann, dass sie Blender sind.

In den letzten Jahren ist es üblich geworden, auf deutlich niedrigerem Hierarchieniveau Menschen gezielt anzusprechen und zu einer Bewerbung zu bewegen. Dies geschieht in der Regel über soziale Netzwerke und kann bereits Hochschulabsolventen treffen. Einer noch nicht veröffentlichten Studie von Kanning und Freimuth (in Vorbereitung) zufolge, wird dies von den so angesprochenen keineswegs positiv bewertet. Dies gilt insbesondere, wenn die Ansprache ohne Auseinandersetzung mit der realen Eignung des Einzelnen erfolgt und über soziale Netzwerke stattfindet, die primär dem privaten Austausch dient (Facebook). Auch hier tun sich die Unternehmen nicht unbedingt einen Gefallen.

Kolumne: Headhunting – Eine wirkungsvolle Methode der Personalauswahl?
* https://www.haufe.de/personal/hr-management/kolumne-psychologie-wie-wirkungsvoll-ist-headhunting_80_285356.html

2.5.3   Mitarbeiterwerbung

Bei der Mitarbeiterwerbung werden Mitarbeiter gebeten, gezielt Menschen in ihrem Bekanntenkreis anzusprechen und auf vakante Stellen aufmerksam zu machen. Nun könnte man denken, dies sei keine gute Idee, weil die Mitarbeiter sich den Stellensuchenden gegenüber loyaler verhalten als gegenüber ihrem Arbeitgeber und versuchen, ihren Freunden irgendwie einen Arbeitsplatz zuzuschanzen. Dies scheint insgesamt aber eher selten der Fall zu sein. Die Forschung zeigt vielmehr, dass es sich hierbei um eine gute und sinnvolle Strategie des Personalmarketings handelt, die nachweislich auch zu einer Erhöhung der Grundquote im Bewerberpool beiträgt (Van Hoye, 2013; Zotolli & Wanous, 2000). Wahrscheinlich überlegen die meisten Mitarbeiter recht besonnen, wen sie ansprechen, vielleicht auch weil sie fürchten, dass schlechte Empfehlungen später negativ auf sie zurückfallen. Besser noch als die Anwerbung durch Mitarbeiter ist die Anwerbung durch Führungskräfte, wahrscheinlich weil diese noch stärker den Leistungsgedanken im Kopf haben, wenn sie Menschen aus ihrem Umfeld gezielt ansprechen.

Die Arbeitgeber sollten übrigens den Mitarbeitern kein Kopfgeld für die Anwerbung von Bewerben zahlen. Wer Verhaltensweisen monetär belohnt, die eigentlich selbstverständlich sind, reduziert Motivation. Das Anwerben von Bewerbern ist gewissermaßen ein Ehrendienst.

2.6   Empfehlungen

1. Legen Sie jegliche Stereotype im Hinblick auf vermeintliche Generationen und deren Bedürfnisse ab.
2. Stellen Sie konkrete Merkmale/Vorzüge des Arbeitsplatzes in den Vordergrund und nicht die Werte.
3. Sofern Sie Werte thematisieren, sollten Sie erläutern, was genau Sie damit in ihrem Unternehmen meinen und wenn möglich auch Belege liefern, dass es sich hierbei nicht um Werbesprüche handelt.
4. Lügen Sie nicht. Versuchen Sie lieber, tatsächlich ein attraktiver Arbeitgeber zu werden.
5. Duzen Sie die Bewerber nicht.

6. Legen Sie bei der Gestaltung der Internetseiten mehr Wert auf die Inhalte und die Usability, als auf die ästhetische Gestalt.
7. Sofern Sie Bilder von Mitarbeitern verwenden, achten Sie darauf, dass die dargestellten Menschen eher wie Durchschnittstypen und nicht wie Modells aussehen.
8. Treten Sie professionell im Auswahlverfahren auf und trauen Sie sich, Bewerber zu fordern.

2.7   Literatur zur Vertiefung

Kanning, U. P. (2017a). Personalmarketing, Employer Branding und Mitarbeiterbindung – Forschungsbefunde und Praxistipps aus der Personalpsychologie. Berlin: Springer.

3 Personalauswahl

Die richtige Personalauswahl ist von entscheidender Bedeutung für den Erfolg eines jeden Unternehmens. Mitarbeiter, die mit ihren Aufgaben unter- oder überfordert sind, können auf Dauer keine gute Leistung bringen und verursachen mitunter große Schäden, wenn es sich um Fehlbesetzungen auf herausragenden Positionen handelt (Kanning, 2019). Im Folgenden durchlaufen wir alle Stufen des Auswahlprozesses von der Anforderungsanalyse bis zum Assessment-Center und werden uns dabei klassische Methoden aber auch neue, digitalisierte Methoden der Eignungsdiagnostik anschauen.

3.1 Mythen und Missstände

Seit Jahrzehnten gibt es in der Psychologie Forschung zur Personalauswahl. Jährlich erscheinen hunderte wissenschaftliche Publikationen und dennoch könnte die Diskrepanz zwischen wissenschaftlich abgesicherten Erkenntnissen auf der einen Seite und dem Alltag der Personalauswahl in den meisten Unternehmen auf der anderen Seite kaum größer sein (Kanning, 2015a, 2016b, 2016c):

- Es werden keine Anforderungsanalysen durchgeführt oder aber der Vorgesetzte denkt sich die Anforderungen einfach aus.
- Die Sichtung der Bewerbungsunterlagen orientiert sich nicht an den Anforderungen der Stelle, sondern an den formalen Standards der Ratgeberliteratur. Wer sich nicht an die Standards hält, erscheint als ein schlechter Bewerber.
- Biografische Angaben der Bewerber werden mittels Kriterien interpretiert, die nicht oder kaum valide sind (z. B. Freizeitaktivitäten, Lücken im Lebenslauf).
- Einstellungsinterviews laufen weitgehend unstrukturiert ab. Den einzelnen Bewerbern werden dabei unterschiedliche Fragen gestellt und ihre Antworten nicht nach einem einheitlichen Auswertungsschlüssel bewertet. Ob ein Bewerber die Stelle bekommt oder nicht, hängt vor allem vom Bauchgefühl des Interviewers ab.
- Es kommen Testverfahren zum Einsatz, deren Qualitätskriterien nicht bekannt sind oder die von vornherein nicht zu empfehlen sind (z. B. typologische Verfahren).
- Auf den Einsatz von Intelligenztests wird verzichtet.

- Assessment-Center werden nicht nach den Regeln der Kunst durchgeführt. Bewerber treten beispielsweise in den Übungen direkt gegen Mitbewerber an. Die Übungsinhalte spiegeln keine Situationen aus dem Berufsalltag. Die Beurteiler tauschen sich zwischen den Übungen über die Bewerber aus u.v.m.
- Die Bewerber werden durch den Einsatz künstlicher Intelligenz ausgewählt.
- Die Verantwortlichen denken sich eigene Methoden aus, die nicht einmal ansatzweise wissenschaftlichen Qualitätskriterien genüge leisten können oder aus der Esoterik stammen (z. B. Pendeln).

3.2 Grundlagen

Die Qualität diagnostischer Methoden lässt sich im Kern über drei Qualitätskriterien definieren: Objektivität, Reliabilität und Validität.

Bei der *Objektivität* geht es um die Unabhängigkeit der Untersuchungsergebnisse von demjenigen, der die Untersuchung durchführt. Wenn Bewerber A von Herrn X oder Frau Y in einem Einstellungsinterview auf seine Eignung untersucht wird, müsste dabei jeweils exakt dasselbe Ergebnis herauskommen, um von einer maximalen Objektivität sprechen zu können. Schließlich ist der Bewerber in beiden Gesprächen ja derselbe Mensch mit denselben Eigenschaften. In der Realität sieht es leider ganz anders aus. In den meisten Interviews, die in Deutschland jeden Tag tausendfach durchgeführt werden, hat der Interviewer einen entscheidenden Einfluss auf die Ergebnisse.

Das Grundproblem der Personalauswahl besteht darin, dass die Entscheidungsträger davon ausgehen, dass ihre Urteilsbildung weitestgehend fehlerfrei sei. Wenn sie einen Menschen als teamfähig oder leistungsschwach wahrnehmen, dann ist er es ihrer Ansicht nach auch. Dabei übersehen die Verantwortlichen die hohe Anfälligkeit der menschlichen Urteilsbildung für systematische Fehler. Hier einige Beispiele für typische und empirisch gut nachgewiesene Fehler (Kanning, 2018a):
- Übergewichtige Bewerber werden als weniger leistungsstark erlebt.
- Gutaussehende Bewerber werden in vielfältiger Weise überschätzt. Sie erscheinen intelligenter, teamfähiger und auch fachlich versierter als Menschen, die weniger gut aussehen.
- Große und kräftig gebaute Bewerber werden als führungsstärker wahrgenommen.

- Bewerber mit Migrationshintergrund werden trotz gleicher Qualifikation mit geringerer Wahrscheinlichkeit zu einem Einstellungsinterview eingeladen.
- Personen, die dem Entscheidungsträger ähnlich sind, werden positiver bewertet als unähnliche Kandidaten.
- Bewerber, die mit einem Akzent sprechen, erhalten schlechtere Bewertungen als Bewerber, die Hochdeutsch sprechen.
- Personen, die dem Stereotyp der entsprechenden Berufsgruppe entsprechen, (z. B. weibliche Pflegekräfte und männliche Schulleiter) werden als geeigneter erlebt, als solche Personen, die das Stereotyp brechen (männlichen Pflegekräfte und weibliche Schulleiter).

Videotutorial: Ähnlichkeitseffekte in der Personalauswahl
- https://www.youtube.com/watch?v=RKUHwneC2AI

Videotutorial: Wie beeinflusst ein Akzent die Bewertung von Bewerbern?
- https://www.youtube.com/watch?v=m0iYCOJFCBY

Kolumne: Die Entzauberung der Menschenkenntnis
- https://www.haufe.de/personal/hr-management/psychologie-entzauberung-der-menschenkenntnis_80_212676.html

In den allermeisten Fällen dürften diese Effekte ohne Absicht auftreten. Die Verantwortlichen kennen entsprechende Fehler nicht oder gehen davon aus, dass ihre Berufserfahrung sie davor schützt. Letzteres ist leider nicht der Fall. Mehrere Studien zeigen, dass Menschen mit einschlägiger Erfahrung in gleicher Weise derartige Fehler machen, wie völlige Laien, die noch nie Bewerbungsunterlagen gesichtet oder Einstellungsinterviews geleitet haben (z. B. Bald & Kanning, 2019; Kanning & Wördekemper, 2019).

Objektivität lässt sich im Grunde genommen sehr leicht herstellen. Es geht letztlich um Standardisierung: Jeder Bewerber für die vakante Stelle muss das gleiche Auswahlverfahren durchlaufen und jeder Entscheidungsträger muss die Eignung nach den gleichen, expliziten und verbindlichen Kriterien bewerten. Im Einstellungsinterview werden daher Interviewleitfäden eingesetzt, sodass jeder Bewerber dieselben Fragen bekommt. Für jede Frage wird vor dem Interview festgelegt, für welche Antwort es wie viele Punkte gibt. Zudem ist der Beurteiler nicht allein.

Wer nun anmerkt, dass ein solchermaßen hochstandardisiertes Vorgehen die individuelle Freiheit der Diagnostiker stark einschränkt, der schätzt die Lage richtig ein. Diese Einschränkung ist jedoch kein Problem, sondern ein wichtiges Teilziel. Um eine hohe Objektivität erlangen zu können, muss es klare Regeln geben, die dafür sorgen, dass alle Bewerber gleich behandelt werden.

Das zweite grundlegende Qualitätskriterium ist das der *Reliabilität*. Grundsätzlich ist davon auszugehen, dass jedes Untersuchungsergebnis mit einem Messfehler behaftet ist. Das Ergebnis spiegelt die realen Merkmale des Bewerbers also nur ungenau wider. Die Größe des Messfehlers ist von entscheidender Bedeutung für die Aussagekraft eines Befundes. Untersuchen wir beispielsweise die Teamfähigkeit mit einem Einstellungsinterview und bilden die individuelle Ausprägung des Merkmals auf einer Skala von 1 bis 5 ab (1 = sehr geringe Teamfähigkeit, 3 = für die Stelle hinreichende Ausprägung, 5 = extrem hohe Ausprägung), so spricht ein Wert von 3,5 zunächst einmal für die gute Teamfähigkeit des Bewerbers. Wenn wir nun aber erfahren, dass der Messfehler 1,5 Punkte beträgt, ändert sich unsere Einschätzung. Der Bewerber könnte ebenso gut völlig ungeeignet für die Stelle sein. Je kleiner der Messfehler ist, desto stärker können wir das Risiko einer Fehleinschätzung reduzieren.

Eine hohe Reliabilität lässt sich vergleichsweise leicht herstellen. Hierzu muss jedes Merkmal möglichst häufig untersucht werden. Jeder, der schon einmal einen professionellen Persönlichkeitsfragebogen aufgefüllt hat, konnte dieses Prinzip am eigenen Leib erfahren. Nach einiger Zeit hat man den Eindruck, dass ganz ähnliche Dinge mehrfach abgefragt werden. Dieser Eindruck ist richtig. Der Bewerber bekommt vielleicht 8 oder 10 Fragen zu seiner Gewissenhaftigkeit gestellt. Dabei interessiert die einzelne Antwort überhaupt nicht. Im Zuge der Auswertung des Fragebogens wird vielmehr der Mittelwert über die Fragen zur Gewissenhaftigkeit berechnet. Hierdurch lassen sich zufällig auftretende Messfehler reduzieren. Theoretisch könnte man sämtliche dieser Messfehler statistisch eliminieren, wenn man dem Bewerber unendlich viele Fragen zur Gewissenhaftigkeit stellen und anschließend einen Mittelwert über die Einzelantworten berechnen würde. Dies ist natürlich nicht möglich.

Für die Praxis lässt sich aus dieser Erkenntnis aber eine wichtige Regel ableiten: Man sollte ein bestimmtes Merkmal immer mehrfach untersuchen und dann über die Ergebnisse der Einzelmessungen einen Mittelwert berechnen. Will man im Interview beispielsweise die Führungskompetenz eines Bewerbers untersuchen, sollte man hierzu drei, vier oder besser noch fünf Fragen stellen. Wer im Interview zur Messung der Kundenorientierung nur ein einziges Rollenspiel durchführt, kann sich nicht gegen Messfehler absichern. Das Ziel sollte eine dreimalige Überprüfung der Kundenorientierung sein.

Standardisierte Testverfahren, also Leistungstests oder Persönlichkeitsfragebögen, müssen von den Testentwicklern in empirischen Studien auf ihre Messgenauigkeit hin untersucht werden. Entscheidend sind dabei vor allem zwei mathematische Kennwerte, die sich in einem Zahlenraum zwischen 0 und 1,0 bewegen:

- *Innere Konsistenz.* Dies ist ein allgemeines Maß der Reliabilität. Es drückt aus, inwieweit die Fragen und Aufgaben (= Items), die ein bestimmtes Konzept messen, zusammengehören, also zu ganz ähnlichen Ergebnissen führen. Je stärker dies der Fall ist, desto geringer fällt der Messfehler aus.
- *Retest-*Reliabilität. Dieses Maß drückt aus, wie stark sich ein Messergebnis über die Zeit hinweg verändert. Messen wir die Intelligenz eines Menschen heute und nochmals in einem halben Jahr, so sollten die Ergebnisse annähernd dieselben sein, weil sich die Intelligenz eines Menschen in solch kurzer Zeit nicht verändert. Je stärker die beiden Messergebnisse voneinander abweichen, desto größer muss der Einfluss von Messfehlern sein.

Der mathematische Kennwert – der sog. Reliabilitätskoeffizient – sollte mindestens 0,7 betragen. Machen Testanbieter keine Angaben zur Reliabilität, so kann der Kunde das Verfahren auch nicht seriös einschätzen und sollte sich daher einen anderen Testanbieter suchen.

Das wichtigste Qualitätskriterium ist das der *Validität.* Die Validität trifft eine Aussage darüber, wie gut ein diagnostisches Verfahren ein bestimmtes Merkmal – z. B. die Teamfähigkeit eines Menschen – erfassen kann. Auch hier sind verschiedene Varianten zu differenzieren, die ebenfalls in Form eines mathematischen Kennwertes (= Validitätskoeffizient) ausgedrückt werden:

- *Innere kriterienbezogene Validität.* Hierbei wird untersucht, inwieweit ein Instrument für die Messung eines bestimmten Merkmals mit den Ergebnissen anderer Instrumente, die dasselbe Merkmal untersuchen, übereinstimmt. Die innere kriterienbezogene Validität eines diagnostischen Verfahrens kann beispielsweise untersucht werden, indem geprüft wird, ob Menschen, die in einem Fragenbogen zur Messung der Gewissenhaftigkeit hohe Werte aufweisen, auch in anderen Fragebögen zur Messung der Gewissenhaftigkeit gut abschneiden. Ist dies der Fall, so wird hierdurch die innere kriterienbezogenen Validität des neuen Fragebogens belegt.

- *Äußere kriterienbezogene Validität.* In diesem Fall korreliert man nicht die Ergebnisse zweier diagnostischer Methoden miteinander, sondern stellt einen direkten Bezug zum Berufsleben her. Wäre es tatsächlich so, dass die Menge der Tippfehler im Anschreiben Auskunft über berufsrelevante Aspekte der Gewissenhaftigkeit eines Menschen gibt, so sollte die Menge der Tippfehler auch mit der Menge der fehlerhaft gefertigten Produkte korrelieren, die ein Arbeiter an seiner Maschine produziert. Die äußere kriterienbezogene Validität ist somit ein sehr viel strengerer Test der Validität.
- *Prognostische Validität.* Die prognostische Validität ist für die Personalauswahl die wichtigste und gleichzeitig die anspruchsvollste Form der Validität. Sie verrät uns, wie gut eine Auswahlmethode in der Lage ist, die Leistung eines Bewerbers über die Zeit hinweg zu prognostizieren. Genau darum geht es in der Personalauswahl. Wir möchten heute, zum Zeitpunkt des Interviews oder des Assessment Centers, wissen, wie gut ein Mensch in einem halben Jahr oder in einem Jahr seine beruflichen Aufgaben erfüllen wird. In den folgenden Abschnitten wird es immer wieder um die prognostische Validität gehen. Die Forschung zur prognostischen Validität verdeutlicht uns in besonderer Weise, wie eine bestimmte Auswahlmethode gestaltet werden sollte.

Auch der Validitätskoeffizient bewegt sich in einem Bereich zwischen 0 und 1,0 (in besonderen Fällen sind auch negative Werte möglich). Im Gegensatz zum Reliabilitätskoeffizienten gibt es hier jedoch keinen Mindestwert, der erreicht werden muss. Es gilt vielmehr: »Je höher, desto besser.«

> **Videotutorial: So unterscheiden Sie gute von schlechten Testverfahren!**
> - https://www.youtube.com/watch?v=b28y0_rjKOA

3.3   Anforderungsanalyse

Die Anforderungsanalyse legt die Grundlage für das gesamte Auswahlverfahren, inklusive der Stellenausschreibung. Nur wer genau identifiziert hat, wen er eigentlich sucht, kann auch die richtigen Personen ansprechen und sie im Verlaufe des Auswahlverfahrens als solche identifizieren.

Menschen sind nicht an sich geeignet oder ungeeignet, sie sind vor dem Hintergrund der Anforderungen, die eine bestimmte Position stellt, mehr oder weniger geeignet. Wer für Stelle A sehr ungeeignet ist, kann daher für Stelle B durchaus hervorragend geeignet sein. Dennoch verzichten viele Unternehmen auf differenzierte Anforderungsanalysen (Kanning, 2016b), vielleicht weil sie den Aufwand scheuen oder die Bedeutung nicht verstanden haben. Ersteres wäre fatal. So zeigt doch beispielsweise die Metaanalyse von Huffcutt et al. (1994), dass sich die Aussagekraft von Einstellungsinterviews allein durch eine explizite Orientierung an den Anforderungen der Stelle deutlich steigern lässt.

Es gibt viele Methoden der Anforderungsanalyse, die mehr oder minder aufwändig sind (Schuler, 2014a). Schauen wir uns im Folgenden eine Methode an, die sich durch ein besonders ökonomisches Verhältnis zwischen Aufwand und Ertrag auszeichnet. Die Rede ist von der *Critical Incident Technique* (CIT; Flanagan, 1954).

Die Critical Incident Technique verläuft in vier Schritten:
1. Zunächst gilt es, Arbeitsplatzexperten für die zu besetzende Stelle zu finden. Dies sind in der Regel direkte Vorgesetzte und Stelleninhaber. Bei Führungspositionen kommen zudem unterstellte Mitarbeiter in Betracht. Je nach Stelle können darüber hinaus Kollegen oder Kunden hinzugezogen werden. Üblicherweise würde man drei bis fünf Personen identifizieren.
2. Mit jedem Arbeitsplatzexperten wird ein Einzelinterview geführt, in dem die betreffende Person Situationen (bzw. Arbeitsaufgaben) aus dem Berufsalltag der zu besetzenden Stelle schildert. Es soll sich dabei um Situationen handeln, die für den Erfolg auf der vakanten Position wichtig sind. Zu jeder der selbst genannten Situation wird zudem erfragt, wie sich ein zukünftiger Stelleninhaber in der Situation verhalten sollte, um sie erfolgreich zu lösen und wie er sich nicht verhalten sollte (positives und negatives Verhalten). An dieser Stelle der Anforderungsanalyse geht es als also nicht um abstrakte Begriffe wie etwa »Führung« oder »Loyalität«, sondern um ganz konkretes Verhalten.
3. Nachdem die Interviews durchgeführt wurden, schließt sich die zusammenfassende Auswertung der Ergebnisse an. Dazu werden alle Verhaltensweisen aus den Interviews nach inhaltlichen Gesichtspunkten in Cluster zusammengefasst. Unabhängig von den einzelnen Interviewpartnern ergibt sich somit z. B. ein Cluster verschiedener Verhaltensweisen, die zusammenfassend als »Teamfähigkeit« bezeichnet werden und ein anderes Cluster, dass die Bezeichnung »Kreativität« erhält. Die Cluster repräsentieren die Anforderungsdimensionen.
4. Die Ergebnisse der Clusterung werden verschriftlicht. Dadurch wird jede Anforderungsdimension auf der Grundlage der Interviews inhaltlich definiert. Zudem wird sowohl eine positive (hohe) Ausprägung als auch eine negative (geringe) Ausprägung der Dimension beschrieben.

Videotutorial: Gute Leistungsbeurteilungsskalen entwickeln

* https://www.youtube.com/watch?v=BDpGgEe0O2w

Die Critical Incident Technique erleichtert in mehrfacher Hinsicht die Entwicklung des eigentlichen Auswahlverfahrens. Zum einen kann man die in den Interviews genannten Situationen nutzen, um hieraus beispielsweise situative Fragen für das Einstellungsinterview oder Übungen für Assessment-Center bzw. Arbeitsproben zu entwickeln. Zum anderen werden über die positiven und negativen Verhaltensbeispiele die genauen Kriterien zur Bewertung der Interviewantworten oder des Verhaltens im Assessment-Center bzw. in der Arbeitsprobe definiert (s. u.).

Am Ende der Anforderungsanalyse steht die Beschreibung eines *Anforderungsprofils* (Abbildung 3-1). Viele Unternehmen haben keine expliziten Anforderungsprofile und damit einhergehend auch keine klaren Kriterien, die Auskunft darüber geben, welcher Bewerber die Mindestanforderungen für die vakante Stelle erfüllt. Dieser Mangel an Klarheit reduziert die Objektivität des Verfahrens und daher mittelbar auch die Validität.

In Abbildung 3-1 sehen wir ein Anforderungsprofil für eine konkrete Stelle, das über die oben beschriebene Methode entwickelt wurde. Es umfasst fünf Kompetenzdimensionen, deren Ausprägung auf einer Skala von 1 bis 5 beschrieben wird. Die 1 steht dabei für eine sehr geringe Ausprägung, die 5 für eine sehr hohe. Die senkrecht verlaufende Linie markiert die Mindestanforderung für zukünftige Stelleninhaber. Im laufenden Verfahren sammelt jeder Bewerber auf jeder Dimension Punkte, die (im Mittelwert) den jeweiligen Mindestwert erreichen müssen, damit der Bewerber als hinreichend geeignet gelten kann. Würde ein Bewerber in unserem Beispielfall bei der analytischen Kompetenz nur 3 Punkte erzielen, ansonsten aber auf allen anderen Dimensionen die Mindestanforderung (über-)erfüllen würde man ihn dennoch nicht einstellen. Auf einer wichtigen Dimension erfüllt er die Mindestanforderungen nicht und würde daher den anfallenden Aufgaben nicht gewachsen sein. Hinzu kommt, dass man die analytischen Fähigkeiten nicht durch Trainings verbessern kann und Defizite in diesem Bereich auch nicht durch Stärken im Engagement oder in der sozialen Sensitivität zu kompensieren sind.

Erfüllt keiner der Bewerber die Mindestanforderungen, so wäre der beste Weg die Neuausschreibung der Stelle und eine Schärfung des Personalmarketings. Ist der Arbeitsmarkt so schwierig, dass sich keine Personen bewerben, die die Mindestanforderungen erfüllen, muss der Arbeitgeber Kompromisse eingehen. Interessant wären dann vor allem solche Bewerber, die nur vereinzelt knapp unter den Anforderungsdimensionen liegen und dies auch nur in Kompetenzbereichen, die trainierbar sind, wie z. B. die Führungskompetenz.

Engagement	(1)	(2)	(3)	(4)	(5)
Mitarbeiterorientierte Führung	(1)	(2)	(3)	(4)	(5)
Überzeugungsfähigkeit	(1)	(2)	(3)	(4)	(5)
Kooperationsfähigkeit	(1)	(2)	(3)	(4)	(5)
Soziale Sensitivität	(1)	(2)	(3)	(4)	(5)
Analytische Kompetenz	(1)	(2)	(3)	(4)	(5)

Abbildung 3-1: Beispiel für ein Anforderungsprofil

3.4   Sichtung von Bewerbungsunterlagen

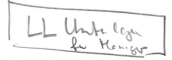

Die Sichtung der Bewerbungsunterlagen ist eine Methode der Personalauswahl, deren Bedeutung leicht unterschätzt wird. So könnte man beispielsweise denken, dass Fehler, die hier unterlaufen, später durch ein gutes Einstellungsinterview ausgeglichen werden können. Dies trifft aber leider nur zum Teil zu.

Wird ein Bewerber im Zuge der Unterlagensichtung überschätzt (= *Fehler der ersten Art*), so kann eine gründliche Untersuchung in einem qualitativ guten Interview diesen Fehler in der Tat ausbügeln. Der Bewerber erweist sich dann als nicht geeignet und wird auch nicht eingestellt.

Viel gefährlicher ist jedoch der *Fehler der zweiten Art*: Eine Person, die eigentlich für die Stelle gut geeignet gewesen wäre, wird im Zuge der Sichtung ihrer Bewerbungsunterlagen deutlich unterschätzt und wird daraufhin nicht zum Interview eingeladen. Dieser Fehler kann nicht ausgeglichen werden, da der Bewerber bereits vor dem Interview aus dem Verfahren ausgeschieden ist. Mehr noch, während die Verantwortlichen den Fehler der ersten Art zumindest ein Stück weit einschätzen können, wenn sie die Ergebnisse der Unterlagensichtung mit den Ergebnissen des Interviews vergleichen, bleibt der Fehler der zweiten Art eine unbekannte Größe. Registrieren sie den Fehler der ersten Art, so können sie daraus lernen und ihr Verfahren optimieren. Aus dem Fehler der zweiten Art könne sie nicht lernen. Insgesamt überschätzen sie daher die Qualität des eigenen Auswahlverfahrens und sehen sich kaum dazu veranlasst es zu verbessern.

Es ist zu befürchten, dass der Fehler der zweiten Art einen sehr großen Schaden anrichtet, weil viele Unternehmen einen Großteil der Bewerber nach der Unterlagensichtung herausfiltern. Sie sind also sehr streng, weil sie wahrscheinlich glauben, dass sich anhand der Unterlagen gut die Spreu vom Weizen trennen lässt. Leider zeigt die Forschung eher das Gegenteil. Tabelle 3.1 gibt einen Überblick über klassische Kriterien, die in Deutschland bei der Sichtung von Bewerbungsunterlagen zum Einsatz kommen und ihre Aussagekraft.

Kriterium	Aussagekraft
Anschreiben	67 % der Anschreiben werden heute nicht durch den Bewerber verfasst (Kanning, 2017b). Man arbeitet entweder mit Vorlagen aus dem Internet oder lässt die Bewerbungsunterlagen von einem Ghostwriter schreiben. Die Inhalte können daher kaum noch etwas über die Eigenschaften des Bewerbers verraten. Dies gilt auch für formale Kriterien, wie etwa die persönliche Anrede oder die Länge des Anschreibens (Kanning, Budde & Hüllskötter, 2018).
Tipp- und Grammatikfehler	Die Anzahl der Tipp- und Grammatikfehler steht in keinem Zusammenhang zu grundlegenden Persönlichkeitsmerkmalen (Kanning, Budde & Hüllskötter, 2018). Es ist daher falsch davon auszugehen, dass Bewerber mit Tippfehlern z. B. weniger gewissenhaft oder weniger leistungsmotiviert seien.
Berufserfahrung	Die Dauer der Berufserfahrung ermöglicht eine schlechtere Prognose der beruflichen Leistung, als die Vielfalt der Erfahrungen (Quinones, Ford & Teachout, 1995). Im Zweifelsfall ist ein Bewerber mit 5 Jahren Erfahrung, in denen er aufgrund sehr vielfältiger Aufgaben auch viel lernen konnte, interessanter als ein Bewerber, der 10 Jahre lang immer die gleichen Aufgaben bearbeitet hat.
Lücken im Lebenslauf	Lücken in der Berufsbiografie erlauben so gut wie keine Rückschlüsse auf die Eigenschaften der Menschen (Frank & Kanning, 2014) oder ihre berufliche Leistungsfähigkeit (Frank, Wach & Kanning, 2017). Um überhaupt Lücken sinnvoll interpretieren zu können, müssten sie groß sein (> 1,5 Jahre) und man müsste die realen Gründe für die Lücken kennen.

Kriterium	Aussagekraft
Führungserfahrung	Erfahrene Führungskräfte sind im Mittelwert keine besseren Führungskräfte (Kanning & Fricke, 2013). Offenbar geht in diesem Bereich Erfahrung nicht automatisch mit Lernprozessen einher. Es ist daher falsch, Personen ohne Führungserfahrung nicht zum Einstellungsgespräch einzuladen, wenn es um die Besetzung einer Führungsposition geht.
Sportliche Aktivitäten	Folgen wir Alltagsplausibilitäten, so sollten Menschen, die sich sportlich betätigen, dadurch etwas über ihre Persönlichkeit aussagen. Dies gilt insbesondere für Menschen, die Teamsportarten nachgehen. Leider bestätigt die Forschung dies nicht (z. B. Kanning & Kappelhoff, 2012). Eine Ausnahme bilden Leistungssportler, bei denen sich auch im beruflichen Kontext eine erhöhte Leistungsmotivation finden lässt (Gahlmann & Kanning, 2017).
Ehrenamtliches Engagement	Ehrenamtliches Engagement geht nicht automatisch mit hohen sozialen Kompetenzen einher. In machen sozialen Kompetenzen sind Effekte zu verzeichnen, in anderen wiederum nicht. Insgesamt fallen die Effekte gering aus (Kanning & Woike, 2015).
Hobbys	Hobbys erlauben in der Regel keinen Rückschluss auf Persönlichkeitseigenschaften. Wer glaubt, dass Köche gesellig und Angler introvertiert seien, folgt zwar plausiblen Stereotypen, mit der Realität haben diese Interpretationen aber nichts zu tun (Kanning & Wörmann, 2018).
Bewertungen in Arbeitszeugnissen	Die Stärke der Arbeitszeugnisse liegt eher in der Beschreibung der bisherigen beruflichen Tätigkeiten des Bewerbers. Die Bewertung durch den Arbeitgeber hat nur eine geringe Validität, die sich auch nur zeigt, wenn man mit großem Aufwand und sehr standardisiert an die Sache herangeht (Sende et al., 2018).

Tabelle 3-1: Kriterien zur Sichtung von Bewerbungsunterlagen und ihre Aussagekraft

Videotutorial: Der Ähnlichkeits-Attraktivitäts-Effekt
- https://www.youtube.com/watch?v=RKUHwneC2AI

Videotutorial: Was sagen Freizeitaktivitäten über einen Menschen aus?
- https://www.youtube.com/watch?v=zbZYwXM735Y

Videotutorial: Was sagen Lücken im Lebenslauf über einen Bewerber aus?
- https://www.youtube.com/watch?v=eKe2150g-HI

Videotutorial: Wie wichtig ist Berufserfahrung?
* https://www.youtube.com/watch?v=R0oCKKhX28c

Kolumne: Wie aussagekräftig sind Anschreiben?
* https://www.haufe.de/personal/hr-management/wie-aussagekraeftig-sind-anschreiben_80_481480.html

Alles in allem zeichnet die Forschung ein recht trauriges Bild von der Aussagekraft der Bewerbungsunterlagen. Sie sind viel weniger aussagekräftig als so mancher denkt. Schauen wir in der Praxis, so müssen wir feststellen, dass Bewerber heute überwiegend nach nicht validen Kriterien bewertet werden (Kanning, 2016b):

* Fast 90 % der Unternehmen deuten Tipp- und Grammatikfehler.
* Fast 86 % glauben, dass die übersichtliche Gestaltung des Lebenslaufes aussagekräftig sei.
* 84 % ziehen Lebenslauflücken heran.
* Mehr als 80 % möchten im Anschreiben etwas über die Bewerbungsgründe oder die vermutete Passung zur Stelle lesen.
* Über 80 % interpretieren die Bewertung der beruflichen Leistung in Arbeitszeugnissen.
* 78 % bewerten die Führungserfahrung der Bewerber.

Videotutorial: Worauf achten Arbeitgeber bei Anschreiben in Bewerbungsunterlagen?
* https://www.youtube.com/watch?v=0yoq4aa07N4

Bedenken wir zudem, dass all dies meist ohne differenzierte Anforderungsanalyse geschieht, so dürfte in den meisten Unternehmen die Unterlagensichtung kaum aussagekräftiger sein als ein Münzwurf. Die Entscheidungsträger bewerten ihr Vorgehen sicherlich völlig anders, da sie über Forschungsergebnisse in der Regel nicht informiert sind. Eine Studie von Varelmann und Kanning (2018a) mit mehr als 600 Praktikern zeigt, wie weit mitunter die Validitätseinschätzung der Praktiker von den Befunden der Forschung entfernt sind. Praktiker schätzen, dass sie über die Dauer der Berufserfahrung im Durchschnitt zu fast 55 % die zukünftige Leistung der Bewerber prognostizieren können. Der tatsächliche Wert liegt bei gerade einmal 7 % (Quinones et al., 1995).

Videotutorial: Wie schätzen Praktiker die Aussagekraft diagnostischer Methoden ein?
- https://www.youtube.com/watch?v=Hy8tIxXr7bA

Kolumne: Führt Rationalität immer zur richtigen Wahl?
- https://www.haufe.de/personal/hr-management/rationales-vorgehen-bei-der-personalauswahl_80_505646.html

Entgegen allen Traditionen bei der Sichtung von Bewerbungsunterlagen müssen wir feststellen, dass sie wenig bis gar nichts über die Persönlichkeit eines Menschen aussagen. Dies liegt zum einen in der Natur der Sache, zum anderen sicherlich auch an der sehr umfangreichen Ratgeberliteratur, die Bewerber dazu anhält, die meisten Angaben so weit wie möglich zu manipulieren (Hesse & Schrader, 2012).

Die Aussagekraft der Bewerbungsunterlagen ergibt sich eher aus den Schul- und Ausbildungszeugnissen. Grundsätzlich sollte man hierbei der Durchschnittsnote ein höheres Gewicht geben, als den Einzelnoten (Schuler et al, 1990). Schulnoten sind relativ gute Prädiktoren für den Erfolg in einer betrieblichen oder akademischen Ausbildung (Trapmann, 2007). Zudem spiegelt sich in der Durchschnittsnote zum Teil die Intelligenz der Bewerber wider (Roth et al., 2015), die wiederum ein sehr guter Prädiktor der beruflichen Leistung ist (s. u.). Darüber hinaus ist zu empfehlen, Examensnoten bei der Auswahl von Berufsanfängern heranzuziehen (Roth et al., 1996).

Bei berufserfahrenen Personen ist es sinnvoll, die Inhalte der bisherigen Tätigkeit im Arbeitszeugnis anzuschauen, um eine Vorstellung davon zu bekommen, wie geübt der Kandidat in bestimmten Tätigkeiten ist und in welchen Bereichen ggf. noch Weiterbildungsbedarf besteht. Über die Qualität der bisherigen Leistung erfahren wir allerdings wenig bis gar nichts, zumal der Gesetzgeber dem Verfasser von Arbeitszeugnissen hier enge Fesseln anlegt. Hier kann das Einholen einer persönlichen Referenz zu deutlich valideren Aussagen führen (Kunzel, et al. 2014).

Wer nun auf die Idee kommt, zusätzliche Informationen über einen Bewerber im Internet zu suchen und beispielsweise Facebook-Daten interpretiert, dem kann nur dringend davon abgeraten werden. Hierbei unterlaufen all jene systematischen Fehler der Urteilsbildung, gegen die man sich eigentlich durch professionelle Personalauswahl absichern möchte. So belegt denn auch eine Studie von Van Iddekinge et al. (2013), dass die alltagspsychologische Deutung von Daten aus sozialen Netzwerken keinerlei prognostische Validität besitzt.

Insgesamt betrachtet empfiehlt es sich, auf der Grundlage der Bewerbungsunterlagen nicht streng zu filtern. Man sollte stattdessen betont liberal an die Sache herangehen und lieber einen Bewerber zu viel als einen zu wenig zum Interview einladen.

3.5   Einstellungsinterview

Neben der Sichtung der Bewerbungsunterlagen beschränken sich die meisten Unternehmen auf die Durchführung von Einstellungsinterviews. Diese weisen in der Regel einen sehr geringen Strukturierungsgrad auf (Kanning, 2016c). Der Interviewer ist in der Regel allein und hat bestenfalls eine sehr grobe Vorstellung davon, wen er eigentlich sucht. Er versteht das Interview nicht als eine diagnostische Methode, mit der bestimmte Eigenschaften untersucht werden sollen, um berufliche Leistung zu prognostizieren. Vielmehr möchte er den Bewerber »kennenlernen« und sich einen Eindruck von ihm verschaffen. Er setzt auch keinen Interviewleitfaden ein, mit dem er sicherstellen könnte, dass er allen Bewerbern für die vakante Stelle dieselben Fragen stellt, ebenso wenig nutzt er ein Raster zur Bewertung der einzelnen Antworten. Seine Fragen sind entweder Standardfragen, die seit Jahrzehnten in der Ratgeberliteratur kursieren (Abbildung 3-2) oder aber er denkt sich im laufenden Interview beliebig neue Fragen aus, wobei verschiedene Bewerber unterschiedliche Fragen erhalten. Im Laufe des Gesprächs bildet sich auf unbekannte Weise im Interviewer dann ein Eindruck davon, inwieweit der Kandidat geeignet für die Stelle sein könnte.

Warum haben Sie sich bei uns beworben?

Was sind Ihre Stärken?

Was sind Ihre Schwächen?

Wie würden andere Sie beschreiben?

Warum soll ich Sie einstellen?

Abbildung 3-2: Ungeeignete Fragen im Einstellungsinterview

Videotutorial: Schlechte Interviewfragen im Bewerbungsgespräch
- https://www.youtube.com/watch?v=OHeeO-cktTo

Kolumne: Interviewfragen jenseits von Gut und Böse
- https://www.haufe.de/personal/hr-management/kolumne-wirtschaftspsychologie-interviewfragen_80_298338.html

Der Einsatz von Standardfragen aus der Ratgeberliteratur ist nicht zuletzt deshalb problematisch, weil Bewerber mit relativ geringem Aufwand herausfinden können, welche Antworten bei Arbeitgebern beliebt sind. Bewerber neigen grundsätzlich dazu, im Interview sozial erwünschte Antworten zu geben und damit ein positiv verzerrtes Bild der eigenen Person zu zeichnen (Kanning, 2017b). Der Einsatz von Standardfragen erleichtert diesen Prozess. Am Ende schneiden diejenigen besser ab, die das Verfahren mutiger oder effektiver manipulieren.

Videotutorial: Wie bereiten sich eigentlich Bewerber vor?
- https://www.youtube.com/watch?v=IZcvGNWGUJE

So beliebt ein unstrukturiertes Vorgehen beim Interview auch ist, stellt es leider doch nur die Karikatur eines professionellen Einstellungsinterviews dar:
- Da den Bewerbern unterschiedliche Fragen gestellt werden, kann man sie hinsichtlich ihrer Eignung untereinander nicht mehr vergleichen.
- Das Ergebnis hängt maßgeblich von der Person des Interviewers ab, denn ein anderer Interviewer würde andere Fragen stellen und andere subjektive Bewertungen vornehmen.
- Aufgrund des Fehlens methodischer Prinzipien können systematische Fehler der Personenbeurteilung einen massiven Einfluss auf die Ergebnisse nehmen.
- Da einzelne Kompetenzen nicht mit mehreren Fragen erfasst werden, ist nicht mit einer hinreichenden Messgenauigkeit zu rechnen.
- Da sich die meisten Fragen nicht auf die realen Anforderungen der Stelle beziehen, ist nicht mit einer hinreichenden prognostischen Validität zu rechnen.
- Am Ende wird nicht die Person eingestellt, die tatsächlich für die Stelle geeignet ist und besser abschneidet als die Konkurrenten, sondern diejenige, die dem Interviewer das bessere Gefühl verschafft.

All diese Probleme führen dazu, dass unstrukturierte Interviews kaum den betriebenen Aufwand rechtfertigen. Mit einem herkömmlichen Intelligenztest würde man bei den meisten Stellen sehr viel bessere Prognosen erzielen und könnte sich die Zeit sparen (s. u.). Zahlreiche Metaanalysen belegen, dass unstrukturierte oder gering strukturierte Interviews nur in sehr geringem Umfang Aussagen über die zukünftige berufliche Leistung der Bewerber ermöglichen (Tabelle 3-2).

Studie	unstrukturierte bzw. gering-strukturierte Interviews	hochstrukturierte Interviews
Wiesner & Cronshaw (1988)	9,6 %	38,4 %
Huffcutt & Arthur (1994)	4 %	32,5 %
McDaniel et al. (1994)	10,9 %	19,4 %
Conway et al. (1995)	11,6 %	44,9 %
Schmidt & Hunter (1998)	14,4 %	26 %
Huffcutt et al. (2014)	4 %	49 %

Tabelle 3-2: Prognostische Validität verschiedener Interviewvarianten in Prozent

Hochstrukturierte Interviews erweisen sich in allen Metaanalysen als die deutlich bessere Variante. In der Konstruktion und Durchführung sind sie zwar mit einem größeren Aufwand verbunden, ihr Ertrag ist aber auch fast immer um ein Vielfaches größer als der Ertrag geringstrukturierter Interviews.

Hochstrukturierte Interviews sind durch 12 Merkmale gekennzeichnet (Kanning, 2018a; Schuler, 2018):

1. Sie basieren auf einer Anforderungsanalyse und werden stellenspezifisch entwickelt.
2. Es existiert ein Interviewleitfaden, in dem mindestens 80 % der Fragen stehen, die jedem Bewerber in gleicher Weise gestellt werden. Abweichungen zwischen den Interviews ergeben sich aus notwendigen Nachfragen oder ggf. aus Fragen zu den Bewerbungsunterlagen.

3. Bei jeder Frage wurde vorher festgelegt, welche Kompetenz mit ihrer Hilfe untersucht werden soll. Hierzu bieten sich insbesondere verhaltensverankerte Beurteilungsskalen (s. u.) an.

4. Die Fragen lassen nicht gleich erkennen, welche Antwort erwünscht ist.

5. Auf den Einsatz von Standardfragen aus der Ratgeberliteratur wird verzichtet.

6. Jede Kompetenz wird mit mindestens drei Fragen untersucht.

7. Bei der Bewertung der Antworten ist der Interviewer nicht allein. Die Bewertung erfolgt durch mindestens zwei Personen unabhängig voneinander.

8. Der Interviewer hilft dem Bewerber nicht, durch Nachfragen oder Anregungen besser abzuschneiden. Nachfragen dienen allein dem Verständnis bei unklaren Antworten. Hat der Bewerber eine Frage falsch verstanden, wird sie wiederholt.

9. Der Interviewer lässt sich nicht anmerken, wie er die Antworten des Bewerbers bewertet, um ihn nicht zu beeinflussen. Seine Grundhaltung ist freundlich, aber neutral.

10. Der Bewerber wird über die Spezifika der Stelle aufgeklärt und erhält die Möglichkeit, selbst Fragen zu stellen.

11. Nach dem Interview werden über die einzelnen Punktwerte derselben Kompetenzen hinweg Mittelwerte berechnet. Das so entstehende Ergebnisprofil wird mit dem Anforderungsprofil der Stelle verglichen.

12. Sympathie oder »Bauchgefühl« kommen nur dann zum Einsatz, wenn am Ende zwei geeignete Kandidaten gleichgut sind und nun eine abschließende Entscheidung getroffen werden muss.

Die Bandbreite möglicher *Fragetypen*, die in einem hochstrukturierten Interview zum Einsatz kommen können, ist recht groß (Schuler, 2018). Dabei haben sich drei Fragetypen besonders bewährt.

Biografische Fragen beziehen sich auf die (Berufs-)Biografie eines Bewerbers. Sie sind nicht zu verwechseln mit Fragen zu den Bewerbungsunterlagen, weil allen Bewerbern unabhängig von ihrer Biografie dieselben Fragen gestellt werden.

Beispiel: »Schildern Sie uns bitte eine Situation aus Ihrem Berufsleben, in der sie mit einer völlig neuen und herausfordernden Aufgabe konfrontiert wurden. Worum handelte es sich genau und wie sind Sie seinerzeit vorgegangen?«

Situative Fragen schildern eine Situation aus dem Berufsalltag der zu besetzenden Stelle. Im Gegensatz zu biografischen Fragen schauen sie nicht zurück in die Vergangenheit, sondern werfen den Blick auf eine etwaige Zukunft des Bewerbers auf der vakanten Stelle. Die Fragen lassen sich einfach aus der Anforderungsanalyse mittels Critical Incident Technique ableiten.

Beispiel: »Stellen Sie sich bitte vor, ein wichtiger Geschäftskunde unserer Bank würde Sie zu einer privaten Feierlichkeit einladen. Wie bewerten Sie diese Situation, wie würden Sie damit umgehen? Bitte begründen Sie Ihr Vorgehen.«

Fachfragen sind in der Regel besonders leicht zu formulieren. Sie beziehen sich auf das Fachwissen oder den Einsatz fachlicher Kompetenzen. Es kann durchaus lohnend sein, Fachfragen auch bei erfahrenen Bewerbern zu stellen, denn Erfahrung ist nicht unbedingt eine Gewähr für hohe Fachlichkeit.

Beispiel: »Stellen Sie sich bitte vor, ein Bereichsleiter möchte bei der Auswahl von Abteilungsleitern u. a. einen Intelligenztest einsetzen. Was halten Sie von dieser Idee?« (Antworten lassen). »Nehmen wir einmal an, Sie müssten jetzt einen Intelligenztest für diese Aufgaben finden. Wie gehen Sie bei der Auswahl eines konkreten Messinstrumentes vor?«

Die Qualität der Fragen bildet die Basis für ein valides Einstellungsinterview. Sie nützen aber wenig, wenn man sich nicht auch im Vorhinein Gedanken über die Bewertung der Antworten gemacht hat. Es ist wichtig, einen verbindlichen Auswertungsschlüssel für jede Frage festzulegen. Dies geschieht am besten über *verhaltensverankerte Beurteilungsskalen*. Tabelle 3-3 gibt ein Beispiel.

Dimension: Fachlichkeit

»Stellen Sie sich bitte vor, ein Bereichsleiter möchte bei der Auswahl von Abteilungsleitern u. a. einen Intelligenztest einsetzen. Was halten Sie von dieser Idee, was würde sie dem Bereichsleiter sagen?« *(Antworten lassen).*

»Nehmen wir einmal an, Sie müssten jetzt einen Intelligenztest für diese Aufgaben finden. Wie gehen Sie bei der Auswahl eines konkreten Messinstrumentes vor?«

1	2	3	4	5
• hält Einsatz von Intelligenztest nicht für angemessen • rät Bereichsleiter davon ab		• hält Einsatz von Intelligenztests in diesem Fall für angemessen • sagt aus diesem Grund Bereichsleiter Unterstützung zu		• hält Einsatz von Intelligenztests grundsätzlich für angemessen • begründet den Einsatz im konkreten Fall mit einschlägigen Forschungsergebnissen • sagt aus diesem Grund Bereichsleiter Unterstützung zu und erläutert ihm die Sinnhaftigkeit
• orientiert sich bei der Testauswahl an der Verbreitung konkreter Verfahren auf dem Markt		• orientiert sich bei der Auswahl an Forschungsergebnissen zu den konkreten Verfahren • vergleicht mehrere Verfahren miteinander		• orientiert sich bei der Auswahl an Forschungsergebnissen zu den konkreten Verfahren • vergleicht mehrere Verfahren miteinander • beschreibt differenziert, welche Kennwerte wichtig sind (Reliabilität, Validität und Normierungsstichprobe)
Mittelwert:				

Tabelle 3-3: Beispiel für eine Fachfrage mit verhaltensverankerter Beurteilungsskala

Vorgehensweise: Die Aufgabe der Interviewer bzw. Beurteiler besteht darin, in beiden Zeilen der verhaltensverankerten Beurteilungsskala ein Kreuz zu setzen. Die erste Zeile bezieht sich auf die erste Teilfrage und die zweite Zeile auf die zweite. Um drei Punkte vergeben zu können, muss der Bewerber auch alles äußern, was hier steht. Nennt er darüber hinaus auch einzelne Aspekte, die in die Kategorie der fünf Punkte fällt, so vergibt der Interviewer vier Punkte. Nur dann, wenn alle Aspekte genannt wurden, die bei fünf Punkten zu erfüllen sind, darf er fünf Punkte vergeben. Spiegelbildlich verhält es sich mit den Abstufungen unterhalb der Stufe drei. Über beide Zeilen wird zum Schluss ein Mittelwert berechnet. Nach diesem Prinzip werden im Verlaufe des Interviews vielleicht drei oder vier Fachfragen gestellt, die mit jeweils passenden, verhaltensverankerten Skalen unterlegt sind.

Videotutorial: Gute Interviewfragen im Bewerbungsgespräch
* https://www.youtube.com/watch?v=uD3SZphkV9M

Interviews müssen nicht zwangsläufig face-to-face stattfinden. Seit vielen Jahren werden zur Vorauswahl auch *Telefoninterviews* eingesetzt. In den letzten Jahren kommen zudem vermehrt *videogestützte Interviews* zum Einsatz. Hier zeigt die Forschung, dass Bewerber in solchen Interviews schlechter abschneiden und diese Form des Interviews auch eher negativ bewerten (Blacksmith et al., 2016). Letzteres gilt insbesondere für zeitversetzte computergestützte Interviews, bei denen der Bewerber Fragen in seine Webcam hinein beantwortet und der Arbeitgeber sich die Aufzeichnung später anschauen kann (Kanning & Cordes, 2016).

Videotutorial: Videogestützte, zeitversetzte Einstellungsinterviews
* https://www.youtube.com/watch?v=fnoC9SgsSJU

Betrachten wir die absolute Höhe der Prognosewerte in Tabelle 3-2, so fällt auf, dass auch bei hochstrukturierten Einstellungsinterviews die sprichwörtlichen Bäume nicht in den Himmel wachsen. Natürlich möchte man gern höhere Prognosewerte erreichen, vor allem wenn es um einflussreiche Stellen geht. Hier stoßen wir aber offensichtlich an die Grenzen der Methoden des Interviews und müssen zusätzliche Methoden einsetzen, die in *Kombination* mit dem Interview dann auch höhere Prognosewerten erzielen. In diesem Zusammenhang ist insbesondere an Leistungstests und Arbeitsproben bzw. Assessment-Center-Übungen zu denken (s. u.).

Im Zuge der Gesamtauswertung muss dabei allerdings auch die unterschiedliche Validität der Methoden berücksichtigt werden. Wer beispielsweise ein unstrukturiertes Interview mit einem Intelligenztest kombiniert, erzielt nur dann eine höhere Gesamtvalidität, wenn er dem Intelligenztest auch mehr Gewicht beimisst als dem

Interview (Kausel et al., 2016). Kausel et al. (2016) konnten sogar zeigen, dass die Gesamtvalidität sinken kann, wenn die Entscheidungsträger zusätzlich zum Intelligenztest ein unstrukturiertes Interview einsetzen und dieses in der Auswertung viel stärker gewichten als den Test.

Varelmann und Kanning (2018) konnten zeigen, dass Praktiker die Aussagekraft unstrukturierter Interviews massiv überschätzen und dabei die tatsächlichen Unterschiede in der Prognosegüte zwischen gering strukturierten und hochstrukturierten Interviews fast verschwinden. Sie schätzen die Prognosegüte gering strukturierter Interviews auf 41 % und die hochstrukturierter Interviews auf 47 %. Dies erklärt ein Stück weit auch die hohe Beliebtheit der ersten Variante. Bei solch geringen Unterschieden würde sich der Mehraufwand für eine hochstrukturiertes Interview oft nicht mehr lohnen. Letztlich ist diese Sichtweise aber falsch, weil die Unterschiede sehr viel größer sind.

Videotutorial: Können Einstellungsinterviews schaden?
* https://www.youtube.com/watch?v=E4EQtw22Jts

3.6 Assessment-Center

Assessment-Center (AC) folgen dem Prinzip der Arbeitsprobe oder besser gesagt der Aneinanderreihung von Arbeitsproben. Die Bewerber müssen hintereinander mehrere Verhaltensübungen durchlaufen, in denen Situationen aus dem Berufsalltag simuliert werden. Bei diesen Übungen werden sie von einer Gruppe von Beobachtern in ihrem Verhalten bewertet. Da die Bewerber meist einen ganzen Tag vor Ort sind, bietet es sich an, die Verhaltensübungen durch andere diagnostische Methoden zu ergänzen: Leistungstest, Persönlichkeitsfragebogen, strukturiertes Kurzinterview. Wird alles optimal miteinander kombiniert, können die Validitäten der einzelnen Verfahren einander ergänzen und somit eine besonders hohe Gesamtvalidität erzielen.

Ähnlich wie beim Einstellungsinterview ist die Bandbreite der prognostischen Validität einzelner Assessment-Center sehr groß. Es gibt Verfahren, die trotz des großen Aufwandes so aussageleer sind wie ein Münzwurf und andere Assessment Center, die jeden Euro Investition mehrfach als Ertrag zurückspielen (Boltz, Kanning & Hüttemann, 2009). Hier wie dort kommt es also darauf an, sich schlau zu machen und die richtigen methodischen Prinzipien anzuwenden. Aufgrund der in diesem Buch gebotenen Kürze werden nachfolgend nur die wichtigsten Punkte aufgelistet (umfassender: Kanning, 2018a).

Kolumne: Assessment Center – zwischen Ringelpiez und wirksamer Methode
* https://www.haufe.de/personal/hr-management/kolumne-psychologie-wirksamkeit-des-assessment-center_80_235664.html

Videotutorial: Assessment Center professionell gestalten! – Prinzipien 1 bis 6
* https://www.youtube.com/watch?v=CSCkdXr3pnM

Videotutorial: Assessment Center professionell gestalten! - Prinzipien 7 bis 12
* https://www.youtube.com/watch?v=ikuQvOHk9Jc

Struktur
Tabelle 3-4 zeigt die Struktur eines Assessment-Centers. In den Zeilen sehen wir die Kompetenzdimensionen, die untersucht werden sollen, in den Spalten die Methoden, die dabei zum Einsatz kommen. Die Kreuze zeigen an, welche Kompetenzen mit welcher diagnostischen Methode untersucht werden. Beim Interview stehen die einzelnen Kreuze für unabhängige Fragen. Dabei sind zwei Aspekte wichtig: Zum einen wird jede Kompetenz in mehreren inhaltlich voneinander unabhängigen Übungen untersucht, um die Reliabilität der Untersuchung zu steigern. Zum anderen untersucht man mit jeder einzelnen Übung maximal drei (bis vier) Kompetenzdimensionen. So wird sichergestellt, dass die Beobachter mit der Aufgabe nicht überfordert sind und die Beobachtungen den einzelnen Dimensionen noch trennscharf zuordnen können. Je mehr Dimensionen in einzelnen Übungen gemessen werden, desto geringer fällt die Validität aus (Woehr & Arthur, 2003).

Kompetenz	Übungen				
	Rollenspiel	Rollenspiel	Präsenta-tion	Meeting	Interview
Führung	x	x		x	
Loyalität	x				xxx
Konfliktfähigkeit		x	x	x	
Sensitivität	x		x	x	
Fachkompetenz			x		xxx

Tabelle 3-4: Struktur eines Assessment-Centers

Übungen

Die Übungen sollten wie Arbeitsproben anspruchsvolle Situationen aus dem Berufsalltag wiedergeben, die sich so oder so ähnlich auf dem vakanten Arbeitsplatz ergeben könnten. Eine hervorragende Grundlage für die Entwicklung der Übungen bietet eine Anforderungsanalyse nach der Critical Incident Technique (s. o.).

In Rollenspielen trifft ein Bewerber auf einen Rollenspieler, der z. B. einen schwierigen Kunden oder einen leistungsschwachen Mitarbeiter spielt. Es ist wichtig, dass der Rollenspieler über die verschiedenen Bewerber hinweg möglichst gleiche Argumente bringt und sich sehr ähnlich verhält, um ein Maximum an Standardisierung zu gewährleisten (s. o.). Eine vollständig standardisierte Situation kann es hier allerdings nicht geben, da der Rollenspieler schlüssig auf das Verhalten des Bewerbers reagieren muss. Gleichwohl kann die Art seiner Reaktionen vor dem Rollenspiel definiert werden. Es ist dringend davon abzuraten, in einem Rollenspiel zwei Bewerber gegeneinander antreten zu lassen und ihnen dabei vielleicht sogar noch unterschiedliche Rollen zuzuweisen. Hierdurch kann die Situation über die Bewerber hinweg nicht mehr hinreichend standardisiert werden.

Eine *Präsentation* ist – im Gegensatz zur Stegreifrede – ein Vortrag auf den der Bewerber sich vorbereiten kann. Die Vorbereitung geschieht nicht zu Hause, sondern im laufenden AC, da ansonsten nicht klar ist, inwieweit die Präsentation wirklich allein die Fähigkeiten des Bewerbers widerspiegelt. Selbstverständlich bekommen alle Bewerber dasselbe Thema und haben die gleiche Vorbereitungszeit. Der Schwierigkeitsgrad der Präsentation kann stark variieren. Im einfachsten Fall hält der Bewerber seinen vorbereiteten Vortrag und verlässt danach wieder den Übungsraum. Anspruchsvoller wird die Aufgabe, wenn er nach dem Vortrag noch kritische Fragen beantworten muss. Noch schwieriger wird es, wenn Rollenspieler den Vortrag durch Einwände oder kritische Fragen unterbrechen. Welches Schwierigkeitsniveau passend ist, ergibt sich aus der Anforderungsanalyse.

Meetings sind Rollenspiele mit mehreren Rollenspielern. Sie ersetzen die klassische Gruppendiskussion, in der mehrere Bewerber gegeneinander antreten. Auf die klassische Variante der Gruppendiskussion sollte man besser verzichten, weil auch hier wieder ein standardisiertes Vorgehen unnötig erschwert wird. Meetings sind in der Regel anspruchsvoller als die meisten Rollenspiele, da der Bewerber gleichzeitig mit mehreren Menschen agieren muss. Auch hier richtet sich die Besetzung nach der

Realität des Arbeitsplatzes. Die Rollenspieler könnten z. B. Kunden, Kollegen, Mitarbeiter, Vorgesetzte oder Mischungen dieser Gruppen repräsentieren.

Ablauf

Zu einem klassischen *Gruppen-AC* werden immer mehrere Bewerber gleichzeitig eingeladen, die im Laufe des Tages abwechselnd die Übungen absolvieren.

Bei einem *Einzel-AC* ist hingegen immer nur ein Bewerber anwesend, der nacheinander alle Übungen durchläuft. Erst nachdem der erste Kandidat die Übungen absolviert hat, tritt der zweite an. Einzel-AC sind dadurch weniger ökonomisch. Während man in einem Gruppen-AC gut sechs bis sieben Bewerber an einem Tag untersuchen kann, sind es bei der Einzelvariante bestenfalls drei oder vier. Das Einzel-AC hat keine diagnostischen Vorteile gegenüber dem Gruppen-AC. Es wird vor allem bei hochrangigen Positionen eingesetzt, um den Bewerbern besonders viel Wertschätzung entgegenzubringen und ihre Anonymität gegenüber Mitbewerbern zu wahren.

Zu *Beginn* sollten die Bewerber nach einer kurzen Begrüßungsrunde vom Moderator des Verfahrens über den genauen Ablauf informiert werden. Es geht darum, den Bewerbern Ängste oder Vorbehalte zu nehmen, die nicht zuletzt auch nach dem Recherchieren im Internet entstanden sein könnten. Die Rollen der Beteiligten – Moderator, Rollenspieler, Beobachter werden ebenso erklärt wie die Spielregeln des Tages (s. u.) und ihre Sinnhaftigkeit. Zudem sollte man darauf hinweisen, dass jede Kompetenz mehrfach untersucht wird, sodass die Bewerber schlechtere Leistungen in einer Übung durch bessere Leistungen in einer anderen ein Stück weit kompensieren können.

Die Beobachter erhalten keine *Vorinformationen* über die Bewerber – auch keine Bewerbungsunterlagen. Vorinformationen führen dazu, dass die Beobachter Erwartungen über einzelne Personen ausbilden. Die Forschung zeigt, dass sie diese Erwartungen in die AC-Bewertung einfließen lassen. Bewerber, von denen sie gute Leistungen erwarten, schneiden dann auch positiver ab als Bewerber, für die das Gegenteil gilt und dies selbst dann, wenn beide in den AC-Übungen das gleiche Verhalten zeigen (Kanning & Klinge, 2005; Wenderdel & Kanning, 2008).

Alle Bewerber durchlaufen die Übungen in der gleichen *Reihenfolge*. In unserem Beispielfall also zunächst Rollenspiel 1, dann Rollenspiel 2, dann die Präsentation etc. Innerhalb einer Übung wechselt aber die Reihenfolge der Bewerber. Tritt Bewerber A im ersten Rollenspiel als Erster an, ist er in Rollenspiel 2 der Zweite und in der Präsentation der Dritte etc. Hierdurch soll verhindert werden, dass die Beobachter einen bestimmten Bewerber – in der Regel den ersten – als Vergleichsmaßstab nehmen, an dem sie die Bewertungen der anderen ausrichten.

Beobachter

Die Beobachter müssen vor dem AC für ihre Aufgabe *geschult* werden. Dazu gehört die Aufklärung über klassische Beurteilungsfehler, das Handling der verhaltensverankerten Beurteilungsskalen und die Spielregeln für den Ablauf des Tages. Mehrere Studien zeigen, dass der Einsatz von Psychologen als Beobachter die Validität erhöht (Lievens & Conway, 2001; Woehr & Arthus, 2003). Es ist wichtig, dass die Beobachter sich im Verlaufe des Assessment Centers auf ihre Rolle als Beobachter konzentrieren können und beispielsweise nicht zusätzlich als Rollenspieler oder Moderatoren fungieren.

Gegenüber den Bewerbern verhalten sie sich *freundlich und neutral*. Sie lassen sich also nicht anmerken, wie sie die Leistungen einzelner Kandidaten bewerten. Hierdurch sorgen sie dafür, dass die Bewerber nicht abgelenkt werden und sich auf die Übungen und die darin auftretenden Rollenspieler konzentrieren können.

Im Laufe des Tages haben die Beobachter *keinen persönlichen Kontakt* zu den Bewerbern – auch nicht beim Mittagessen oder in Kaffeepausen. Sie sollen nicht einmal in Versuchung gebracht werden, andere Informationen über die Bewerber in ihr Urteil einfließen zu lassen als das Verhalten in den Übungen.

Die Beobachter tauschen sind im Verlaufe des Tages auch nicht über ihre Bewertungen der Kandidaten aus. So wird verhindert, dass man sich gegenseitig beeinflusst. Erst zur *Auswertungskonferenz* legen sie ihre Sichtweise gegenüber den Kollegen offen.

3.7 Testverfahren

Testverfahren können eine wichtige Ergänzung im Auswahlverfahren darstellen. Sie dienen entweder der Vorauswahl in größeren Bewerbergruppen, um beispielsweise die Menge der Einstellungsinterviews zu reduzieren oder laufen parallel zum Interview und Assessment Center. Es kann grundsätzlich zwischen Leistungstests und Fragebögen unterschieden werden.

Leistungstests arbeiten mit Aufgaben, die richtig oder falsch gelöst werden können. In den meisten Verfahren werden die Aufgaben unter Zeitdruck bearbeitet. Als Leistungsmaß dient die Menge der richtig gelösten Aufgaben. Die Tests beziehen sich vor allem auf die kognitive Leistungsfähigkeit der Bewerber (Intelligenz), auf ihre Konzentrationsfähigkeit oder auf das Fachwissen. Letzteres wäre in der Regel eine Eigenkonstruktion der Arbeitgeber, erstere lassen sich bei Wissenschaftsverlagen oder über Beratungsfirmen erwerben.

Die meiste Forschung gibt es zum *Intelligenztest*. Die Psychologie beschäftigt sich seit über 100 Jahren mit der Erforschung der Intelligenz. Tabelle 3-5 gibt die Ergebnisse zur prognostischen Validität des Intelligenztests wieder. Wir sehen, die Werte sind zum Teil sehr hoch und liegen durchweg über den Werten, die sich mit unstrukturierten oder gering strukturierten Einstellungsinterviews erzielen lassen. Im Durchschnitt über verschiedene Berufe hinweg, liegt die Prognosekraft bei etwa 26 % (Hülsheger et al., 2007).

Intelligenztests sollten vor allen dann zum Einsatz kommen, wenn die eingestellten Mitarbeiter noch viel lernen müssen (Auszubildende, Trainees, Quereinsteiger etc.) oder sie viele oder anspruchsvolle intellektuelle Arbeitsaufgaben zu erledigen haben. Dies gilt in besonderer Weise für Managementpositionen. Wenn hier fast die Hälfte der beruflichen Leistung über einen Intelligenztest prognostiziert werden kann (Tabelle 3-5), gibt es eigentlich kein schlagkräftiges Argument gegen den Einsatz des Intelligenztests. Allerdings ist es in Deutschland sehr unüblich Intelligenztests in Managementpositionen einzusetzen. Nur etwa 4 % der Unternehmen trauen sich dies (Armoneit et al., 2020). Das ist ein schwerer Fehler, denn gerade in den hohen Positionen kann jeder Prozentpunkt an zusätzlicher Prognosegüte einen großen wirtschaftlichen Effekt nach sich ziehen. Die Annahme, dass Bewerber auf hohe Positionen sich hinsichtlich ihrer Intelligenz untereinander nicht mehr unterschieden ist ebenso falsch (Ones & Dilchert, 2009), wie die Überzeugung, dass Bewerber sich weigern würden, einen solchen Test zu bearbeiten.

Videotutorial: Intelligenztests in der Personalauswahl
*   https://www.youtube.com/watch?v=7teG3mPDH-g

Berufsgruppe	Prognostische Validität in Prozent
Kraftfahrer	20 %
Elektriker	29 %
Facharbeiter	30 %
Ingenieure	40 %
Manager	45 %

Tabelle 3-5: Prognostische Validität von Intelligenztests (nach Salgado et al., 2003)

Fragebögen erfassen in aller Regel das Selbstbild der Menschen. Ein Bewerber beschreibt sein eigenes Verhalten, seine Motive oder seine Einstellungen. Dabei stellen sich im Prinzip zwei Probleme: Zum einen neigen Menschen dazu ein positiv verzerrtes Selbstbild zu haben (Kanning, 2000), zum anderen versuchen sie insbesondere in Auswahlsituationen anderen ein besonders positives Bild von sich selbst zu vermitteln (Kanning, 2011). Beides mag dazu führen, dass die prognostische Validität von Persönlichkeitsfragebögen im Durchschnitt nicht sehr hoch ausfällt (Barrick et al., 2001). Letztlich gibt es aber so viele z. T. sehr unterschiedliche Verfahren, dass eine allgemeine Aussage hier schwerfällt. Es kommt letztlich auf die Qualität des einzelnen Fragebogens an.

Die Tatsache, dass Bewerber bei der Beantwortung von Fragenbögen ein positiv verzerrtes Bild ihrer Person zeichnen, beeinflusst die Validität der Verfahren übrigens nicht grundsätzlich (Ones & Viswesvaran, 1998). Im Einzelfall ist es aber durchaus sinnvoll das Ausmaß der Verfälschung zu reflektieren. Einzelne Bewerber übertreiben es und machen Angaben, die kaum glaubwürdig sind. Bei ihnen ist es nicht sinnvoll Fragebogendaten zu interpretieren. Das Ausmaß der individuellen Verfälschung lässt sich über Kontrollskalen abschätzen (z. B. Kanning, 2011).

Fragebögen unterscheiden sich dahingehend, ob sie menschliche Merkmale als Dimensionen abbilden oder mit Persönlichkeitstypen arbeiten.

Dimensionale Fragebögen sind seit Jahrzehnten der Standard bei wissenschaftlich fundierten Instrumenten. Für jede untersuchte Eigenschaft erhält der Bewerber einen Punktwert auf einer mehrstufigen Skala. Demzufolge kann seine Extraversion beispielsweise unterdurchschnittlich, seine Gewissenhaftigkeit hingegen durchschnittlich und seine Teamfähigkeit überdurchschnittlich sein. Je mehr Dimensionen untersucht werden, desto differenzierter wird das Bild. Manche Fragebögen können die Vielfalt menschlicher Eigenschaften theoretisch differenzierter abbilden als sie real existiert (Kanning 2017c).

Ganz anders sieht es bei *Typologischen Fragebögen* aus. Sie ordnen Menschen in Gruppen ein (z. B. vier Farbtypen). Die Aussagekraft ist zwangsläufig extrem grob, weshalb solche Instrumente in der Forschung seit Jahrzehnten als überholt gelten. Dennoch gehören sie zu den beliebtesten Persönlichkeitsfragebögen in der Praxis (Hossiep et al., 2015). Sinnvoll ist dies nicht.

Videotutorial: Ist es sinnvoll, Menschen in Typen einzuteilen?
- https://www.youtube.com/watch?v=ER2dCdW-CJA

Die starke Verbreitung fragwürdiger oder veralteter Verfahren hat viel damit zu tun, dass die Kunden selbst zu wenig Fachkompetenz besitzen, um zwischen aussageleeren Marketingstrategien der Anbieter und realen Qualitätsmerkmalen der vertriebenen Verfahren zu differenzieren. Typische Marketingstrategien wären z. B. der Verweis auf eine lange Vergangenheit des Verfahrens, eine weite Verbreitung auf dem Markt oder zufriedene Kunden. All dies ist ohne jede Relevanz, weil dies auch für qualitativ schlechte Verfahren gilt. Ähnlich verhält es sich mit dem Selbsttest. Wer selbst einen Persönlichkeitsfragebogen ausfüllt und anschließend ein plausibles Ergebnisfeedback bekommt, ist leicht versucht zu glauben, dass der Test gut sein muss. Dies ist leider nicht der Fall. Es ist ein Leichtes, ein Feedback so zu formulieren, dass sich fast jeder Mensch darin wiederfindet (Forer, 1949). Aussagekräftig sind allein Studien zur Reliabilität und Validität.

Videotutorial: Die Illusion perfekter Diagnostik – der Barnum-Effekt
- https://www.youtube.com/watch?v=xakyA1fiMUs

Videotutorial: So unterscheiden Sie gute von schlechten Testverfahren
- https://www.youtube.com/watch?v=b28y0_rjKOA

Kolumne: Woran erkennt man einen guten Test für die Personaldiagnostik?
- https://www.haufe.de/personal/hr-management/psychologische-testverfahren-in-der-personalauswahl/test-fuer-personaldiagnostik-auswaehlen_80_494818.html

3.8 Digitalisierung und künstliche Intelligenz

Der Begriff der Digitalisierung bedeutet zunächst einmal nur, dass der Computer zu eignungsdiagnostischen Zwecken eingesetzt wird. Dagegen ist nichts einzuwenden. Dies ist seit langer Zeit möglich. Schon in den 90er-Jahren wurde in der Fachliteratur beschrieben, wie Unternehmen zur Vorauswahl *computergestützte Testverfahren* einsetzen, die über das Internet appliziert wurden. Entscheidend ist nicht das Medium der Testung, sondern die Qualität des Tests. Es muss allerdings sichergestellt werden, dass die Personen, die den Test bearbeiten, auch identisch mit den Bewerbern sind bzw. dass keine unerlaubten Hilfsmittel eingesetzt werden. Dies ließe sich durch den Einsatz einer Webcam oder durch eine wiederholte Testung parallel zum Interview/AC realisieren.

Prinzipiell spricht auch nichts dagegen, auf Bewerbungsunterlagen zu verzichten und stattdessen *Online-Bewerbungsformulare* einzusetzen, bei denen die Bewerber nur noch die wichtigsten Angaben zu ihrer Person eintragen und anschließend die Vorauswahlentscheidung über den Computer läuft, sofern die ausgewählten Kriterien wirklich valide sind. In Deutschland gibt es inzwischen zwar viele Unternehmen, die Online-Bewerbungsformulare einsetzen, man traut sich aber nicht, die Potenziale dieser Methode tatsächlich zu nutzen. Nach wie vor fordern die meisten Unternehmen fragwürdige Informationen wie Anschreiben oder Motivationsschreiben an und werten diese nach dem Prinzip »Bauchurteil« aus. Auf den sinnvollen Einsatz von Leistungstests zur Vorauswahl wird fast vollkommen verzichtet (Kanning, 2015b; Kanning & Colpan, 2016).

Beim Einsatz künstlicher Intelligenz (KI) geht man noch einen erheblichen Schritt weiter. Der Computer selbst berechnet Algorithmen – also mathematische Formeln – mit denen er einzelne Informationen über einen Bewerber zur Messung von Persönlichkeitsmerkmalen integriert oder sogar Auswahlentscheidungen fällt. Als Datenquelle dienen z. B. die Sprache eines Menschen (Wortwahl, Betonung etc.), Mimik und Gestik in einem Web-Interview oder Informationen aus sozialen Netzwerken. An dieser Stelle ist nicht der Platz, um die verschiedenen Methoden differenziert zu diskutieren (ausführlicher: Kanning, 2018b; Kanning in Druck a). Die Probleme erscheinen jedoch auch in der Übersicht vielfältig und gravierend:
- *Black Box.* Die Anwender und z. B. auch die Anbieter wissen nicht, was der Algorithmus genau berechnet.
- *Fehler in Datensätzen.* Beinhalten die Datensätze, anhand derer der Algorithmus lernt, Fehler, so führt dies dauerhaft zu Fehlentscheidungen. So werden z. B.

Frauen bei der Bewerbung auf Führungspositionen frühzeitig abgelehnt, wenn sie in den ursprünglichen Datensätzen quantitativ keine Rolle gespielt haben.

- *Diskriminierung in der Sprachanalyse.* Menschen, die mit Akzent sprechen, erhalten wahrscheinlich andere Persönlichkeitsprofile als Menschen, die Hochdeutsch sprechen.
- *Juristische Grauzone.* Es ist bestenfalls umstritten, ob in Deutschland Computer Auswahlentscheidungen treffen dürfen.
- *Fragwürdige Ethik.* Ist es angemessen, dass der Arbeitgeber irgendwelche Daten über einen Bewerber verarbeitet, die dieser selbst nicht zu diesem Zwecke freigegeben hat?
- *Mangelnde Akzeptanz.* Bewerber vertrauen den Methoden nicht und werden daher von einer Bewerbung abgeschreckt. Der Einsatz schadet dem Image des Arbeitgebers.
- *Fragwürdige Validität.* Die kriterienbezogene Validität scheint eher gering zu sein. Die prognostische Validität ist nicht belegt.

Kolumne: Sprachanalyse: eine neue Methode der Personalauswahl?
- https://www.haufe.de/personal/hr-management/sprachanalyse-eine-neue-methode-der-personalauswahl_80_453994.html

Kolumne: Künstliche Intelligenz: Rennpferd oder Esel?
- https://www.haufe.de/personal/hr-management/kolumne-wenn-kuenstliche-intelligenz-auf-menschen-trifft_80_511582.html

Alles in allem muss zum gegenwärtigen Zeitpunkt daher von dem Einsatz entsprechender Methoden abgeraten werden.

3.9 Empfehlungen

1. Führen Sie eine professionelle Anforderungsanalyse durch.
2. Definieren Sie ein Profil der Mindestanforderungen.
3. Gehen Sie bei der Vorauswahl liberal vor und filtern Sie nicht zu stark, um so den Fehler der zweiten Art zu minimieren.
4. Orientieren Sie sich bei der Sichtung der Bewerbungsunterlagen nicht an der Ratgeberliteratur und den üblichen Traditionen.

5. Versuchen Sie nicht über die Bewerbungsunterlagen die Persönlichkeit der Bewerber zu deuten. Die Aussagekraft der Bewerbungsunterlagen liegt eher im Bereich der Fachlichkeit, der Erfahrung und der intellektuellen Kompetenzen.

6. Interpretieren Sie keine Daten aus sozialen Netzwerken.

7. Führen Sie hochstrukturierte Einstellungsinterviews durch.

8. Kombinieren Sie insbesondere bei wichtigen Stellen das Interview mit weiteren Methoden, wie z. B. einem Leistungstest oder einer Arbeitsprobe.

9. Führen Sie insbesondere bei wichtigen Stellen Assessment-Center durch.

10. Orientieren Sie sich bei der Gestaltung von AC an den oben beschriebenen methodischen Prinzipien.

11. Achten Sie insbesondere darauf, dass die Beobachter sich im Laufe des Tages nicht über die Bewerber unterhalten und auch in den Pausen keinen persönlichen Kontakt zu den Bewerbern haben.

12. Die Beobachter sollten möglichst keine Vorinformationen über die Bewerber bekommen, also z. B. nicht die Bewerbungsunterlagen kennen.

13. Setzen Sie einen Intelligenztest ein, wenn die Bewerber noch viel lernen müssen oder anspruchsvolle Aufgaben zu erledigen haben. Die gilt insbesondere für Managementfunktionen.

14. Verzichten Sie auf den Einsatz typologischer Persönlichkeitsfragebögen.

15. Sichern Sie sich beim Einsatz von Fragebögen durch den Einsatz einer Kontrollskala gegen das Problem verfälschter Antworten ab.

16. Setzen Sie ausschließlich solche Testverfahren ein, die wissenschaftliche Qualitätskriterien erfüllen. Testanbieter, die keine entsprechenden Belege vorweisen können, sind zu meiden.

17. Verzichten Sie auf den Einsatz von Methoden bei denen ein Computer die Sprache der Bewerber, die Körpersprache oder Internetdaten der Bewerber analysiert.

3.10   Literatur zur Vertiefung

Kanning, U. P. (2018). Standards der Personaldiagnostik. Göttingen: Hogrefe.

Schuler, H. (2014b). Psychologische Personalauswahl. Göttingen: Hogrefe.

Schuler, H & Mussel, P. (2016). Einstellungsinterviews vorbereiten und durchführen. Göttingen: Hogrefe.

Schuler, H. & Kanning, U. P. (Hrsg.). (2014). Lehrbuch der Personalpsychologie (3. Aufl.). Göttingen: Hogrefe.

4 Leistungsbeurteilung

Der Leistungsbeurteilung kommt eine Schlüsselfunktion bei der Steuerung der Leistungsfähigkeit eines jeden Unternehmens zu. Es geht darum, Leistung als solche zu erkennen und wertzuschätzen. Gleichzeitig soll Minderleistung identifiziert werden, damit konkrete Maßnahmen zur Behebung des Missstandes ergriffen werden können. Der Nutzen der Leistungsbeurteilung geht aber noch deutlich über diese beiden klassischen Fälle hinaus. Die Leistungsbeurteilung kann Teil einer Potenzialanalyse sein, mit deren Hilfe Talente im eigenen Unternehmen gefunden werden. Sie bietet damit auch ein Stück weit die Basis, um fähige Mitarbeiter gezielt für neue Aufgaben weiterzuentwickeln. Zudem können Daten der Leistungsbeurteilung der Evaluation von Entwicklungsmaßnahmen dienen. Besuchen beispielsweise Führungskräfte Schulungsmaßnahmen zur Weiterentwicklung ihres Führungsverhaltens, sollten sich etwaige Lernerfolge auch noch Monate später in den Ergebnissen der Leistungsbeurteilung spiegeln. Im Folgenden geht es darum, typische Schwachstellen im System der Leistungsbeurteilung aufzudecken und Alternativen aufzuzeigen.

4.1 Mythen und Missstände

Auch wenn der Leistungsbeurteilung prinzipiell eine große Bedeutung zukommt, wird sie in vielen Unternehmen allzu nachlässig behandelt. Typische Fehler und Schwachstellen sind etwa die Folgenden:

- Obwohl verschiedene Arbeitsplätze naturgemäß sehr unterschiedliche Anforderungen an die Arbeitsplatzinhaber stellen, werden alle Mitarbeiter im Unternehmen in Bezug auf dieselben Leistungsdimensionen beurteilt.
- Die Leistungsdimensionen sind sehr abstrakt definiert, sodass jede Führungskraft sehr große Auslegungsspielräume hat.
- Die einzelnen Punkte der Bewertungsskala sind inhaltlich nicht definiert. Stattdessen behilft man sich mit Scheindefinitionen, also Formulierungen wie etwa »den Anforderungen entsprechend« oder »über dem Durchschnitt«. Auch hier bleiben der Führungskraft sehr große Interpretationsspielräume.
- Aufgrund der mangelhaften Definitionen dessen, was auf einem konkreten Arbeitsplatz als Leistung zu gelten hat, befinden sich die Mitarbeiter in einer starken Abhängigkeitsbeziehung. Ein und dasselbe Verhalten kann je nach Perspektive der Führungskraft als mehr oder weniger gut bezeichnet werden. Die

Leistungspunkte sind daher über verschiedene Abteilungen hinweg kaum vergleichbar.

- Führungskräfte behelfen sich damit, dass sie die eigenen Mitarbeiter in eine Rangreihe bringen. Der Beste bekommt dann den höchsten Punktwert und die übrigen Mitarbeiter, entsprechend ihres Rangplatzes, weniger Punkte. Hierdurch hängt die Leistungsbeurteilung des Einzelnen von der Leistung der Kollegen ab. Wer Glück hat und in einem schwachen Team arbeitet, bekommt mehr Leistungspunkte. Für dieselbe Leistung in einem starken Team gäbe es hingegen deutlich weniger Punkte.
- Viele Führungskräfte trauen sich nicht, leistungsadäquat strenge Bewertungen vorzunehmen, weil sie ihren Mitarbeitern nicht schaden wollen oder weil sie einem kritischen Beurteilungsgespräch aus dem Weg gehen wollen. In manchen Organisationen gibt es daher Quotenvorgaben, um zu verhindern, dass zu viele Mitarbeiter die Höchstpunktzahl bekommen. Dabei orientiert man sich oft an der Gauß'schen Glockenkurve. Die Annahme einer Normalverteilung der Leistung ist allerdings nur dann sinnvoll, wenn die Menge der Mitarbeiter, die von einer Führungskraft beurteilt wird, mindestens 30 Personen beträgt.
- In manchen Behörden wird der Versuch unternommen, der Inflation hoher Punktwerte durch Konferenzen zu begegnen. Dabei legen die Führungskräfte gegenüber den Kollegen offen, wie viele Menschen, sie mit welchen Punkten bewerten. Im Rahmen der Konferenz wird dann entschieden, wer bestimmte Mitarbeiter abwerten muss, damit in der Summe nicht zu viele Maximalbewertungen entstehen. Hier wird die Leistungsbeurteilung ad absurdum geführt. Die Leistungsbeurteilung der Mitarbeiter hängt in starkem Maße von strategischen Verhalten sowie vom Verhandlungsgeschick des Vorgesetzten ab.
- Manche Führungskräfte bewerten zu positiv, um leistungsschwache Mitarbeiter auf dem Weg der Beförderung in eine andere Abteilung loszuwerden.
- Manche Führungskräfte bewerten leistungsstarke Mitarbeiter absichtlich strenger, damit sie möglichst lange in ihrer Abteilung verweilen und hier zum positiven Leistungsergebnis der Führungskraft beitragen.
- Mitarbeiter mit Führungsverantwortung werden systematisch positiver bewertet als solche ohne Führungsverantwortung. Hier wirkt das Prinzip »Es kann nicht sein, was nicht sein darf.« Unternehmen können damit die Illusion aufrechterhalten, dass nur die Besten in Führungspositionen aufrücken.
- Mitarbeiter mit Teilzeitverträgen erhalten systematisch weniger Leistungspunkte als Vollzeitbeschäftigte. Hierhinter steckt die irrige Annahme, dass mehr Arbeit auch automatisch zu einer besseren Leistungsbeurteilung führen muss.

De facto sollte es natürlich so sein, dass die Leistungsmenge auch in einer Relation zum Arbeitsvertrag steht. Wahrscheinlich arbeiten viele Teilzeitbeschäftigte
pro Zeiteinheit sogar mehr als Vollzeitmitarbeiter, weil sie z. B. ausgeruhter sind.

- Insbesondere im öffentlichen Dienst sind die Zeiträume, über die hinweg eine
  Leistungsbeurteilung vorgenommen werden muss, sehr groß – z. T. 3 Jahre. Ein
  solch langer Zeitraum dürfte für die Vorgesetzten schwer zu überblicken sein.

- Die Leistungsbeurteilung wird von den Beteiligten als unangenehmer Verwal-
  tungsakt angesehen, den man ritualisiert über sich erheben lassen muss, weil
  der Gesetzgeber oder die Unternehmensleitung es vorschreibt. Beide Seiten –
  Beurteiler und Beurteilte – nutzen daher nicht die Chancen, die eine gute Leistungsbeurteilung bietet.

- Die Häufigkeit der Leistungsbeurteilung wird bis ins Absurde gesteigert, indem
  Kollegen einander täglich z. B. per Smartphone gegenseitig beurteilen müssen
  oder die Produktivität just in time gespiegelt wird. Die Folge ist ein erhöhtes
  Stresserleben (Aiello & Kolb, 1995) und/oder unnötige Konflikte, die aus der
  wechselseitigen Bewertung erwachsen.

- Der Leistungsbeurteilung kommt bei internen Stellenbesetzungen eine zentrale
  Funktion zu. Bisweilen ist es sogar die einzige Grundlage jemanden zu befördern.
  Hierbei wird jedoch übersehen, dass die Leistungsbeurteilung sich immer auf
  den derzeitigen Arbeitsplatz bezieht und ein zukünftiger Arbeitsplatz mehr oder
  weniger unterschiedliche Anforderungen stellt. Hinzu kommt, dass die meisten
  Führungskräfte nur einen kleinen Ausschnitt der realen Leistung der Mitarbeiter
  mitbekommen, weil sie nicht ständig hinter den Mitarbeitern stehen können.

- Bei der 360°-Beurteilung bewerten die verschiedenen Beurteilergruppen dieselben Leistungsdimensionen (z. B. Engagement) mit jeweils unterschiedlichen
  Items. In der Konsequenz lassen sich die verschiedenen Bewertungen des Enga-
  gements einer Person untereinander kaum noch vergleichen.

- Werden Kennzahlen, wie Produktivität oder Umsatz zur Leistungsbeurteilung
  herangezogen, ignoriert man die unterschiedlichen Rahmenbedingen in denen
  verschiedene Mitarbeiter mitunter arbeiten (z. B. Arbeit an einer alten Maschine oder Vertrieb von Versicherungen in einer wirtschaftlich schwach gestellten
  Region).

Wir sehen, die Möglichkeiten im Zuge der Leistungsbeurteilung Fehler zu begehen
sind sehr zahlreich. Entsprechend oft dürfte man ihnen im Alltag begegnen. Dies ist
umso problematischer, wenn vom Ergebnis der Leistungsbeurteilung viel abhängt.

4.2   Einsatzgebiete der Leistungsbeurteilung

Im einfachsten Fall dient die Leistungsbeurteilung allein dem formalisierten Austausch zwischen Führungskraft und Mitarbeitern sowie dem leistungsbezogenen *Feedback*. Die Forschung zeigt, dass Feedback insbesondere dann eine positive Wirkung zeigt, wenn die folgenden Regeln eingehalten werden (Kanning & Berkhahn, 2020; Kanning & Rustige, 2012):

- *Konkret.* Der Feedbackgeber muss an ganz konkreten Beispielen deutlich manchen, was er positiv oder negativ erlebt hat. Generalisierungen nach dem Prinzip »Sie sind nicht teamfähig.« helfen niemandem weiter und provozieren eher Gegenwehr.
- *Konstruktiv.* Das Feedback sollte nicht nur Schwachstellen aufdecken, sondern auch konkrete Vorschläge unterbreiten, wie man es besser machen könnten.
- *Respektvoll.* Auch bei einer negativen Rückmeldung sollte deutlich werden, dass man die Person nicht als Ganze meint und abwertet, sondern, dass es um spezifische Aspekte ihres Verhaltens geht.
- *Valide.* Der Feedbacknehmer sollte das Gefühl haben, dass dem Feedbackgeber alle wichtigen Informationen (z. B. zu Rahmenbedingungen) bekannt sind, und dass er alle Mitarbeiter nach denselben Kriterien bewertet.

Feedback kann der Ausschüttung von *Bonuszahlungen* dienen, um hiermit besondere Leistung zu honorieren. Die Betonung liegt dabei auf »besondere« Leistungen. In manchen Unternehmen wird bereits ein Bonus ausgeschüttet, wenn die Mitarbeiter die Leistung erbringen, die der Arbeitgeber von ihnen erwartet. Das ist wenig sinnvoll, weil für diese Leistung ja bereits das Gehalt ausgezahlt wird. Hiermit würde man also dieselbe Leistung zweimal honorieren.

Prinzipiell ist es sinnvoll, besondere Leistung – also Leistung die über das im Arbeitsvertrag vereinbarte Ausmaß hinausgeht – auch monetär zu belohnen. Die Forschung zeigt, dass Geld zu mehr Motivation und Leistung führen kann (Cerasoli et al., 2014). Dies gilt insbesondere für quantitative Leistung, also Leistung, bei der es eher auf die Menge als auf die Qualität ankommt. Wichtig ist dabei aber, dass verschiedene Prinzipien berücksichtigt werden:

- Der Bonus sollte ausschließlich besondere Leistung honorieren. Wer selbstverständliche Leistung honoriert – wie z. B. ein privates Bahnunternehmen, das den Mitarbeitern einen täglichen Bonus von 30 Euro auszahlt, wenn sie am Arbeitsplatz erscheinen – reduziert die Motivation der Mitarbeiter.

- Das Ausmaß der Ausschüttung muss in einer attraktiven Größenordnung zum Gehalt stehen. Wer 80.000 Euro Jahresgehalt bezieht, wird sich durch einen Bonus von 1.000 Euro nur wenig motiviert fühlen, mehr Leistung zu bringen.
- Der Bonus muss für die Mitarbeiter kalkulierbar sein. Für eine bestimmte Mehrleistung gibt es einen Bonus bestimmter Größenordnung und diese Größenordnung schwankt nicht stark von Jahr zu Jahr.
- Bei Bonuszahlungen für Spitzenmanager ist auf die langfristigen Folgen der erbrachten Leistung zu achten. Andernfalls läuft man Gefahr, dass der Manager nach vielleicht zwei Jahren das Weite sucht und erst dann die negativen Folgen seiner Entscheidungen ans Tageslicht kommen. Hier wäre ggf. darauf zu achten, dass Boni auch wieder zurückgefordert werden können.
- Die Höhe der Bonuszahlungen von Spitzenmanager sollte auch für die übrigen Mitarbeiter halbwegs nachvollziehbar sein. Niemand arbeitet gern in einem Unternehmen, indem er den Eindruck hat, dass »die da oben« sich ungerechtfertigter Weise die Taschen vollstopfen und unten mit spitzer Feder gerechnet wird.

Ein weiteres Anwendungsfeld der Leistungsbeurteilung stellt die *Vorauswahl* der Kandidaten bei internen Stellenbesetzungen dar. Hierbei ist das Anforderungsprofil der alten Stelle mit dem der neuen Stelle abzugleichen. Je weiter entfernt die neue Stelle von der alten ist, je stärker sich also die Anforderungen unterscheiden, desto weniger valide dürfte die Leistungsbeurteilung im Hinblick auf die Leistung auf der zukünftigen Stelle sein. Nicht aus jedem brillanten Sachbearbeiter wird auch eine gute Führungskraft und nicht jede gute Führungskraft muss zuvor ein hervorragender Sachbearbeiter gewesen sein. Die Leistungsbeurteilung sollte in vielen Fällen daher nur den Einstieg in ein professionelles Auswahlverfahren für die vakante Stelle ebnen. Darüber hinaus muss es für Mitarbeiter auch immer die Möglichkeit geben, ohne Fürsprache des Vorgesetzten in Auswahlverfahren eintreten zu können. So lässt sich verhindern, dass Führungskräfte Leistungsträger an der Karriere hindern, weil sie sich selbst davon einen Vorteil für ihre eigene Abteilung versprechen oder weil sie ihnen nicht wohlgesonnen sind.

Geht es nicht um Personalauswahl, sondern um die Personalentwicklung, so kann die Leistungsbeurteilung ein Baustein der *Potenzialanalyse* sein. Das Ziel der Potenzialanalyse ist es, Stärken und Schwächen von Mitarbeitern offenzulegen, um hieraus individuell zugeschnittene Entwicklungsprogramme ableiten zu können. Im Kern der Potenzialanalyse geht es dabei um einen Blick in die Zukunft. Maßstab der Definition von Stärken und Schwächen sind die Anforderungen einer zukünftigen

Aufgabe im Unternehmen. Da die Leistungsbeurteilung zwangsläufig immer In die Vergangenheit schaut, kann sie also nur insoweit einen wertvollen Beitrag zur Potenzialanalyse leisten, wie Leistungsdimensionen der derzeitigen Stelle auch für zukünftige Positionen von Bedeutung sind. Der Vorteil der Leistungsbeurteilung liegt darin, dass sie sich auf einen langen und explizit praxisbezogenen Beobachtungszeitraum bezieht. Der Nachteil liegt in der großen Abhängigkeit der Befunde von der Person des Vorgesetzten und seiner eingeschränkten Sicht auf das alltägliche Arbeitsverhalten. Viele Führungskräfte bekommen vom Arbeitsverhalten ihrer Mitarbeiter wenig mit. Sie sehen eher die fertigen Arbeitsergebnisse oder erschließen die Leistung aus der geringen Menge an Kundenbeschwerden oder Komplikationen.

Eine letzte wichtige Aufgabe liegt im Bereich der *Evaluation*. Mit Hilfe der Evaluation wird geklärt, inwieweit sich bei einem Mitarbeiter über die Zeit hinweg eine Entwicklung der Kompetenzen bzw. des Arbeitsverhaltens beobachten lässt. Dazu sind zwei Messungen notwendig, eine Messung vor und eine Messung nach der Entwicklungsphase. Im klassischen Anwendungsfall würde man bei einem Mitarbeiter zunächst auf der Basis der Leistungsbeurteilung Defizite feststellen. Der Mitarbeiter hat beispielsweise Schwierigkeiten, mit emotional aufgebrachten Kunden professionell umzugehen oder hat Probleme damit, sich selbst und seine vielen Arbeitsaufträge effektiv zu koordinieren. In der Folge wird nur eine spezifische Entwicklungsmaßnahme aufgelegt, die ihm bei der Bewältigung dieser Defizite helfen soll. Anschließend soll der Erfolg der Maßnahme eingeschätzt werden. Erfolgreich ist die Maßnahme, wenn sich später bei der nächsten Leistungsbeurteilung höhere Punktwerte auf den entsprechenden Leistungsdimensionen ergeben. Dabei mag es durchaus sinnvoll sein, die Frequenz der Leistungsbeurteilung zu erhöhen, also sie beispielsweise nicht erst wieder nach 12 Monaten, sondern die Beurteilung im halbjährlichen Rhythmus vorzunehmen. So kann die Führungskraft frühzeitig aktiv werden und Hilfestellung leisten, wenn die Evaluation noch keine vollends zufriedenstellenden Ergebnisse zeigt. Gleichzeitig betont die Frequenzerhöhung die Bedeutung der Entwicklungsmaßnahme.

4.3   Variante der Leistungsbeurteilung

Die Leistungsbeurteilung kann in verschiedener Gestalt umgesetzt werden. Drei klassische Formen werden näher betrachtet, die Heranziehung wirtschaftlicher Kennwerte, die 360°-Beurteilung sowie klassische Leistungsbeurteilungsskalen. Eine vierte Variante – das *Day-to-day-Feedback* – wird hier ausgespart. Dem Day-to-day-Feedback liegt keine formalisierte Leistungsbeurteilung zugrunde. Es geht vielmehr um ein Feedback, dass die Führungskraft ihren Mitarbeiter quasi zwischendurch zuteilwerden lässt, beispielsweise indem sie für eine aktuell gute Leistung lobt oder auf Fehler in der aktuellen Arbeitsausführung hinweist. Das Day-to-day-Feedback ist somit Bestandteil des alltäglichen Führungsverhaltens.

4.3.1 Leistungsbeurteilung mit wirtschaftlichen Kennzahlen

Wirtschaftliche Kennzahlen werden gern als harte Kriterien dargestellt. Sie beziehen sich beispielsweise auf den Umsatz, den ein Außendienstmitarbeiter erzielt, die Stückzahl der Produkte, die ein Arbeiter in der Produktion herstellt oder den Aktienkurs, den ein Vorstandsvorsitzender letztlich zu verantworten hat. An diesen Beispielen wird eines sehr deutlich. Die Höhe der Kennzahlen hat nicht nur etwas mit dem Arbeitsverhalten eines konkreten Menschen zu tun, sie hängt auch von zahlreichen Faktoren ab, die der einzelne Mitarbeiter kaum oder gar nicht beeinflussen kann. Der Umsatz des Außendienstmitarbeiters hängt stark von der Qualität der zu vertreibenden Produkte und dem Angebot konkurrierender Unternehmen ab. Da der Vertriebler die Produkte in der Regel nicht selbst gestaltet ist sein Arbeitsergebnis u. a. davon abhängig wie die Kollegen in der Produktentwicklung arbeiten. Die Produktivität des Arbeiters wird durch die Qualität und Fehleranfälligkeit seiner Maschine beeinflusst. Der Output des Vorstandsvorsitzenden wiederum ist von unzähligen Faktoren abhängig, wie etwa der Leistungskraft und dem Engagement seiner Mitarbeiter, der Konjunktur, der Irrationalität der Aktionäre und vielem mehr. So »hart« wie wirtschaftliche Zahlen auf den ersten Blick scheinen, sind sie in Wirklichkeit also nicht. Dies gilt es zu berücksichtigen, wenn es darum geht, einen Bewertungsmaßstab zu kreieren. Das Arbeitsergebnis des Einzelnen ist immer das Ergebnis eines Zusammenspiels zwischen seinen Fähigkeiten, seiner Motivation und konkreten Arbeitsbedingungen (Lohaus & Schuler, 2014).

Es gehört zum besonderen Wesen wirtschaftlicher Kennzahlen, dass sich die Leistungsbeurteilung weniger am konkreten Verhalten, als vielmehr am *Ergebnis des Arbeitsverhaltens* orientiert. Dabei bieten sind im Prinzip drei verschiedene Maßstäbe an:

* *Zielvorgaben.* Eine gute Leistung ist gegeben, wenn zuvor festgelegte Ziele erreicht wurden. Je weiter das Arbeitsergebnis oberhalb des Ziels liegt, desto besser. Je weiter das Arbeitsergebnis unter diesen Wert fällt, desto schlechter.

- *Sozialer Vergleich.* Das Arbeitsergebnis wird im Vergleich zu den Arbeitsergebnissen anderer Menschen bewertet. Gibt es zehn Maschinenmitarbeiter, die alle die gleiche Maschine bedienen, so könnte der Durchschnitt der Arbeitsleistung als hinreichende Leistung definiert werden. Wer über dem Durchschnitt liegt, zeigt demnach auch eine besonders gute Leistung. Im Falle eines Geschäftsführers könnten sich die Bezugsgruppe auch außerhalb des Unternehmens befinden. Dabei würde man auf sog. Benchmarks zurückgreifen, die z. B. Auskunft darüber geben, wie produktiv vergleichbare Unternehmen in derselben Branche arbeiten. Das Ergebnis und die Sinnhaftigkeit eines solchen Vergleiches hängen maßgeblich davon ab, inwieweit tatsächlich eine Vergleichbarkeit gegeben ist.
- *Ipsativer Vergleich (von lateinisch »ipse« = selbst).* Hierbei geht es um die individuelle Entwicklung. Das Arbeitsergebnis zum Zeitpunkt X wird mit früheren Arbeitsergebnissen z. B. aus dem letzten oder vorletzten Jahr verglichen. Eine hinreichende Leistung wäre beispielsweise gegeben, wenn der Mitarbeiter ein bestimmtes Produktivitätsniveau beibehalten hat. Ein ipsativer Vergleichsmaßstab ist vor allem dann sinnvoll, wenn es keine anderen Personen gibt, mit denen sich ein Arbeitsplatz vergleichen lässt.

4.3.2   360°-Beurteilung

Die 360°-Beurteilung findet ihre Anwendung vor allem in der Führungskräfteentwicklung. Dabei wird eine Führungskraft zunächst gebeten, sich selbst im Hinblick auf verschiedene Leistungskriterien zu bewerten. Anschließend wird das Selbstbild der Person mit verschiedenen Fremdbildern verglichen. Die Fremdbilder stammen von Menschen, die die Führungskraft aus unterschiedlichen Perspektiven heraus bewerten (vgl. Abbildung 4-1): die Perspektiven des Vorgesetzten, der Kollegen, der eigenen Mitarbeiter und der Kunden. Aus der kreisförmigen Anordnung der Perspektiven ergibt sich die Bezeichnung 360°-Beurteilung. Dementsprechend würde man von einer 270°-Beurteilung sprechen, wenn eine Perspektive wegfällt oder von einer 180°-Beurteilung, wenn nur zwei Fremdbildperspektiven erfasst werden.

Für einen sinnvollen Vergleich zwischen Selbstbild und Fremdbild ist es zwingend notwendig, dass alle Beteiligten dieselben Items zur Bewertung der Zielperson bearbeiten. Ansonsten können die Unterschiede nicht sinnvoll interpretiert werden, da sie ja ein Stück weit auf unterschiedliche Fragen zurückzuführen sind (Kanning, 2014a). Trotz gleicher Fragen ist aber nicht mit identischen Ergebnissen zu rechnen. Weichen beispielsweise die Einschätzungen des Vorgesetzten von denen der Mitarbeiter der Zielperson ab, so kann dies ganz einfach auch darauf zurückgeführt werden, dass beide Seiten unterschiedliche Ausschnitte des Verhaltens mitbekommen. Zudem wird sich die Zielperson gegenüber ihren eigenen Mitarbeitern wahrscheinlich auch moderat anders verhalten als gegenüber den eigenen Mitarbeitern, da sie in beiden Fällen unterschiedliche Rollen ausfüllt.

Unterschiede zwischen Selbstbild und Fremdbildern sind ebenfalls keine Seltenheit. Auch hier ist dies z. T. durch unterschiedliche Informationsstände zu erklären. Die Zielperson ist immer dabei, wenn sie selbst handelt, für die Vertreter der anderen Perspektiven kann dies zwangsläufig nicht gelten. Überdies hat die Zielperson Kenntnis über innerpsychische Prozesse (Ängste, Ärger, Unwohlsein etc.), welche in die Bewertung des eigenen Verhaltens einfließen, den übrigen Personen aber weitgehend unbekannt sind.

Zu guter Letzt neigen Menschen dazu, positiv verzerrte Selbstbilder aufzubauen, d. h. wir sehen uns eher ein wenig positiver, als wir de facto sind (Kanning, 2000). All dies zusammen erklärt, warum Selbst- und Fremdbilder in vielen Studien durchschnittlich zu kaum mehr als 12 % übereinstimmen (Atwater et al., 2005; Beehr et al., 2001; Harris & Schaubroeck, 1988). Zum Teil ist dies aber auch der schlechten Qualität der Beurteilungssysteme geschuldet. Je unklarer definiert ist, was eigentlich bewertet werden soll, desto größer ist der Interpretationsspielraum der Beurteiler.

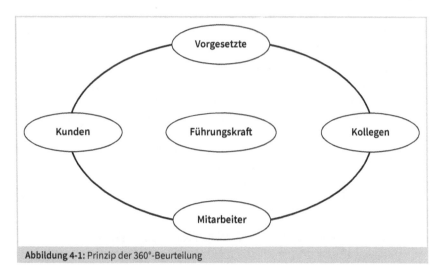

Abbildung 4-1: Prinzip der 360°-Beurteilung

Die Perspektivendivergenz bietet darüber hinaus aber auch durchaus eine Chance, weil manche Informationen nur sinnvoll aus einer bestimmten Fremdperspektive heraus beurteilt werden kann. Dies gilt beispielsweise für die Kundenzufriedenheit oder die Zusammenarbeit mit Kollegen. In diesen Fällen ist es mithin sinnvoll, verschiedene Fragebögen oder Beurteilungsskalen für die verschiedenen Perspektiven einzusetzen. Konkret bedeutet dies, dass beispielsweise nur die Zielperson selbst und die Mitarbeiter das Führungsverhalten beurteilen, oder den Umgang mit Kunden nur von der Zielperson und den Kunden eingeschätzt wird. Insgesamt ergibt sich somit ein Mosaik, bei dem jeder Baustein eine kleine Lücke schließt und zu einer besseren Gesamteinschätzung beiträgt.

4.3.3   Leistungsbeurteilungsskalen

Leistungsbeurteilungsskalen sind das Herzstück der Leistungsbeurteilung, insbesondere in der Regelbeurteilung, durch den direkten Vorgesetzten. Abbildung 4-2 gibt ein Beispiel für eine schlechte Beurteilungsskala, bei der alle der in der Einleitung genannten Kritikpunkte gegeben sind:

- fehlender Zuschnitt der Leistungsdimensionen auf die spezifische Stelle
- fehlende Definition der Leistungsbeurteilungsdimension
- fehlende inhaltliche Definition der Leistungspunkte

- Die Leistung des Einzelnen wird an der Leistung der Kollegen relativiert.
- Die Führungskraft hat extrem große Spielräume bei der Interpretation und kann damit subjektive verzerrten Eindrücken viel Platz einräumen.
- Die Beurteilung ein und desselben Arbeitsverhaltens führt in verschiedenen Abteilungen bzw. bei verschiedenen Vorgesetzten zu unterschiedlichen Punktwerten.

Trotzt dieser und weiterer Schwächen dürften derart einfache Beurteilungsskalen in der Praxis sehr häufig anzutreffen sein. Der Grund hierfür liegt im geringen Aufwand, der mit der Entwicklung verbunden ist.

Abbildung 4-2: Beispiel für eine schlechte Beurteilungsskala

Gute Leistungsbeurteilungsskalen sehen ganz anders aus. Sie lassen wenig Spielraum für Urteilsfehler und Missverständnisse. Sie arbeiten nach dem Prinzip der verhaltensverankerten Beurteilungsskalen, die wir bereits in Kapitel 3 kennengelernt haben. Tabelle 4-1(s. u.) gibt ein Beispiel. Dabei werden folgende Prinzipien umgesetzt (ausführlicher: Kanning et al., 2013):
- Die Entwicklung der Skalen erfolgt spezifisch für Gruppen von ähnlichen Arbeitsplätzen. So wird sichergestellt, dass jeweils erfasst wird, worin gute Leistung auf einem bestimmten Arbeitsplatz besteht und wie sich dieser Arbeitsplatz von anderen unterscheidet.
- Grundlage der Definition liefert eine Analyse mit der Critical Incident Technique (vgl. Kapitel 3).
- Die Leistungsdimensionen werden inhaltlich definiert (in Tabelle 4-1 nur indirekt sichtbar).
- Pro Leistungsdimension werden mehrere Facetten unterschieden (Zeilen in Tabelle 4-1). Hierdurch wird der Komplexität der jeweiligen Dimension Rechnung getragen.
- Die einzelnen Punktwerte werden verbindlich definiert, sodass sowohl für die Führungskraft als auch für die Mitarbeiter deutlich wird, welches Arbeitsverhal-

ten zu zeigen ist, um eine gute Leistung zu erzielen (3 Punkte). Die gute Leistung entspricht dem Arbeitsniveau, dass der Arbeitgeber auf der jeweiligen Stelle erwartet. Wer 3 Punkte erzielt, leistet das, wofür sein Arbeitgeber ihm ein Gehalt zahlt.

- Die höchste Beurteilungsstufe ist absichtlich sehr extrem formuliert, sodass sie selten vergeben wird. So wird einer Inflation sehr guter Leistungsbeurteilungen entgegengewirkt.

Gewissenhaftigkeit				
		gute Leistung		
1	**2**	**3**	**4**	**5**
für bis zu ca. 60 % der Arbeitsaufgaben gilt: • arbeitet gründlich und fehlerfrei • arbeitet auch unter (zeitlichem) Druck zuverlässig • beachtet Vorgaben (z. B. Regelwerk, Ländervorgaben)		für ca. 90 % der Arbeitsaufgaben gilt: • arbeitet gründlich und fehlerfrei • arbeitet auch unter (zeitlichem) Druck zuverlässig • beachtet Vorgaben (z. B. Regelwerk, Ländervorgaben) • hält Absprachen ein		für ca. 100 % der Arbeitsaufgaben gilt: • arbeitet gründlich und fehlerfrei • arbeitet auch unter (zeitlichem) Druck zuverlässig • beachtet Vorgaben vollständig (z. B. Regelwerk, Ländervorgaben) • hält Absprachen ein • lernt von allein aus eigenen Fehlern
für bis zu ca. 60 % der Arbeitsaufgaben gilt: • erkennt Fehler/ Probleme • sucht nach Fehlerquellen • schätzt die eigenen Grenzen korrekt ein		für ca. 90 % der Arbeitsaufgaben gilt: • erkennt Fehler/ Probleme zeitnah • sucht nach Fehlerquellen • schätzt die eigenen Grenzen korrekt ein, sichert sich bei Unklarheiten durch Rücksprache mit Vorgesetzten ab		für ca. 100 % der Arbeitsaufgaben gilt: • erkennt Fehler/ Probleme unmittelbar • sucht intern sowie extern nach Fehlerquellen • schätzt die eigenen Grenzen korrekt ein, • sichert sich bei Unklarheiten durch Rücksprache mit Kollegen/Vorgesetzten ab

für bis zu ca. 60% der Arbeitsaufgaben gilt:	für ca. 90% der Arbeitsaufgaben gilt:	für ca. 100% der Arbeitsaufgaben gilt:
• verschafft sich einen Überblick über bestehende Informationen • hinterfragt bereits vorhandene Informationen • holt detaillierte Einschätzungen (z. B. zu Marktpreisen) ein	• verschafft sich einen detaillierten Überblick über bestehende Informationen • hinterfragt bereits vorhandene Informationen • holt intern Einschätzungen (z. B. zu Marktpreisen) ein • sagt Kunden erst dann zu, wenn Aufträge intern abgesprochen sind	• verschafft sich einen detaillierten Überblick über bestehende Informationen • hinterfragt bereits vorhandene Informationen • holt intern und extern detaillierte Einschätzungen (z. B. zu Marktpreisen) ein • sagt Kunden erst dann zu, wenn Aufträge intern abgesprochen sind • bereitet gewonnene Erkenntnisse für Kollegen verständlich auf
Gesamtbewertung:		

Tabelle 4-1: Beispiel für eine verhaltensverankerte Beurteilungsskala (Kanning, 2019, S. 58)

Auch verhaltensverankerte Skalen sind nicht perfekt und zu 100% objektiv. Sie reduzieren jedoch die Probleme herkömmlicher Skalen beträchtlich. Denkbar wäre zudem eine Kombination mit wirtschaftlichen Kennzahlen. Beide weisen im Durchschnitt zwar nur geringe Überschneidungen auf (Bommer et al., 1995), hierdurch bietet sich somit aber die Chance, dass beide einander ergänzen und ein umfassenderes Bild der individuellen Leistung liefern.

Darüber hinaus setzt gute Leistungsbeurteilung eine gründliche Schulung der Vorgesetzten voraus. Professionelle Leistungsbeurteilungsskalen schränken die Freiheit der Vorgesetzten deutlich ein. Sie müssen verstehen, warum diese Einschränkung wichtig ist, wie Sie die Skalen handhaben müssen und wir ein gutes Feedbackgespräch aussieht.

Videotutorial: Leistungsbeurteilungsskalen
• https://www.youtube.com/watch?v=BDpGgEe0O2w

Kolumne: Leistungsbeurteilung falsch gemacht!
• https://www.haufe.de/personal/hr-management/psychologie-leistungsbeurteilung-falsch-gemacht_80_227828.html

4.4   Empfehlungen

1. Achten Sie beim Einsatz wirtschaftlicher Kennzahlen darauf, dass die Rahmenbedingungen unter denen die Leistung erbracht wurde, bei der Interpretation Berücksichtigung finden.
2. Nutzen Sie die Chancen der 360°-Beurteilung für die Weiterentwicklung von Führungskräften.
3. Setzen Sie verhaltensverankerte Beurteilungsskalen ein, die spezifisch für die jeweiligen Stellen entwickelt wurden.
4. Schulen Sie die Vorgesetzten im Gebrauch der Skalen und im Führen der sich anschließenden Feedbackgespräche.
5. Nutzen Sie die Leistungsbeurteilung nicht nur zur Aufdeckung von Schwächen, sondern auch zur Evaluation von Entwicklungsmaßnahmen.
6. Belohnen Sie nur solche Leistung monetär, die tatsächlich über dem Niveau liegt, das aufgrund des Vertrags zu erwarten ist.
7. Achten Sie drauf, dass die Höhe der Belohnung in einem angemessenen Verhältnis zum Grundlohn steht.

4.5   Literatur zur Vertiefung

Hossiep, R., Zens, J. E. & Berndt, W. (2020). Mitarbeitergespräche (2. Aufl.). Göttingen: Hogrefe.

Kanning, U. P., Möller, J. H., Kolev, N. & Pöttker, J. (2013). Systematische Leistungsbeurteilung: Leitfaden für die HR- und Führungspraxis. Stuttgart: Schäffer-Poeschel.

Kanning, U. P. (2018). Standards der Personaldiagnostik (2. Aufl.). Göttingen: Hogrefe.

Lohaus, D. & Schuler, H. (2014). Leistungsbeurteilung. In H. Schuler & U. P. Kanning (Hrsg.), Lehrbuch der Personalpsychologie (3. Aufl., S. 357–411). Göttingen: Hogrefe.

5 Arbeitszufriedenheit

Die Arbeitszufriedenheit ist ein Thema mit dem sich die Personalpsychologie seit vielen Jahren beschäftigt. Es geht um die Frage, wie Mitarbeiter ihren Arbeitsplatz, ihren Arbeitgeber, die Zusammenarbeit mit Kollegen und Führungskräfte etc. bewerten. Dies ist in vielfältiger Weise bedeutsam, etwa für das Arbeitsverhalten oder die Bindung an den Arbeitgeber. Schauen wir uns im Folgenden einmal näher an, welche Facetten der Arbeitszufriedenheit zu unterscheiden sind, wie Arbeitszufriedenheit entsteht und wie sie sich beeinflussen lässt.

5.1 Mythen und Missstände

Im Bereich der Arbeitszufriedenheit sind die Mythen und Missstände im Vergleich zu anderen Themen recht überschaubar:

- Das Thema Arbeitszufriedenheit wird ignoriert oder heruntergespielt, weil man es nicht für wichtig hält oder sich nicht vorstellen kann, dass die eigenen Mitarbeiter unzufrieden sind.
- Die Verantwortlichen trauen sich nicht, die Arbeitszufriedenheit zu untersuchen, weil sie schlechte Ergebnisse fürchten.
- Sie glauben, dass die Rückmeldungen des Betriebsrates oder die Wahrnehmung der Führungskräfte einen hinreichenden Einblick in die Zufriedenheit der Mitarbeiter ermöglicht.
- Die Arbeitszufriedenheit wird als Wundermittel zur Leistungssteigerung überbewertet.
- Die Arbeitszufriedenheit wird als notwendige Bedingung zur Mitarbeiterbindung überbewertet.

5.2 Facetten der Arbeitszufriedenheit

Arbeitszufriedenheit ist die Einstellung eines Menschen bezogen auf seine berufliche Tätigkeit. Es geht um die subjektive Bewertung dessen, womit ein Arbeitnehmer im alltäglichen Berufsleben konfrontiert wird. Die Bandbreite der Bewertung reicht dabei von einer hohen Unzufriedenheit über eine neutrale Position bis hin zu einer hohen Zufriedenheit.

Das bekannteste Modell der Arbeitszufriedenheit geht davon aus, dass Menschen unbewusst einen bestimmten Bewertungsprozess vollziehen in dem ein Abgleich zwischen den eigenen Ansprüchen und der beruflichen Realität erfolgt (Abbildung 5-1). Konkret würde sich ein Mitarbeiter demnach zunächst einmal fragen, welche Erwartungen er an seinen Arbeitsplatz hat. Welches Gehalt erscheint ihm angemessen? Wie viele Urlaubstage stehen ihm zu? Inwieweit sollte der Arbeitgeber ihm Entscheidungsspielräume an seinem Arbeitsplatz einräumen? Wie sollten die Kollegen miteinander umgehen? Diese und viele weitere Fragen beschreiben Inhalte dessen, was zusammenfassend als *Soll-Wert* bezeichnet wird.

Der individuelle Soll-Wert wird nun verglichen mit der erlebten Realität des Arbeitsplatzes. Wie hoch ist das Gehalt? Wie viele Urlaubstage räumt der Arbeitgeber dem Mitarbeiter tatsächlich ein? Darf der Mitarbeiter Entscheidungen eigenständig fällen und wie groß ist dabei sein Spielraum? Helfen die Kollegen einander oder legen sie sich eher gegenseitig Steine in den Weg? All dies zusammen beschreibt den sog. *Ist-Wert.*

Die dritte Variable im Spiel ist die subjektive *Wichtigkeit* der jeweiligen Aspekte. Für einen bestimmten Mitarbeiter mag beispielsweise die Höhe des Gehaltes viel wichtiger sein als der kollegiale Zusammenhalt im Team, weil er beispielsweise hohe Schulden zurückzahlen muss und als Alleinverdiener eine vierköpfige Familie zu versorgen hat. Er würde mit Defiziten im Bereich des zwischenmenschlichen Miteinanders im Kollegenkreis sehr viel eher leben können als mit einem geringen Gehalt.

Die Arbeitszufriedenheit ergibt sich nun aus dem Zusammenspiel der drei Variablen (Abbildung 5-1). Die Diskrepanz zwischen Ist-Wert und Soll-Wert wird multipliziert mit der Wichtigkeit der jeweiligen Aspekte. Im Ergebnis ergibt sich die Gesamtarbeitszufriedenheit.

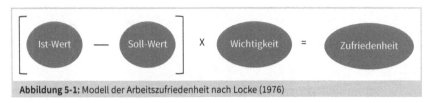

Abbildung 5-1: Modell der Arbeitszufriedenheit nach Locke (1976)

An dieser Stelle wird deutlich, dass Arbeitszufriedenheit immer ein sehr individuelles Erleben darstellt. Zwei Menschen, die exakt denselben Arbeitsplatz haben, können sehr unterschiedlich zufrieden sein. Das liegt daran, dass sie in allen drei Variablen unterschiedliche Werte aufweisen können:

- Soll-Wert: Sie unterscheiden sich hinsichtlich ihrer Ansprüche an den Arbeitgeber. Person A erwartet ein hohes Gehalt, während B mit einer mittleren Gehaltsstufe rechnet.
- Ist-Wert: Verschiedene Mitarbeiter können dieselbe Realität unterschiedlich wahrnehmen. Mitarbeiter A erlebt den Führungsstil des Vorgesetzten als hart aber gerecht, während Mitarbeiter B ihn als autoritär bezeichnen würde.
- Wichtigkeit: Für Person A sind die Urlaubstage wichtiger als das Gehalt. Bei Person B verhält es sich genau umgekehrt.

Diese Beispiele verdeutlichen bereits, dass es insbesondere bei großen und heterogen zusammengesetzten Belegschaften nahezu unmöglich sein wird, alle perfekt zufriedenzustellen. Das Ziel des Arbeitgebers kann also keine individuell maximale, sondern eine durchschnittliche hohe Zufriedenheit der Belegschaft sein.

So einfach und plausibel das Modell auch erscheint, in der Umsetzung – etwa in Form eines Fragebogens – hat es so seine Tücken. Vielen Menschen ist der Ist-Wert nicht bewusst oder es fällt ihnen schwer, ihn zu verbalisieren. Beim Gehalt oder bei den Urlaubstagen ist die Sache noch vergleichsweise einfach, doch bei schwammigeren Themen wie Führung oder Umgang mit Kollegen wird die Sache deutlich schwerer. Vielen Menschen fällt erst auf, dass sie einen bestimmten Anspruch haben, wenn dieser nicht erfüllt wird. Noch schwieriger ist die klare Abgrenzung zwischen Soll-Wert und Wichtigkeit. Ist ein bestimmter Aspekt des Arbeitsplatzes wichtig, so steigt damit oft auch der Soll-Wert. Wer gern autonom arbeitet, hat auch einen hohen Anspruch an die Freiheit, die der Arbeitgeber ihm einräumt.

Für die Praxis ist dieses Problem weniger relevant, da man sich hier in der Regel darauf beschränkt, das Ergebnis des, wie auch immer gearteten, Analyseprozesses zu erfassen. Die Mitarbeiter werden nicht getrennt nach Ist-Wert, Soll-Wert und Wichtigkeit gefragt, sondern danach, wie zufrieden sie sind.

Wie bereits angedeutet, kann sich die Zufriedenheit auf eine mehr oder minder große Bandbreite spezifischer Facetten beziehen. Abbildung 5-2 beschreibt beispielhaft die *Facetten der Arbeitszufriedenheit*, die mit dem Fragebogen zur Arbeitszufriedenheit (Kanning, in Druck a) erfasst werden. Dabei werden acht Facetten unterschieden, die z. T. noch feiner ausdifferenziert werden: Zufriedenheit mit den

Arbeitsaufgaben, den Rahmenbedingungen, den Entwicklungsmöglichkeiten, dem Führungsverhalten des Vorgesetzten, den Kollegen, dem Arbeitgeber insgesamt, den Kunden (soweit man Kontakt zu Kunden hat) sowie den eigenen Mitarbeitern (sofern man selbst Führungskraft ist). Alles zusammengenommen ergibt die Allgemeine Arbeitszufriedenheit.

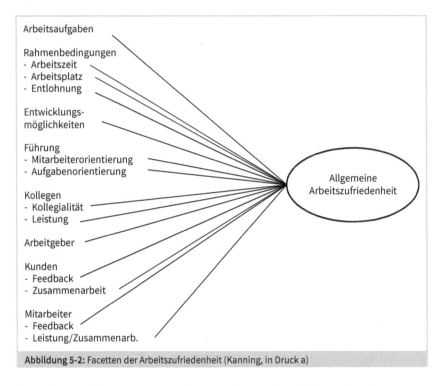

Abbildung 5-2: Facetten der Arbeitszufriedenheit (Kanning, in Druck a)

Im konkreten Fall, wenn es um die Messung der Arbeitszufriedenheit in einem Unternehmen oder einer Abteilung geht, kann es darüber hinaus sinnvoll sein, weitere bzw. spezifischere Facetten zu definieren, wie z. B. die Zufriedenheit mit einem aktuell laufenden Changeprozess oder der Zufriedenheit mit dem Parkplatzangebot auf dem Firmengelände.

5.3 Bedeutung der Arbeitszufriedenheit

Auf den ersten Blick könnte man denken, das Thema Arbeitszufriedenheit sei ausschließlich oder primär ein »Arbeitnehmerthema«. Schließlich ist es verständlich, dass Mitarbeiter gern zufrieden sein wollen und Arbeitnehmervertreter sich für die Zufriedenheit der Belegschaft einsetzen. Arbeitszufriedenheit ist ein Wert, der auch jenseits aller Arbeitgeberinteressen, Legitimation besitzt. Ein Blick in die Forschung offenbart, dass die Zufriedenheit der Mitarbeiter mittelbar, aber auch den wirtschaftlichen Interessen des Arbeitgebers dient. Dabei stehen zwei Aspekte im Zentrum des Interesses – der Zusammenhang zur beruflichen Leistung sowie zum Commitment der Mitarbeiter.

Mehr als 300 Studien beschäftigen sich allein mit dem Zusammenhang zwischen Arbeitszufriedenheit und beruflicher *Leistung*. Judge et al. (2001) finden in einer Metaanalyse einen durchschnittlichen Zusammenhang von 9 %. Der Zusammenhang ist durchaus substanziell, aber auch nicht so hoch, dass Arbeitszufriedenheit nun gleich als die zentrale Antriebskraft beruflicher Leistung erscheint. Letztlich hängt das Ausmaß der Leistung von vielen Faktoren ab, wie etwa den Fähigkeiten der Mitarbeiter und der Qualität der Arbeitsmaterialien.

Je komplexer die Arbeitsaufgabe der untersuchten Mitarbeiter in der Metaanalyse von Judge et al. (2001) waren, desto stärker stieg der Wert jedoch an. Handelte es sich um Managementpositionen, so lag er sogar bei 27 %. Dies mag damit zusammenhängen, dass bei sehr einfachen Tätigkeiten, die Leistung eher quantitativ gemessen wird und die Mitarbeiter zudem stark durch äußere Rahmenbedingungen zu einem bestimmten Leistungsniveau angehalten werden. Man denke hier z. B. an Menschen, die an Maschinen oder in der Fließproduktion arbeiten. Die Spielräume, langsam oder nachlässig zu arbeiten, sind hier weitaus geringer als beispielsweise bei einem Außendienstmitarbeiter oder einer hochrangigen Führungskraft.

Je anspruchsvoller die Arbeitsaufgaben werden, desto mehr kommt es auf die Qualität und nicht nur auf die Quantität an. Hier mag ein zufriedener Mitarbeiter, der gern zur Arbeit geht, sich besonders anstrengen und vielleicht sogar in der Freizeit über die Lösungen fachlicher Probleme nachdenken. Ebenso mag er sich nicht gleich mit der erstbesten Lösung zufriedengeben, sondern nach einer besseren Lösung streben, weil es ihm Freude bereitet, an den Aufgaben zu arbeiten oder weil er seinem Arbeitgeber etwas zurückgeben will, für die angenehmen Arbeitsbedingungen, unter denen er tätig ist.

Eine Studie von Hoffman et al (2008) zeigt zudem, dass eine hohe Arbeitszufriedenheit sich nicht nur auf die direkte Arbeitsleistung, sondern auch positiv auf das sog. Organizational Citizenship Behavior auswirkt. Hiermit ist freiwilliges Engagement gemeint, dass über die eigentlichen Arbeitsaufgaben des Mitarbeiters hinausreicht. Man gibt vielleicht einem Kollegen aus anderen Abteilungen einen wertvollen Tipp oder macht den Vorgesetzten auf eine Beobachtung im Kundenkontakt aufmerksam, obwohl beides formal gar nicht zur Stellenbeschreibung gehört.

Der Zusammenhang zwischen Arbeitszufriedenheit ist dabei keine Einbahnstraße. Arbeitszufriedenheit kann auf Leistung Einfluss nehmen, weil sich beispielsweise zufriedene Mitarbeiter mehr engagieren. Ebenso kann ein höheres Leistungsniveau aber auch zu mehr Zufriedenheit beitragen, wenn der Arbeitgeber z. B. Mehrleistung belohnt oder die Mitarbeiter die bessere Leistung selbst als befriedigend erleben. Im günstigsten Fall wird so ein Kreislaufprozess in Gang gesetzt, bei dem sich Arbeitszufriedenheit und Leistung gegenseitig fördern.

Die Arbeitszufriedenheit steht darüber hinaus in einem nennenswerten Zusammenhang zum Commitment der Mitarbeiter. Das *Commitment* drückt die Verbundenheit der Mitarbeiter mit ihrem Arbeitgeber aus. Es werden drei Varianten des Commitments unterschieden (Meyer et al., 2002):

- Das *affektive Commitment* beschreibt die emotionale Verbundenheit der Mitarbeiter mit ihrem Arbeitgeber. Menschen, die ein hohes affektives Commitment aufweisen, identifizieren sich mit ihrem Arbeitgeber und arbeiten gern bei ihm.
- Das *normative Commitment* ist demgegenüber weitaus kühler. Menschen mit hohen Werten im normativen Commitment fühlen sich dem Arbeitgeber verpflichtet, weil Konventionen dies von ihnen erwarten. Wer über viele Jahre hinweg bei einem Unternehmen gute Arbeitsbedingungen und ein gutes Auskommen gefunden hat, lässt den Arbeitgeber nicht im Regen stehen, wenn die Geschäfte einmal nicht so gut laufen und Boni gestrichen werden müssen, und zwar deshalb nicht, weil der Mitarbeiter selbst dies als unfair oder undankbar erleben würde.
- Das *kalkulatorische Commitment* ist die schwächste Variante des Commitments. Hier geht es allein um das Kalkül. Der Mitarbeiter steht nur so lange zu seinem Arbeitgeber, wie sich keine günstigeren Alternativen auf dem Arbeitsmarkt ergeben. Zahlt ein anderer Arbeitgeber ein höheres Gehalt oder bietet bessere Ausstiegsmöglichkeiten, so verlässt der Mitarbeiter das alte Unternehmen, auch wenn es ihn hier bislang gut ging oder das Unternehmen dringend auf seine Mitarbeit angewiesen wäre.

Aus Sicht des Arbeitgebers ist es wünschenswert, wenn er viele Mitarbeiter mit einem hohen affektiven oder zumindest doch normativen Commitment beschäftigt. Menschen mit einem hohen kalkulatorischem Commitment sind nur so lange nützlich, wie sie keine attraktiveren Alternativen auf dem Arbeitsmarkt finden.

Die Arbeitszufriedenheit steht in einem positiven Zusammenhang zum affektiven und normativen Commitment. In der Metaanalyse von Meyer et al., (2002) ergibt einen fast 10-prozentigen Zusammenhang zwischen Arbeitszufriedenheit und normativem Commitment. Bei affektiven Commitment beträgt der Zusammenhang sogar 42 %. Auch hier zeigt sich mithin, dass es für einen Arbeitgeber von Vorteil ist, wenn er sich für eine hohe Arbeitszufriedenheit engagiert. Mit zunehmender Arbeitszufriedenheit steigt die Wahrscheinlichkeit, dass die Mitarbeiter sich auch dann noch für das Unternehmen einsetzen, wenn es dem Arbeitgeber wirtschaftlich einmal nicht so gut geht und die Konkurrenz mit attraktiven Verträgen lockt.

Dies wird in Zeiten eines zunehmenden Fachkräftemangels ein immer wichtigeres Thema. Insbesondere kleinere Unternehmen, die keine hohen Gehälter zahlen können und in einem direkten Wettbewerb mit Großunternehmen um dieselben Arbeitskräfte stehen, sollten sich daher intensiv um die Arbeitszufriedenheit ihrer Belegschaft kümmern.

Eine Metaanalyse von Fried et al., (2008) ergab zudem, dass mit zunehmender Arbeitszufriedenheit die Fluktuation abnimmt. Der Zusammenhang beträgt 23 %. Eine ältere Metaanalyse von Tett und Meyer (1993) unterstützt diese Befunde. Mit zunehmender Arbeitszufriedenheit sinkt auch hier die Bereitschaft, das Unternehmen zu verlassen.

Wir sehen, die Arbeitszufriedenheit ist ein wichtiges Thema für Arbeitgeber. Gleichzeitig verdeutlicht die Höhe der gefundenen Effekte, dass die Arbeitszufriedenheit aber auch kein Wundermittel der Personalarbeit darstellt. Sie zu ignorieren wäre ebenso sträflich wie die Gegenposition, der zufolge das primäre Ziel der Personalarbeit in der Herstellung von Arbeitszufriedenheit liegt. Mitarbeiter, die nicht vollständig zufrieden sind, können dennoch gute Leistung bringen und verlassen nicht bei der ersten sich bietenden Gelegenheit das Unternehmen, selbst wenn es in schweres Fahrwasser geraten sollte. Umgekehrt ist eine sehr hohe Zufriedenheit keine Garantie für gute Leistung, denn es gibt auch Menschen, die mit ihrer Arbeit zufrieden sind, weil sie nichts leisten müssen.

5.4 Beeinflussung der Arbeitszufriedenheit

Als Nächstes stellt sich uns die Frage, wie die Arbeitszufriedenheit positiv beeinflusst werden kann. Diesem Vorhaben sollte man mit Zuversicht begegnen, da die Forschung zeigt, dass sich hier durch gute Personalarbeit durchaus Erfolge erzielen lassen (Kooij et al., 2010). Die Ansatzpunkte liegen sowohl in der Gestaltung der Arbeitsplatzmerkmale, der Art und Weise wie man miteinander umgeht sowie der professionellen Personalauswahl und Platzierung der Mitarbeiter im Unternehmen.

Eine Metaanalyse von Loher et al. (1985) verdeutlicht, wie sich durch die Gestaltung der *Arbeitsplatzmerkmale* Einfluss auf die Zufriedenheit nehmen lässt (Abbildung 5-3):

- *Aufgabenvielfalt.* Sehr viele Menschen bevorzugen Arbeitsplätze bei denen sie nicht jeden Tag über Wochen und Monate hinweg immer wieder dieselben Aufgaben erledigen müssen. Es ist daher sinnvoll, als Arbeitgeber darüber nachzudenken, wie sich die Vielfalt der Aufgaben für den einzelnen Mitarbeiter steigern lässt. Bei klassischen Produktionsarbeitsplätzen gelingt dies beispielsweise durch Jobrotation also den regelmäßigen Wechsel der Arbeitsplätze, beispielsweise im Wochenrhythmus. Eine andere Variante wäre teilautonome Arbeitsgruppen, bei denen mehrere Mitarbeiter gemeinsam z. B. den Innenausbau eines Pkw vornehmen und sich selbst flexibel untereinander absprechen, wer konkret welche Aufgaben übernimmt.

- *Ganzheitlichkeit der Arbeitsaufgaben.* Viele Menschen erleben es als unbefriedigend nur ein kleines Rädchen im Getriebe zu sein, also beispielsweise den anderen Kollegen immer nur zuarbeiten zu müssen. Die Produktion wird dadurch zwar effizienter, weil jeder einzelne Mitarbeiter in seinem kleinen Aufgabenfeld eine so hohe Fertigkeit entwickelt hat, dass keine Fehler mehr unterlaufen. Der Einzelne kann sich aber weniger mit dem fertigen Produkt identifizieren. Ganzheitlichkeit bedeutet, dass man ein Produkt vom Anfang bis zum Ende begleitet, es entweder komplett allein gestaltet oder aber gemeinsam im Team in allen Phasen maßgeblich Einfluss nehmen kann.

- *Bedeutsamkeit der Arbeitsaufgaben.* Arbeitsaufgaben können mehr oder weniger stark zum Erfolg eines Unternehmens beitragen. Dementsprechend genießen sie auch ein sehr unterschiedliches Ansehen in der Organisation und darüber hinaus. Wichtige Arbeitsaufgaben zu übernehmen, steigert bei sehr vielen Menschen die Zufriedenheit, nicht nur weil sie mehr Einfluss nehmen können, sondern auch weil es dem eigenen Selbstwert schmeichelt. Wer wichtige Aufgaben übernimmt, ist selbst auch als Person in gewisser Weise wichtig. Nun liegt es in der Natur der Sache, dass nicht alle Mitarbeiter zentrale Projekte steuern oder in der Geschäftsführung arbeiten können. Ziel einer Intervention kann es also nicht sein, allen Mitarbeitern herausgehobene Aufgaben zu geben. Es geht vielmehr um die Wertschätzung, die dem einzelnen Arbeitsplatz zuteilwird. Es gilt, insbesondere die Bedeutung von Arbeitsplätzen, die unten in der Hierarchie stehen, für das Gesamtunternehmen oder den Erfolg einzelner Projekte zu betonen.

- *Autonomie.* Je selbstständiger ein Mitarbeiter Entscheidungen treffen darf, je stärker er seinen Arbeitsalltag nach eigenen Vorstellungen gestalten kann, desto größer ist seine Autonomie. Arbeitsplätze mit hoher Autonomie sind in der Regel solche, die weiter oben in der Hierarchie des Unternehmens angesiedelt sind. Die Autonomie lässt sich aber durchaus auch bei vielen einfachen Arbeitsplätzen ein Stück weit steigern. Die Einführung von Gleitzeit und Homeoffice wäre hierfür ein gutes Beispiel.

- *Feedback (bzw. Selbstkontrolle).* Mit Feedback ist an dieser Stelle nicht die Rückmeldung durch den eigenen Vorgesetzten oder Kollegen gemeint, sondern das Feedback, das aus der direkten Aufgabenerfüllung erwächst. Baut ein Mechaniker in der Produktion beispielsweise selbstständig eine hydraulische Pumpe zusammen, könnte er auch gleich selbst deren Funktion überprüfen und erhielte hierüber eine unmittelbare Rückmeldung wie gut er seine Aufgaben erledigt hat. Diese Form der Selbstkontrolle ersetzt keineswegs die allgemeine Qualitätskontrolle durch eine andere Instanz im Unternehmen. Sie ergänzt sie vielmehr und dürfte insgesamt die Produktion fehlerhafter Produkte reduzieren. Eine andere Form des direkten Feedbacks können Kundenberater erfahren, wenn sie direkt sehen, dass ein Kunde von der Beratung profitiert und sich bedankt oder offensichtlich zufrieden das Geschäft verlässt.

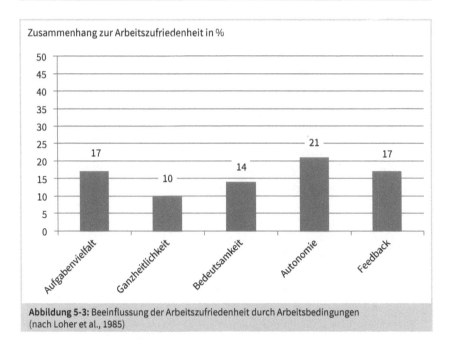

Abbildung 5-3: Beeinflussung der Arbeitszufriedenheit durch Arbeitsbedingungen (nach Loher et al., 1985)

All dies klingt sehr plausibel. Warum liegen dann aber die Effekte der zuvor genannten Arbeitsplatzmerkmale auf die Arbeitszufriedenheit im Mittelwert nur zwischen 10 und 21 % (Abbildung 5-3)? Dies ist ganz einfach dadurch zu erklären, dass nicht alle Menschen in gleicher Weise ein Bedürfnis nach Selbstständigkeit und Selbstverwirklichung besitzen (Hackman & Oldham, 1980). Es ist keineswegs so, dass alle Menschen ein Problem mit eintöniger Arbeit haben oder es als schlimm erleben, wenn sie offensichtlich nur ein kleines Rädchen im Getriebe sind. Dies hat viel mit dem eigenen Lebensentwurf und eigenen Wertpräferenzen zu tun. Je mehr der Beruf Teil der eigenen Identität eines Menschen ist, über den man seinen eigenen Selbstwert definiert, desto erfolgreicher dürften entsprechende Maßnahmen zur Steigerung der Arbeitszufriedenheit sein. Je mehr die berufliche Tätigkeit hingegen als ein bloßer Job angesehen wird und das eigentliche Leben jenseits des Unternehmens stattfinden, desto stärker verpuffen entsprechende Maßnahmen zur Umgestaltung von Arbeitsbedingungen. Im Grunde ist diese Erkenntnis bereits in dem Modell der Arbeitszufriedenheit von Locke (1976; Abbildung 5-1) abgelegt. Es geht immer auch um die Frage, welchen Anspruch der einzelne Mitarbeiter an bestimmte Aspekte seines Arbeitsplatzes hat, bzw. wie wichtig ihm die jeweiligen Aspekte sind.

Die Höhe des Gehaltes spielt übrigens eine eher untergeordnete Rolle. Der Einfluss auf die Gesamtarbeitszufriedenheit liegt bei gerade einmal 2,3 % und selbst die Zufriedenheit mit dem Gehalt hängt nur zu 5,3 % von seiner Höhe ab (Judge et al., 2010). Es geht wohl eher darum, wie gerechtfertigt das eigene Gehalt im Vergleich zur eigenen Arbeitsleistung ist und wie die Kollegen diesbezüglich abschneiden.

Neben den Arbeitsplatzmerkmalen lässt sich die Zufriedenheit über *zwischenmenschliche Aspekte* beeinflussen. Bezogen auf die Allgemeine Arbeitszufriedenheit nehmen Arbeitsplatzmerkmale in der Regel einen größeren Einfluss als zwischenmenschliche Aspekte. Geht es hingegen um die Zufriedenheit mit dem Führungsverhalten oder den Kollegen, so kehrt sich das Verhältnis um (Humphrey et al. 2007).

In einer Studie von Walter und Kanning (2003) lässt sich die allgemeine Arbeitszufriedenheit von Angestellten der öffentlichen Verwaltung zu 30 % über die wahrgenommenen sozialen Kompetenzen ihrer direkten Vorgesetzten erklären. Die Zufriedenheit mit den Vorgesetzten hängt sogar zu 66 % mit deren Sozialkompetenz zusammen.

Einer Metaanalyse von Derue et al. (2011) zufolge nimmt das Führungsverhalten der direkten Vorgesetzten zum 51 % Einfluss auf die Allgemeine Arbeitszufriedenheit und zu 70 % Einfluss auf die Zufriedenheit mit der Führungskraft.

Beide Studien sprechen dafür, dass man sich Gedanken über das Sozialverhalten bzw. den gelebten Führungsstil im eigenen Unternehmen manchen muss, wenn man Einfluss auf die Arbeitszufriedenheit der Mitarbeiter nehmen möchte.

Da Zufriedenheit immer etwas damit zu tun hat, inwieweit Ansprüche der Mitarbeiter erfüllt werden können (Abbildung 5-1), kann auch über geschickte *Personalauswahl und -platzierung* Einfluss genommen werden. Mehrere Metaanalysen zeigen positive Zusammenhänge zwischen dem Ausmaß der Passung von Mitarbeitern zu den Gegebenheiten ihres Arbeitsplatzes und dem Ausmaß der Arbeitszufriedenheit

(Peng & Mao, 2015; Verquer et al., 2003). Dabei kann zwischen verschiedenen Formen der Passung unterschieden werden (Tabelle 5-1).

Art der Passung	Zusammenhang zu Arbeitszufriedenheit
Person-Job-Fit	31%
Person-Organization-Fit	19%
Person-Group-Fit	10%
Person-Supervisor-Fit	19%

Tabelle 5-1: Einfluss der Passung auf die Arbeitszufriedenheit (nach Kristof-Brown et al., 2005)

Gute Auswahl und Platzierung legen die Basis für eine hohe Arbeitszufriedenheit, denn es ist letztlich leichter, über professionelle Eignungsdiagnostik diejenigen Menschen zu identifizieren, die gut zu dem Arbeitsplatz und seinem Umfeld passen, als zu versuchen den Arbeitsplatz und das Umfeld an die Erwartungen der einzelnen Mitarbeiter anzupassen. Deshalb ist es auch so wichtig, dass man die Bewerber im Zuge des Personalmarketing nicht anlügt, sondern ein realistisches Bild des Arbeitsplatzes zeichnet (Kapitel 2). Die Spielräume der Personal- und Organisationsveränderung sind in der Regel geringer als die der Auswahl. Wer strategisch vorgeht, sorgt also zunächst für eine gute Passung und versucht dann später, quasi im Feintuning, dem Arbeitsplatz den letzten Schliff zu geben.

Zum Schluss sei noch eine prominente Theorie erwähnt, die so mancher noch aus seinem Studium kennt und Führungskräfte bis heute in Weiterbildungsseminaren lernen, die *Zwei-Faktoren-Theorie* (Herzberg et al., 1959). Die Zwei-Faktoren-Theorie unterscheidet zwischen Hygiene- und Motivationsfaktoren:

* *Hygienefaktoren.* Dies sind Aspekte des Arbeitslebens, die das Ausmaß der Unzufriedenheit der Mitarbeiter beeinflussen sollen. Hierzu zählen beispielsweise das Gehalt, die Firmenpolitik, Arbeitsbedingungen oder die Beziehungen zu Kollegen. Je ungünstiger diese Faktoren ausgeprägt sind, desto unzufriedener soll ein Mitarbeiter sein. Selbst eine optimale Ausprägung dieser Faktoren soll aber keineswegs Arbeitszufriedenheit erzeugen. Das Beste, was sich über Hygienefaktoren erzielen lässt ist ein Zustand der Neutralität. Der Mitarbeiter wäre demnach weder unzufrieden noch zufrieden.

* *Motivationsfaktoren.* Hierunter fallen Aspekte des Arbeitslebens, die das Ausmaß der Zufriedenheit beeinflussen sollen, wie beispielsweise die Inhalte der eigenen

Arbeit oder die Verantwortung, die jemand im Berufsleben trägt. Je höher die Motivationsfaktoren ausgeprägt sind, desto größer soll die Arbeitszufriedenheit ausfallen. Bei einer Null-Ausprägung der Motivationsfaktoren resultiert jedoch keineswegs Unzufriedenheit. Die Betroffene sind lediglich neutral gestimmt.

So einfach und prominent die Theorie auch ist, sie konnte sich leider empirisch nicht bestätigen lassen (z. B. Maidani, 1991). Es ist vielmehr so, dass alle Variablen sowohl auf die Unzufriedenheit als auch auf die Zufriedenheit der Mitarbeiter Einfluss nehmen können. Die Einteilung in zwei Faktoren ist daher nicht sinnvoll.

Videotutorial: Was ist dran an der Zweifaktorentheorie?
* https://www.youtube.com/watch?v=jurBi2N_YG0

5.5 Messung der Arbeitszufriedenheit

Neben den oben beschriebenen, allgemeinen Strategien zur Förderung der Arbeitszufriedenheit, ist es wichtig, vor Ort im eigenen Unternehmen die Arbeitszufriedenheit differenziert zu erfassen. Nur so lässt sich feststellen in welchen Abteilungen oder Teams bestimmte Zufriedenheitswerte auffällig sind und Anlass zur Intervention geben. Die Messung der Arbeitszufriedenheit sollte selbstverständlich anonym erfolgen, damit die Mitarbeiter auch offen ihre Meinung äußern. Dies ist insbesondere für die Menschen wichtig, die unzufrieden sind. Sie äußern Kritik an ihrem Arbeitgeber und sollten sicher sein, dass ihnen hieraus keinerlei negative Konsequenzen erwachsen.

Die Messung der Arbeitszufriedenheit erfolgt sinnvollerweise auf einer bipolaren Skala von »extrem unzufrieden« bis zu »extrem zufrieden«. Die mittlere Stufe gibt die Möglichkeit auch anzugeben, dass man mit einem bestimmten Aspekt weder zufrieden noch unzufrieden ist.

extrem unzufrieden	sehr unzufrieden	unzufrieden	weder /noch	zufrieden	sehr zufrieden	extrem zufrieden
-3	-2	-1	0	+1	+2	+3

Abbildung 5-4: Skala zur Einschätzung der Zufriedenheit (Kanning, in Druck a)

Im Fragebogen zur Arbeitszufriedenheit (Kanning, in Druck a) werden zu den in Abbildung 5-2 dargestellten Zufriedenheitsbereichen, jeweils mehrere Fragen gestellt, die alle auf dieser Skala beantwortet werden müssen. Hierdurch wird sichergestellt, dass die Zufriedenheitsmessung zu den Entwicklungsmöglichkeiten oder zur Kollegialität auf eine breite Basis gestellt, und nicht von einzelnen sehr spezifischen Aspekten dominiert werden können. Tabelle 5-2 gibt die Ergebnisse des Fragebogens zur Arbeitszufriedenheit, bezogen auf eine Stichprobe von bis zu 4.119 Arbeitnehmern, wieder.

Zufriedenheit mit ...	Mittelwert
Arbeitsaufgaben	0,97
Rahmenbedingungen	0,77
Entwicklungsmöglichkeiten	0,10
Führung	0,49
Kollegen	1,18
Arbeitgeber	0,48
Kunden*	0,91
Mitarbeiter**	1,30
Allgemeine Arbeitszufriedenheit	0,62

Tabelle 5-2: Ausmaß der Arbeitszufriedenheit (nach Kanning, in Druck a)
* 2.859 Personen mit Kundenkontakt
** 1.136 Personen mit Führungsverantwortung

Es fällt auf, dass alle Mittelwerte im positiven Bereich liegen. Dies ist ein durchaus übliches Ergebnis. Manche Mitarbeiter passen ihre Ansprüche im Laufe der Zeit an die Gegebenheiten des Berufsalltags an und werden dadurch etwas zufriedener (Bruggemann, 1974). Andere sind relativ zufrieden, weil sie einen Arbeitsplatz gefunden haben, der zu ihnen passt. Die meisten Arbeitnehmer sind daher unterm Strich zufrieden. Dennoch gibt es zwischen den Bereichen durchaus beträchtliche Unterschiede und auch noch Luft nach oben. Gleiches gilt für den Vergleich zwischen verschiedenen Abteilungen oder Arbeitsteams im eigenen Haus. Genau hier liegen mögliche Ansatzpunkte zur Intervention.

5.6   Empfehlungen

1. Untersuchen Sie die Arbeitszufriedenheit Ihrer Mitarbeiter über anonyme Mitarbeiterbefragungen.
2. Differenzieren Sie dabei verschiedene Facetten der Zufriedenheit.
3. Ignorieren Sie die Zwei-Faktoren-Theorie.
4. Gehen Sie davon aus, dass unterm Strich die meisten Mitarbeiter zufrieden sein müssten. Ist dies in einzelnen Zufriedenheitsbereichen nicht der Fall, bieten diese zugleich einen Ansatzpunkt zur Verbesserung der Arbeitsbedingungen.
5. Erhöhen Sie wenn möglich die Vielfalt der Arbeitsaufgaben der einzelnen Mitarbeiter, sodass die Arbeit abwechslungsreicher wird.
6. Versuchen Sie, die Autonomie der Mitarbeiter insgesamt zu erhöhen, sodass mehr Mitarbeiter selbstständig Entscheidungen treffen und ihren Arbeitsalltag stärker nach eigenen Vorstellungen gestalten können.
7. Verdeutlichen Sie den Mitarbeitern, dass ihr Beitrag zum Erfolg des Unternehmens wichtig ist. Achten Sie dabei auf Glaubwürdigkeit. Ein Pförtner ist wichtig. Ihm einreden zu wollen, dass er für das Unternehmen ebenso wichtig sei wie die Marketingchefin ist eine Phrase.
8. Untersuchen Sie das Führungsverhalten und seine Wirkung auf die Zufriedenheit der Mitarbeiter, um herauszubekommen, welche Führungsstile in Zukunft gefördert werden sollten.
9. Sorgen Sie durch professionelle Personalauswahl und -platzierung für eine möglichst gute Passung zwischen den Eigenschaften und Bedürfnissen der Arbeitnehmer und den Merkmalen ihres Arbeitsplatzes.

5.7   Literatur zur Vertiefung

Fischer, L. (Hrsg.). (2006). Arbeitszufriedenheit. Göttingen: Hogrefe.

6 Motivation

Das Thema Motivation ist von großer Bedeutung für Unternehmen, für Führungskräfte und für Mitarbeiter. Die besten Kompetenzen nützen wenig, wenn die Menschen nicht bereit sind, sie auch einzusetzen. Motivation gibt unserem Handeln eine
Richtung und Intensität. Motivierte Menschen wissen, warum sie etwas tun, und erleben ihr Handeln daher als sinnvoll. Insofern ist nur allen Menschen zu wünschen,
dass sie tagtäglich im Beruf auch motiviert zur Tat schreiten. Worauf es dabei im Wesentlichen ankommt, erfahren wir im folgenden Kapitel.

6.1 Mythen und Missstände

Kaum ein Thema der praktischen Personalarbeit ist so eng verknüpft mit falschen
Überzeugungen und untauglichen Methoden wie das Thema Motivation. Dies hat
nicht zuletzt auch mit Mythen zu tun, die von populären Erfolgsgurus seit Jahrzehnten unter das Volk gebracht werden. Hier die wichtigsten Mythen und Missstände:

- Führungskräfte vernachlässigen das Thema Motivation, weil sie davon ausgehen, dass ein Gehalt Leistungsanreiz genug sein muss.
- Die Verantwortlichen überschätzen die Bedeutung der Motivation, indem sie
  glauben, durch Motivation ließe sich alles im Leben erreichen und zwar unabhängig von den Eigenschaften der Menschen.
- Man geht davon aus, dass junge Menschen grundsätzlich ganz andere Werte in
  sich tragen als ältere und daher auch völlig anders motiviert werden müssen.
- Die Verantwortlichen orientieren sich in ihrem Handeln an populären aber
  gleichzeitig falschen Theorien der Motivation.
- Sie übernehmen Methoden aus der Erfolgsguru-Szene (Kampfschreie, Auto-
  suggestion etc.) ohne deren Nutzen auch nur ansatzweise kritisch reflektiert zu
  haben.

Kolumne: Mythen der Motivation
- https://www.haufe.de/personal/hr-management/kolumne-psychologie-
  mythen-der-motivation_80_264080.html

6.2 Motive, Anreize, Motivation und Motivierung

Die Grundlage der Motivation sind *Motive*, die in jedem von uns schlummern. Motive können als Wertdispositionen verstanden werden. Sie definieren, was uns wichtig ist und was nicht. Dabei unterscheiden sich die Menschen in der Ausprägung ihrer Motive. Während Person A vor allem schnell aufsteigen und in machtvolle Positionen vordringen möchte, steht für Person B die harmonische Integration in ein Kollegenteam im Vordergrund. Person C interessiert sich primär dafür, eigene Ideen in die Arbeit einbringen zu können und Person D möchte am liebsten von allem etwas. Die Grundlagenforschung hat im Laufe der Jahre viele verschiedene Modelle zur Differenzierung grundlegender Motive hervorgebracht. Das bekannteste Modell ist sicherlich die Bedürfnispyramide von Maslow (1954) auf die wir im nächsten Abschnitt noch eingehen werden.

Schauen wir uns zunächst ein Modell an, dass Motive definiert, die explizit im beruflichen Leben eine Rolle spielen können. Im Inventar zur Erfassung von Arbeitsmotiven (Kanning 2016d) werden 16 Motive differenziert, die sich zu 4 übergeordnet Arbeitsmotiven gruppieren lassen, dem Streben nach Individualität, Karriere, Sozialem und Privatem (Tabelle 6-1). Jedes dieser Motive kann mehr oder weniger stark ausgeprägt sein. Dabei stellt sich die Frage, ob sich bei aller Individualität systematische Unterschiede in Gruppen von Mitarbeitern finden lassen. Unterscheiden sich Frauen und Männer grundlegend in ihren Arbeitsmotiven? Interessieren sich junge Menschen nur noch für Work-Life-Balance und lehnen Autorität ab, während ältere Mitarbeiter vor allem Leistung bringen wollen?

Motiv	Kurzbeschreibung
Individualität	
Selbstbezug	Streben, sich mit seiner eigenen Person (Wissen, Fähigkeiten, Erfahrungen, Persönlichkeit, Werten etc.) in seine Arbeit einbringen zu können.
Autonomie	Streben, eigenverantwortlich Entscheidungen treffen und umsetzen zu können.
Entwicklung	Streben, sich über die Zeit hinweg, persönlich und beruflich weiterentwickeln zu können.
Abwechslung	Streben, im Berufsalltag mit vielfältigen, unterschiedlichen Arbeitsaufgaben betraut zu sein.

Motiv	Kurzbeschreibung
Selbstwert	Streben nach einer beruflichen Aufgabe, deren Erfüllung einen mit Zufriedenheit und Stolz auf die eigene Person blicken lässt.
Führung	Streben nach kompetenten Führungskräften, die sich fair und vertrauensvoll verhalten, partizipativ führen und ihre Mitarbeiter fördern.
Karriere	
Materielles	Streben nach materiellem Wohlstand.
Macht	Streben nach einer Führungsposition.
Ansehen	Streben nach Anerkennung und Achtung der eigenen Person durch andere Menschen.
Leistung	Streben, gute Arbeitsleistung zu erbringen und beruflich voranzukommen.
Komfort	Streben nach einer angenehmen Arbeitsumgebung und zeitgemäßen Arbeitsmaterialien.
Soziales	
Prosozialität	Streben, sich durch die berufliche Arbeit für das Wohl anderer Menschen einsetzen zu können.
Anschluss	Streben danach, über die berufliche Arbeit in Kontakt zu anderen Menschen treten zu können.
Aktivität	Streben nach physischer Aktivität im beruflichen Kontext.
Privatleben	
Sicherheit	Streben nach einer beruflichen Tätigkeit, die keine gesundheitlichen Risiken birgt und auch langfristig ein Auskommen ermöglicht.
Work-Life-Balance	Streben nach einem ausgewogenen Verhältnis zwischen Arbeitsleben und Privatleben.

Tabelle 6-1: Grundlegende Arbeitsmotive (nach Kanning, 2016d)

Für die Praxis ist weniger entscheidend, ob es systematische Unterschiede gibt, sondern wie groß diese ausfallen und ob ihnen daher überhaupt eine Praxisrelevanz zukommt. Abbildung 6-1 stellt zur Verdeutlichung die Unterschiede zwischen drei Generationen dar. Befragt wurden mehr als 2.300 Personen (Kanning, 2016a). Die meisten Unterschiede zwischen den Gruppen sind statistisch signifikant, fallen jedoch absolut betrachtet sehr gering aus. Mehr noch, sie stehen mitunter sogar im

Widerspruch zu gängigen Stereotypen. So zeigen beispielsweise die Vertreter der Generation Y ein höheres Leistungsstreben als ältere Menschen. Hinzu kommt, dass innerhalb einer Geschlechts- oder Altersgruppe die Unterschiede immens groß sind. Im konkreten Fall können sich daher zwei Auszubildende ebenso stark voneinander unterscheiden, wie eine 30-jährige Produktionsarbeiterin von einem 60-jährigen Produktentwickler. Es ist grundsätzlich nicht sinnvoll, davon auszugehen, dass sich große Gruppen von Menschen systematisch in ihren Arbeitsmotiven unterscheiden. Es kommt vielmehr darauf an, die individuelle Ausprägung der Motive der eigenen Bewerber bzw. Mitarbeiter zu erkennen. Nur so lassen sich fundierte Handlungsstrategien ableiten.

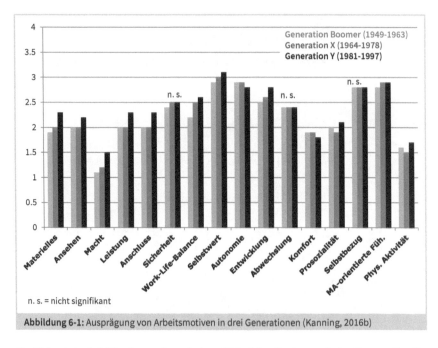

Abbildung 6-1: Ausprägung von Arbeitsmotiven in drei Generationen (Kanning, 2016b)

Videotutorial: Was kommt nach dem X? Auf der Suche nach der Generation Y
- https://www.youtube.com/watch?v=zVof0fqAS_0

Kolumne: Gibt es die Generation Y?
- https://www.haufe.de/personal/hr-management/kolumne-wirtschaftspsychologie-gibt-es-die-generation-y_80_424158.html

Auf die individuell unterschiedlich ausgeprägten Arbeitsmotive reagiert der Arbeitgeber, indem er *Anreize* setzt. Die Anreize beziehen sich auf bestimmte Motive und signalisieren dem Mitarbeiter, dass er einzelne Motive befriedigen kann, wenn er ein bestimmtes Arbeitsverhalten zeigt. Das klassische Beispiel wäre die leistungsbezogene Bezahlung oder die Zielsetzung. Ein Mitarbeiter, der ein hinreichend ausgeprägtes Motiv nach materiellem Wohlstand aufweist, bekommt den Anreiz sein Gehalt um 10 % zu steigern, wenn er im Gegenzug eine bestimmte Arbeitsleistung erbringt. Beim Einsatz der Zielsetzungsmethode sind die Motive, die hiermit angesprochen werden können, noch vielfältiger. Ein Mitarbeiter muss eine bestimmte Leistung erbringen, um sich damit für anspruchsvollere Projekte zu qualifizieren, die ihm mehr Abwechslung und Möglichkeiten der Selbstentfaltung bieten. Die Anreize können dabei kurz- oder langfristige Wirkung entfalten. Spricht man das Motiv nach Entwicklung an, so handelt es sich meist um langfristige Prozesse, die über Jahre hinweg tragen, während es beim Motiv der Work-Life-Balance bisweilen um Zeiträume von wenigen Tagen oder Wochen geht. So könnte ein Mitarbeiter, der eine wichtige Aufgabe noch vor dem Wochenende erledigt, dafür in der kommenden Woche einen beliebigen Tag zu Hause bleiben.

Passen die durch den Arbeitgeber gesetzten Anreize zu den Motiven der Mitarbeiter, so entsteht *Motivation*. Die Motivation kann als ein innerer Antrieb verstanden werden, der unserem Verhalten Richtung und Intensität gibt. Wer motiviert ist, weiß in der Regel, welches Verhalten am Arbeitsplatz gezeigt werden muss, um ein bestimmtes Ziel zu erreichen. Je stärker die Motivation ausgeprägt, desto mehr Ressourcen (Zeit, Anstrengung etc.) werden aktiviert, um dieses Ziel zu erreichen und desto eher wird er beharrlich bleiben und sich von Rückschlägen nicht frustrieren lassen.

Der aktive Prozess, der zu einem motivierten Verhalten der Mitarbeiter führt, wird schließlich als *Motivierung* bezeichnet. Wer Mitarbeiter motivieren will, muss demnach zunächst einmal wissen, welche Arbeitsmotive die einzelnen Personen in sich tragen, und muss in einem zweiten Schritt die Anreize auf diese Arbeitsmotive zuschneiden. Dies wird nicht immer perfekt gelingen, weil das Unternehmen nicht völlig frei Anreize setzen kann. So lassen sich Boni nicht in beliebiger Höhe finanzieren und es können auch nicht alle Mitarbeiter in einflussreiche Positionen aufsteigen. Im Idealfall bedenkt man dies bereits bei der Personalauswahl und holt sich keine Leute ins Team, deren Arbeitsmotive im eigenen Haus nicht zu befriedigen sind.

6.3 Bedeutung der Motivation

Motivations- und Erfolgsgurus erzeugen gern den Eindruck, als sei Motivation alles. Jeder soll alles im Leben erreichen können, wenn er nur fest an den Erfolg glaubt. Diese Sichtweise ist grundlegend falsch (Kanning, 2007). Gehen wir vom allereinfachsten Modell aus, so ist berufliche Leistung das Ergebnis eines günstigen Zusammenspiels zwischen den Fähigkeiten eines Mitarbeiters, seiner Motivation und den Rahmenbedingungen.

- Die *Fähigkeiten* (Fachwissen, Fertigkeiten, Kompetenzen, Persönlichkeitsmerkmale etc.) legen die Grundlage für die Leistung. Ein Maschinenarbeiter muss in der Lage sein, seine Maschine auch richtig bedienen zu können. Ein Geschäftsführer muss hinreichend intelligent sein, um richtige strategische Entscheidungen zu treffen.
- Das Ausmaß der *Motivation* nimmt Einfluss darauf, wie intensiv sich die Person darum bemüht, die eigenen Fähigkeiten in arbeitsbezogenes Verhalten umzusetzen. Wer die Maschine perfekt bedienen kann, aber keinen Sinn darin sieht, sich über das Normalmaß hinaus anzustrengen, der wird auch keine besondere Leistung erbringen.
- Die *Rahmenbedingungen* nehmen nicht nur auf das Ausmaß der Motivation Einfluss (s. o.), sondern determinieren teilweise auch das Arbeitsergebnis selbst. Muss der Manager so viele Aufgaben erledigen, dass ihm die Zeit für sorgfältige Analyse fehlt, wird er seine Fähigkeiten trotz hinreichender Motivation nicht so einsetzen können, dass keine Managementfehler entstehen.

Eine Metaanalyse von Cerasoli et al., (2014) beschäftigt sich mit der Frage, wie groß im Durchschnitt der Einfluss der Motivation auf die berufliche Leistung ist. Sie kommen zu einem Wert von 13 %. Dies dürfte die meisten Menschen enttäuschen, ist aber vor dem Hintergrund der Komplexität der Materie durchaus verständlich. Die Metaanalyse zeigt, dass es sich lohnt, Motivation zu einem wichtigen Thema der Personalarbeit zu machen. Die Bäume wachsen aber nicht in den Himmel. Wer Leistung erzeugen will, muss an mehreren Stellrädchen des Systems Justierungen vornehmen.

6.4 Theorien

Zahlreiche Theorien gehen der Frage nach, wie motiviertes Verhalten zustande kommt. Bei Weitem nicht alle von ihnen haben sich empirisch auch bestätigen lassen. Dies gilt leider auch für die prominenteste Theorie, die *Bedürfnispyramide* von

Maslow (1943). Maslow geht davon aus, dass sich die grundlegenden Motive eines Menschen sinnvoll in fünf Gruppen zusammenfassen lassen:
*   Physiologische Bedürfnisse,
*   Bedürfnisse nach Sicherheit,
*   der Zugehörigkeit,
*   der Achtung
*   und schließlich der Selbstverwirklichung.

In späteren Jahren wurde noch das Bedürfnis nach Transzendenz von ihm hinzugefügt. Diese Idee wurde aber von der (akademischen) Öffentlichkeit kaum noch zur Kenntnis genommen. Maslow postuliert einen stufenförmigen Aufbau der Motive, demzufolge das Streben eines Menschen zunächst einmal durch die physiologischen Bedürfnisse (Nahrungsaufnahme, Schlafen etc.) geprägt sei. Sind diese Bedürfnisse weitgehend befriedigt, treten die Bedürfnisse der zweiten Stufen in den Vordergrund. Jetzt geht es primär darum, Sicherheit zu erlangen. Im Arbeitsleben könnte dies ein Arbeitsplatz sein, der auf Dauer die eigene Existenz absichert und keine gesundheitlichen Risiken birgt. Ist dies gegeben, dominieren die Bedürfnisse der nächsthöheren Ebene und so geht es immer weiter, bis das Individuum nach Selbstverwirklichung (oder Transzendenz) strebt.

Die Theorie ist ursprünglich nicht für das Arbeitsleben konzipiert worden, sondern war als Grundlagentheorie gedacht. Maslow selbst arbeitete seinerzeit als Psychotherapeut. Dennoch hat sie im Personalwesen große Aufmerksamkeit auf sich gezogen – bis heute. Folgt man der Bedürfnispyramide nach Maslow, so sollte man zunächst identifizieren, auf welcher Entwicklungsstufe sich die eigenen Mitarbeiter befinden, um ihnen dann etwa durch die Umgestaltung von Arbeitsplätzen die Möglichkeit zur weitestgehenden Befriedigung ihrer Bedürfnisse einzuräumen. Im günstigsten Fall wäre dann zu erwarten, dass die Mitarbeiter aufgrund einer höheren Zufriedenheit auch mehr Leistung bringen könnten. Ob Maslow selbst diese These teilen würde, ist allerdings unklar. Ihm selbst ging es nicht um berufliche Leistung, sondern eher darum, dass Menschen sich Lebensräume schaffen, die ein angenehmes und erfülltes Leben ermöglichen.

Trotz ihrer Popularität kann die Theorie von Maslow im Personalwesen keine sinnvollen Handlungsanleitungen liefern, weil sie schlichtweg nicht zutreffend ist. In der Psychologie wird sie daher auch seit Jahrzehnten nur noch als historische Theorie gelehrt. Hier einige grundlegende Probleme:

- Die Einteilung der Bedürfnisse in fünf Gruppen erscheint relativ willkürlich. Man hätte auch deutlich mehr oder weniger Gruppen unterscheiden können (z. B. Alderfer, 1972).
- Die Stufenabfolge lässt sich nicht belegen. Eine Studie von Taormina und Gao (2013) zeigt beispielsweise, dass der Sprung von Stufe 1 auf Stufe 5 wahrscheinlicher ist als der Sprung von Stufe 4 auf Stufe 5. Dies steht im völligen Widerspruch zur Theorie.
- Nach Maslow sollte eine Bedürfnisgruppe, die nicht oder kaum befriedigt wurde im Zentrum des aktuellen Strebens stehen. Sie sollte wichtiger werden als die Bedürfnisse, die bereits befriedigt sind. Dies ist nicht der Fall (Wahba & Bridwell, 1976).
- Maslow geht von einer Universalität seiner Theorie aus. Eine solche Annahme ignoriert die Tatsache, dass Menschen sich sehr deutlich in der Bedeutsamkeit ihrer Bedürfnisse unterscheiden. Anders wäre z. B. nicht zu erklären, warum Menschen einen künstlerischen Beruf ergreifen (Stufe der Selbstverwirklichung), der ihnen keine wirtschaftliche Sicherheit bietet und es gleichzeitig Menschen gibt, die eine solche Unsicherheit nicht ertragen könnten.

Videotutorial: Was ist dran an der Bedürfnispyramide von Maslow?
- https://www.youtube.com/watch?v=gvEqibPtKEU

Sehr viel sinnvoller und praxisrelevanter ist hingegen die *VIE-Theorie* (Vroom, 1964). Nach Vroom entsteht motiviertes Verhalten, wenn drei Bedingungen erfüllt sind:
1. *Valenz (V)*. Die Mitarbeiter müssen für gute Leistung eine Belohnung erhalten, die ihnen attraktiv erscheint. Das könnte ein Bonus bestimmter Höhe oder auch nur ein Lob der Führungskraft oder der Kollegen sein. Für die eine ist es die Chance auf Beförderung, für den anderen hingegen ein größerer Entscheidungsspielraum. Hier spielen die Arbeitsmotive der Mitarbeiter wieder eine entscheidende Rolle. Nicht für jeden ist eine bestimmte Belohnung in gleicher Weise erstrebenswert.
2. *Instrumentalität (I)*. Die Mitarbeiter müssen sich sicher sein, dass sie die Belohnung auch tatsächlich mit einer hohen Wahrscheinlichkeit erhalten, wenn das Ziel erreicht wurde. Dies ist z. B. bei unausgereiften Belohnungssystemen ein Problem. Wenn die Menschen merken, dass die Leistung, die zu einer Belohnung führen kann, von der Führungskraft völlig willkürlich bewertet wird, sodass Person A eine Belohnung bekommt, während Person B für dieselbe Leistung nichts bekommt, führt dies zu einer reduzierten Motivation. Leistung lohnt sich dann nicht mehr. Es wäre lohnenswerter, sich bei Vorgesetzten Liebkind zu machen.

3. *Erwartung (E)*. Der Mitarbeiter muss die Erwartung haben, dass er durch eigene Anstrengung ein bestimmtes Arbeitsergebnis erreichen kann. Wenn es eine erstrebenswerte Belohnung nur für eine deutlich höhere Leistung als bisher gibt, wird dies frustrieren und keine Motivation erzeugen. Das Ziel erscheint den Mitarbeitern kaum erreichbar.

Alle drei Variablen haben sich in empirischen Studien als nützlich erwiesen (Latham & Budworth, 2007; Van Eerde & Thierry, 1996).

Vor dem Hintergrund der VIE-Theorie muss die Führungskraft also darauf achten, dass in Aussicht gestellte Belohnungen individuell attraktiv sind, es einen klaren Zusammenhang zwischen Leistung und Belohnung gibt und die Mitarbeiter sich auch zutrauen, die gewünschte Leistung zu erbringen. Ein mangelndes Zutrauen kann verschiedene Ursachen haben, denen unterschiedlich zu begegnen ist. Trauen sich die Mitarbeiter die Leistung nicht zu, weil der Anspruch des Arbeitgebers objektiv überzogen ist, muss der Anspruch auf ein realistisches Maß reduziert werden. Halten die Mitarbeiter das Ziel für nicht erreichbar, weil es ihnen an konkreten Fertigkeiten wie z. B. Fachwissen fehlt, müssen die Fertigkeiten mit entsprechenden Schulungsmaßnahmen gesteigert werden. Trauen die Mitarbeiter sich die Leistung fälschlicherweise nicht zu, weil sie zu wenig Selbstvertrauen besitzen, muss die Führungskraft ihnen verdeutlichen, dass sie mehr können, als sie selbst glauben.

6.5   Zielsetzung

Die Zielsetzungsmethode ist eine nachweislich sehr erfolgreiche Methode, mit der Einfluss auf Motivation und Leistung genommen wird. Im Prinzip geht es darum, dass die Führungskraft mit einzelnen Mitarbeitern jeweils individuelle Ziele, oder gemeinsam mit einem Team Gruppenziele vereinbart. Die Ziele gelten für einen überschaubaren Zeitraum – die Dauer eines Projektes, ein Quartal oder auch für ein Jahr – wobei die Führungskraft den Mitarbeitern Feedback über den Stand der Zielerreichung gibt. Das Feedback erfolgt nicht nur am Ende des Zeitraums, sondern oft auch zwischendurch, sodass man noch Nachsteuern kann, wenn das Ziel ansonsten nicht erreicht werden würde. In vielen Unternehmen gehört die Zielsetzung zu den jährlichen Ritualen. Im Einzelgespräch mit jedem Mitarbeiter gibt die Führungskraft Feedback darüber, inwieweit Ziele erreicht wurden und definiert neue Ziele für den nächsten Zielsetzungszyklus.

Dabei ist zwischen Zielsetzung und Zielvereinbarung zu unterscheiden, auch wenn die Methoden in der deutschen Übersetzung »Zielsetzung« (engl. goal setting) heißt (Locke & Latham 1990, 2002). Bei der Zielsetzung im engeren Sinne, werden die Ziele von der Führungskraft vorgegeben. Sie kommen entweder direkt von der Führungskraft oder werden in allgemeiner Form von der Firmenleitung vorgegeben (»Management by Objectives«), sodass die Führungskraft die Ziele nur noch auf den einzelnen Arbeitsplatz herunterbrechen muss. Das Ziel der Firmenleitung wäre z. B. die Steigerung der Effektivität um 3 % im kommenden Jahr und jede Führungskraft muss nun überlegen, was dies konkret für jeden einzelnen Arbeitsplatz in ihrem Bereich bedeutet. Bei der Zielvereinbarung werden die Ziele mit den Mitarbeitern ausgehandelt bzw. abgesprochen.

In der Praxis wird die Zielsetzungsmethode oft mit dem Akronym SMART gleichgesetzt. Ziele sollten demnach durch fünf Merkmale gekennzeichnet sein:
- S = Spezifisch
- M = Messbar
- A = Attraktiv
- R = Realistisch
- T = Terminiert

Trotz aller Plausibilität deckt sich dies nur zum Teil mit den Forschungsergebnissen.

Eine erfolgreiche Zielsetzung sollte zunächst einmal mit *anspruchsvollen Zielen* arbeiten (Locke & Latham, 2002). Die Ziele müssen eine gewisse Herausforderung darstellen, ohne die Mitarbeiter zu überfordern. Zu leichte Ziele fordern keine Anstrengung heraus, weil sie ohne besonderes Zutun zu erreichen sind. Zu schwere Ziele sorgen hingegen für Frustration, weil sie nicht erreicht werden oder die Mitarbeiter strengen sich von vornherein nicht an, weil ihnen eine Zielerreichung nicht realistisch erscheint. Müssen Ziele z. B. aus einer wirtschaftlichen Notlage heraus extrem ausfallen, so sollte man ein großes Ziel in mehrere Teilziele zerlegen, die aufeinander aufbauen und nacheinander zu erreichen sind. Der Begriff »realistisch« in der SMART-Formel erfasst all dies nur teilweise. Es fehlt der Hinweis auf einen hohen Schwierigkeitsgrad der Ziele.

Die Ziele müssen *präzise* formuliert sein. Im besten Fall geht dies mit einer Quantifizierung einher. Formulierungen wie »Wir wollen unser Bestes geben.« oder »Sie müssen sich anstrengen.« sind Allgemeinplätze. Präzise Ziele sehe eher so aus: »Ich will im ersten Quartal drei Akten pro Woche mehr bearbeiten.« »Der Ausschuss in der Produktion wird im Durchschnitt der kommenden 12 Monate um 3 % gesenkt.« Das

Gebot der Präzision umfasst die Aspekte »Spezifisch«, »messbar« und »terminiert« der SMART-Regel. Die Präzision der Ziele ist umso wichtiger, je anspruchsvoller die Ziele ausfallen (Kleingeld et al., 2011).

Um Ziele verlässlich erreichen zu können, ist zudem ein klares Feedback notwendig. Dies ist in der Regel die Aufgabe der Führungskraft. Auch hier zeigt die Forschung, dass die Bedeutung des Feedbacks mit dem Schwierigkeitsgrad der Ziele ansteigt (Neubert, 1998).

Ein Commitment der Mitarbeiter ist von Vorteil, aber keineswegs eine notwendige Bedingung. Es ist schön, wenn die Mitarbeiter sich den Zielen eng verbunden fühlen oder sie sogar zu ihren eigenen machen. Auch dies gilt vor allem für schwierige Ziele (Klein et al., 1999). Es reicht aber auch schon, wenn die Mitarbeiter die Ziele verstanden haben. Der Begriff der Attraktivität in der SMART-Formel beschreibt mithin einen vorteilhaften Zustand, der aber nicht zwingend erreicht werden muss.

Dass Ziele immer positiv formuliert sein müssen und nicht negativ formuliert sein dürfen (»Ich will 5 % mehr produzieren.« vs. »Ich will nicht weniger Verträge abschließen als im vergangenen Jahr.«) ist eine Erfindung der Ratgeberliteratur. Gleiches gilt für die Notwendigkeit Ziele unbedingt zu visualisieren, indem man beispielsweise ein Bild malt, dass den Zustand der Zielerreichung darstellt.

Jenseits dieser Punkte ist darauf zu achten, dass die einzelnen Ziele nicht im Widerspruch zueinanderstehen. Würden beispielsweise die Ziele der Außendienstmitarbeiter ausschließlich darauf ausgerichtet sein, den Umsatz zu steigern, dürfte dies dem Ziel einer hohen Kundenzufriedenheit zuwiderlaufen.

Videotutorial: Zielsetzung – Wie SMART müssen gesetzte Ziele sein?
* https://www.youtube.com/watch?v=1FUgupuTG6I

6.6   Gerechtigkeit

Belohnungssysteme können motivierend wirken. Dies gilt gleichermaßen für die leistungsbezogene Bezahlung (vgl. Kapitel 4), wie für Belohnungen im Sinne von Wertschätzung, der Zuteilung interessanter Arbeitsaufgaben oder der Erhöhung von Karrierechancen. Wichtig ist dabei aber auch, dass die betroffenen Menschen den Eindruck haben, in einem gerechten, kalkulierbaren System zu arbeiten.

Die meisten Menschen erleben es im Berufsleben als gerecht, wenn Leistung honoriert wird, Kollegen also beispielsweise nicht aufgrund von persönlichen Beziehungen, sondern aufgrund ihrer beruflichen Leistung aufsteigen oder mehr Geld verdienen. Um festzustellen, ob man selbst gerecht behandelt wird, stellen Menschen soziale Vergleiche an, d. h. sie vergleichen ihre eigene Situation mit der von anderen Menschen, wie z. B. Kollegen.

Die *Equity-Theorie* (Adams, 1965) beschreibt, wie dies vonstattengeht (Abbildung 6-2). Die Person nimmt zunächst einen Vergleich zwischen dem eigenen Input und Outcome vor. Der Input bezieht sich dabei auf die Leistung, die sie an ihrem Arbeitsplatz erbringt aber auch auf die Investitionen, die sie für diese Leistung getätigt hat (Ausbildungsniveau, Besuch von Weiterbildungsveranstaltungen, Anstrengung etc.). Der Outcome wäre das Gehalt, ein Bonus aber auch Anerkennung u. ä. Beides sollte in einem ausgewogenen Verhältnis zueinanderstehen. Doch damit nicht genug. Eine ganz ähnliche Abwägung nimmt er auch für eine Vergleichsperson vor. Hier bietet sich beispielsweise ein Kollege an, der ganz ähnliche Arbeitsaufgaben hat. Auch hier geht es um die Frage, in welchem Verhältnis sein Input zum Outcome steht. Im dritten Schritt wird das Ergebnis beider Abwägungen untereinander verglichen. Als gerecht wird die eigene Belohnung nur dann erlebt, wenn das Verhältnis zwischen Input und Outcome bei beiden Personen gleich ist. Wenn der Kollege mehr Leistung bringt, darf er demnach auch mehr verdienen oder einen komfortableren Arbeitsplatz haben. Wenn er bei ansonsten gleichen Ausgangsbedingungen 30 % mehr Leistung bringt, darf er also nicht 50 % mehr verdienen.

Die Schwierigkeit der Gerechtigkeitswahrnehmung besteht für allem darin, dass sie viel subjektive Elemente beinhaltet. Ein und dieselbe Belohnung kann entweder als gerecht oder als ungerecht erlebt werden, je nachdem, welche Informationen in den Vergleich einfließen. Wie bewerte ich meine Leistung? Welche Anstrengung nehme ich bei mir wahr? Inwieweit lasse ich die eigene Ausbildung oder Erfahrungswerte in meinen Input-Wert einfließen? Mit wem vergleiche ich mich? Wie schätze ich den Input der Vergleichsperson ein? Kann ich den Outcome der Person vollständig richtig einschätzen? Im Grunde genommen, kann jeder bei entsprechender Justierung der Variablen sein Gehalt als Unter- oder Überbezahlung erleben. Verglichen mit einem Ingenieur im mittleren Management ist der Vorstandsvorsitzende eines Dax-

Unternehmens eher überbezahlt. Vergleicht der Vorstandsvorsitzende jedoch sich mit einem Kollegen aus den USA, verdient er viel zu wenig. In der Regel wird es den meisten von uns gelingen, die Parameter so zu setzen, dass wir uns eher als gerecht entlohnt oder ein wenig zu schlecht bezahlt wahrnehmen.

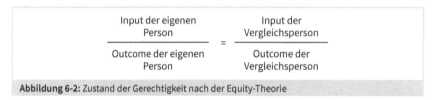

$$\frac{\text{Input der eigenen Person}}{\text{Outcome der eigenen Person}} = \frac{\text{Input der Vergleichsperson}}{\text{Outcome der Vergleichsperson}}$$

Abbildung 6-2: Zustand der Gerechtigkeit nach der Equity-Theorie

Hat ein Unternehmen ein formalisiertes Belohnungssystem, so sind dabei die folgenden Prinzipien anzuwenden, damit die Mitarbeiter das Verfahren an sich als gerecht erleben (Levental, 1980):

- *Konsistenz.* Für alle Mitarbeiter gelten die gleichen Prinzipien und dies für die gesamte Zeitdauer des Belohnungssystems.
- *Unvoreingenommenheit.* Die Leistung der Mitarbeiter wird unabhängig von ihrer Beziehung zum Vorgesetzten oder dessen strategischen Interessen berücksichtigt.
- *Genauigkeit.* Alle wichtigen Informationen fließen in das System ein, also beispielsweise auch Informationen darüber, dass eine bestimmte Leistung aufgrund widriger Umstände nicht erbracht werden konnte.
- *Korrekturmöglichkeit.* Sollte sich im Nachhinein zeigen, dass eine wichtige Information unberücksichtigt geblieben ist, so wird die Entscheidung wieder korrigiert und z. B. ein höherer Bonus ausgezahlt.
- *Repräsentativität.* Die Interessen aller Beteiligten fließen in die Gestaltung des Systems ein. In der Regel geschieht dies durch die Beteiligung des Betriebsrats an der Festlegung der Prinzipien.
- *Ethische Rechtfertigung.* Gesellschaftlich-moralische Konventionen werden berücksichtigt. So würde man den Grundlohn eines Arbeiters, der eine Maschine falsch bedient hat, nicht kürzen, selbst wenn hierdurch ein großer finanzieller Schaden entstanden ist. Die Auszahlung von Boni an einen Spitzenmanager würde jedoch verhindert, wenn das Unternehmen kurz vor der Insolvenz steht.

Videotutorial: Wie funktioniert leistungsbezogene Bezahlung?
- https://www.youtube.com/watch?v=khf2s8Z0GQQ

6.7   Empfehlungen

1. Untersuchen Sie die Arbeitsmotive ihrer Mitarbeiter und ignorieren Sie dabei gängige Stereotype denen zufolge sich Menschen in Abhängigkeit von Geschlecht oder Altersgruppe grundlegend voneinander unterscheiden.
2. Passen Sie die Anreize so weit wie möglich den Arbeitsmotiven der einzelnen Mitarbeiter an.
3. Ignorieren Sie die Bedürfnispyramide von Maslow.
4. Achten Sie darauf, das klare Verbindungen zwischen einem Arbeitsverhalten bzw. -ergebnis und der möglichen Belohnungen besteht.
5. Achten Sie darauf, dass sich die Mitarbeiter es selbst zutrauen, dass sie bestimmte Arbeitsziele erreichen. Ist dies nicht der Fall, gilt es die Ursachen zu ergründen (reale Defizite in den Fertigkeiten, mangelndes Selbstvertrauen) und diesen gezielt entgegenzuwirken.
6. Ziele sollten für die Mitarbeiter eine Herausforderung darstellen, ohne sie zu überfordern.
7. Ziele müssen präzise formuliert sein. Das bedeutet in der Regel, dass sie quantifiziert sind.
8. Die Führungskraft muss ein präzises Feedback zum Grad der Zielerreichung geben. Bei Zielen, die über längere Zeit hinweg erreicht werden müssen, erfolgt dies auch zwischendurch, um ggf. bei ungünstigen Entwicklungen gegensteuern zu können.
9. Sehr umfassende oder extrem anspruchsvolle Ziele werden in mehrere Teilziele zergliedert.
10. Bei Belohnungssystemen wird die (wahrgenommene) Gerechtigkeit des Systems hinterfragt.

6.8   Literatur zur Vertiefung

Hossiep, R., Zens, J. E. & Berndt, W. (2020). Mitarbeitergespräche. Göttingen: Hogrefe.

Schuler, H. & Kanning, U. P. (2014). Lehrbuch der Personalpsychologie (3. Aufl.). Göttingen: Hogrefe.

7 Teamarbeit

Die meisten Menschen werden heute im Rahmen ihrer beruflichen Tätigkeit immer wieder in Teams mit Kolleginnen und Kollegen zusammenarbeiten. Bei manchen ist dies tagtäglich der Fall, bei anderen vielleicht nur hin und wieder. Die Notwendigkeit, in Teams zusammenzuarbeiten, ergibt sich aus der Komplexität der Arbeitsaufgaben, die von einzelnen Menschen nicht erledigt werden können. Bisweilen wird aber auch die Überzeugung vertreten, dass die Arbeit im Team besonders motivierend sei und daher grundsätzlich zu bevorzugen wäre. Die Sozialpsychologie beschäftigt sich seit gut 80 Jahren mit Prozessen, die in Gruppen ablaufen und fördert dabei keineswegs nur erfreuliche Erkenntnisse zu Tage. Im Folgenden werden die wichtigsten Befunde zur Zusammenarbeit in Teams vorgestellt.

7.1 Mythen und Missstände

Wie in jedem Bereich des Personalwesens, so lassen sich auch bezogen auf die Teamarbeit Mythen und Missstände beschreiben, die letztlich auf subjektiven Erfahrungen, unreflektierten Überzeugungen und vor allem auf Unkenntnis der Materien zurückzuführen sind:
- Die Arbeit im Team erscheint als besonders motivierend, weil die Teammitglieder durch die Zusammenarbeit mit anderen Menschen auch gleich noch soziale Bedürfnisse befriedigen können.
- Gruppen sind produktiver als dieselbe Anzahl von Menschen, die isoliert arbeiten.
- Entscheidungen in Gruppen sind ausgewogener, weil sich Extremmeinungen nicht durchsetzen.
- Gruppen sollten immer homogen zusammengesetzt werden, weil sie dann besser zusammenarbeiten.
- Gruppen sollten das Prinzip hoher Diversität leben, weil Diversität automatisch zu mehr Leistung führt.
- Teams wählen im Rahmen der Personalauswahl ihre Mitglieder am besten selbst aus, damit neue Mitarbeiter möglichst gut passen.

7.2   Leistungsgewinne und Leistungsverluste

Als in den 80er-Jahren vermehrt damit begonnen wurde, Gruppenarbeit in der Produktion einzuführen, war dies von einer ebenso menschenfreundlichen wie naiven Sicht auf die Zusammenarbeit in Gruppen geprägt. Die enge Zusammenarbeit mit Kollegen schafft demnach Abwechslung und bietet die Möglichkeit, im Arbeitsalltag nebenbei ein Bedürfnis nach sozialer Interaktion zu befriedigen. Dies soll letztlich zu mehr Arbeitszufriedenheit und – auch aufgrund einer engen Kooperation der Handelnden – in der Folge zu mehr Leistung führen. In der Tat ist dies eine Möglichkeit. Doch es gibt auch ganz andere Möglichkeiten: Die Zusammenarbeit in Gruppen erzeugt Konflikte, die bei klar voneinander abgegrenzten Arbeitsbereichen gar nicht oder in geringerem Umfang entstehen können. Vermehrte Ansprachen können zu zeitlichen Verzögerungen führen. In Gruppendiskussionen werden Themen nicht selten zerredet und dadurch suboptimale Entscheidungen getroffen.

Ein Blick in die Forschung bestätigt seit Jahrzehnten die Zweischneidigkeit der Gruppenarbeit. Bezogen auf die Leistung von Gruppen gibt es gleichermaßen Belege für Leitungsgewinne und Leistungsverluste (Karau & Williams, 1993; Kerr, 1983). Wenden wir uns zunächst klassischen Phänomenen der *Leistungsgewinne* zu:

* *Social Facilitation.* Die physische Anwesenheit anderer Menschen führt bei einfachen Arbeitsaufgaben zu einer Leistungssteigerung. Einfache Arbeitsaufgaben sind solche, die den Mitarbeitern leicht von der Hand gehen, die sie routiniert abarbeiten, ohne viel Nachdenken zu müssen.
* *Social Compensation.* Sofern sich in einer Arbeitsgruppe Menschen mit starken Leistungsunterschieden befinden, kompensieren leistungsstärkere Gruppenmitglieder die Leistung der schwächeren. Dies setzt jedoch voraus, dass die Leistungsstarken sich mit der Gruppe identifizieren, nicht in einem Konflikt mit den Leistungsschwachen stehen und ggf. auch Vorteile aus ihrem Verhalten ziehen können.
* *Social Labouring.* Im Idealfall bilden die Gruppenmitglieder eine starke Gruppenidentifikation aus und arbeiten gemeinsam an einem Ziel. Sie unterstützen sich gegenseitig und versuchen ggf. auch besser zu sein als eine konkurrierende Gruppe.

Im Bereich der *Leistungsverluste* gibt es nicht weniger Phänomene, die uns verdeutlichen, dass Gruppenarbeit kein Selbstläufer ist (Blascovich et al., 1999; Karau & Williams, 1993; Worchel, et al.,1998):

* *Social Inhibition.* Die physische Anwesenheit anderer Menschen führt bei manchen Mitarbeitern zu einer geringeren Leistung, sofern sie anspruchsvolle Aufga-

ben zu erfüllen haben. Anspruchsvolle Aufgaben sind solche, die nicht leicht von der Hand gehen, die nicht allein mit Routine zu bewältigen sind, die besonders Konzentration und Nachdenken erfordern.

- *Social Loafing.* Aufgrund der Tatsache, dass bei Teamaufgaben mehrere Personen gleichzeitig für das Ergebnis verantwortlich sind, schleicht sich unbeabsichtigt eine Kultur der Minderleistung ein. Man verlässt sich auf die Kollegen oder strengt sich weniger an. Je mehr Kollegen dies machen, desto größer ist die Gefahr, dass das Leistungsniveau insgesamt sinkt.
- *Free Riding.* Im Gegensatz zum Social Loafing reduzieren beim Free Riding einzelne Gruppenmitglieder absichtlich ihre Leistung, weil sie damit rechnen, dass andere dies schon kompensieren werden oder die eigene Minderleistung nicht auffällt, weil sie keiner bestimmten Person zugeschrieben werden kann.
- *Sucker Effekt.* Das Free Riding der Kollegen führt bei Einzelnen zu Nachahmungseffekten. Sie wollen gewissermaßen nicht die Dummen sein und für die faulen Kollegen die Arbeit übernehmen.

Die Zweischneidigkeit der Gruppenarbeit wird besonders deutlich am Beispiel des Einflusses von *Gruppennormen.* Gruppennormen sind Verhaltensregeln, die sich im Laufe der Zeit in jeder Gruppe ausbilden. Sie können sich u. a. auf das Leistungsniveau beziehen, das jedes Gruppenmitglied erfüllen muss, um die Anerkennung der Kollegen zu bekommen.

Arbeiten einzelne Mitglieder unter dem Niveau der Arbeitsgruppe, so sanktioniert die Gruppe dies. Man gibt dem Gruppenmitglied zu verstehen, dass es seine Leistung steigern muss. Dies geschieht entweder explizit, indem man die Person anspricht, oder implizit, indem man dem Betroffenen zu verstehen gibt, dass er nicht richtig zur Gruppe dazugehört.

Spiegelbildlich wirkt die Gruppennorm auf Mitglieder, die deutlich mehr leisten als es der Norm entspricht. Sie stellen für die Gruppe eine Gefahr dar, weil der Arbeitgeber an ihrem Beispiel erkennen kann, welches Leistungsniveau möglich wäre und daraufhin seine Ansprüche an die Leistung aller Gruppenmitglieder entsprechend erhöht. Um dies zu verhindern, sanktioniert die Gruppe auch eine allzu große Mehrleistung einzelner Gruppenmitglieder. Wer dazu gehören will und möchte, dass ihm die Kollegen stets freundlich begegnen, darf nicht zu leistungsstark sein.

Überraschend dürften für viele Menschen auch die Ergebnisse von Studien zum *Brainstorming* sein. Die Idee des Brainstormings ist alltagspsychologische betrachtet mehr als plausibel. Geht es darum, kreative Ideen zur Lösung eines Problems zu finden, setzen sich kurzerhand mehrere Kollegen an einen Tisch und reden offen über die Thematik. Die Kollegen sollen sich gegenseitig inspirieren, sodass am Ende mehr Ideen dabei herauskommen als die Summe der Ideen der einzelnen Mitglieder. Mehr noch, die Ideen sollen auch qualitativ besser sein, weil man sich untereinander entsprechende Anregungen liefert.

Die Forschung zum Brainstorming zeichnet leider ein komplett anderes Bild. Gruppen, die nach Prinzip des Brainstormings agieren, generieren weniger Ideen als eine gleiche Anzahl von Menschen, die jeweils für sich allein nachdenken. Zusätzlich sinkt die Qualität der Ideen. Nach einer Metaanalyse von Mullen et al. (1991) beträgt der Verlust bezogen auf die Menge der Ideen 41 % und bezogen auf die Qualität sogar 50 %. Die Qualitätsverluste durch das klassische Brainstorming fallen umso größer aus, je größer die Gruppe ist.

Videotutorial: Brainstorming – Eine effektive Methode der kreativen Problemlösung?
* https://www.youtube.com/watch?v=jmt8ZKtJmVk

Wer derartigen Probleme begegnen möchte, sollte dafür sorgen, dass trotz vorhandener Gruppenarbeit die Leistungen einzelner Gruppenmitglieder identifizierbar bleiben.

Gruppen sollten zudem immer nur so groß wie nötig und so klein wie möglich sein, denn je größer die Gruppe ist, desto leichter können sich einzelne Minderleister darin verstecken und ggf. Kollegen zum Sucker-Effekt animieren. Zudem begünstigen große Gruppen das Social Loafing, da man sich leichter der Illusion hingeben kann, dass irgendein anderer sich schon um die Aufgaben kümmern wird. Überall dort, wo Gruppenarbeit nicht notwendig ist, könnte man von vornherein darauf verzichten.

Gruppen sollten zudem nicht über Jahre hinweg in gleicher Konstellation zusammenarbeiten. Das erhöht die Wahrscheinlichkeit der Ausbildung starrer Gruppennormen, die es dem Einzelnen erschweren, Innovation in die Gruppe einzubringen. Treten einzelne Mitglieder einer neuen Gruppe bei, die über Jahre hinweg in gleicher Konstellation zusammengearbeitet hat, dürfte es besonders schwierig sein, sein eigenes Leistungsniveau zu halten, wenn es über dem Niveau der Kollegen liegt.

7.3   Entscheidungen in Gruppen

Entscheidungen in Gruppen könnten theoretisch sehr weise sein: Mehrere Menschen setzen ihren Verstand ein, man berät sich gegenseitig, extreme Positionen werden ausgeglichen. Ja, so könnte es sein. Sehr oft sieht es aber ganz anders aus. Vor allem zwei psychologische Phänomene sollten uns nachdenklich stimmen – die Gruppenpolarisierungen und das Phänomen des Groupthink.

Eine *Gruppenpolarisierung* liegt vor, wenn eine Gruppe nach erfolgter Diskussion zu einem Ergebnis gelangt, das extremer ausfällt als der Mittelwert der Einzelmeinungen, die zu Beginn der Diskussion vorlagen (Moscovici & Zavalloni, 1969; Sunstein, 2009). Durch das gemeinsame Gespräch werden extreme Positionen nicht kompensiert, sie werden akzentuiert.

Verdeutlichen wir uns das Phänomen an einem einfachen Rechenbeispiel (Tabelle 7-1). Fünf Entscheidungsträger eines Unternehmens diskutieren darüber, wie viel Geld sie in ein neues Projekt investieren wollen. Die Ausgangspositionen sind dabei sehr unterschiedlich. Person A möchte 600.000 Euro investieren, weil sie an das Projekt glaubt. Person B ist nicht ganz so stark überzeugt, würde aber immerhin noch 450.000 Euro einsetzen. Die kritischste Position nimmt Person E ein. Sie hält weniger als die Hälfte des Einsatzes von Person A für angemessen. Würden nun einfach alle fünf Personen ihre Zahl nennen und anschließend einen Mittelwert berechnen, so kämen dabei 406.000 Euro heraus. Dies wäre eine ausgewogene Entscheidung, bei der sich extreme Positionen ausgleichen. Lässt man die Betroffenen jedoch offen diskutieren und ohne Berechnung, allein durch Argumente, zu einem Konsensurteil gelangen, würde ein deutlich höherer Wert resultieren. In unserem fiktiven Beispielfall wären dies 460.000 Euro. Die Gruppe würde sich also deutlich riskanter verhalten.

Die Gründe für die Gruppenpolarisierung liegen in der Art der Diskussion bzw. dem Verhalten der einzelnen Gruppenmitglieder:

- Menschen, die extremere Positionen einnehmen, treten oft dominanter auf. Sie melden sich als erste zu Wort, argumentieren emotionaler, reden länger. Damit drücken sie der Diskussion von Beginn an ihren Stempel auf.
- Gruppenmitglieder, die ähnliche Meinungen vertreten – in unserem Beispiel Person B – pflichten ihnen kurzerhand bei und sorgen dafür, dass die Diskussion von Beginn an in eine bestimmte Richtung läuft.

- Personen mit gemäßigteren Positionen treten hingegen zurückhaltender auf und nehmen dadurch weniger stark Einfluss auf die Gruppe.
- Sie hören den Anderen aufmerksam zu und lassen sich dadurch leichter überzeugen.
- Während sie sich mit den Argumenten der Anderen beschäftigen, vergessen sie einen Teil ihrer eigenen Argumente und können daher ihre eigene Position weniger gut untermauern.
- Je mehr Gruppenmitglieder sich nach und nach in Ausgangsrichtung der Diskussion drängen lassen, desto weniger trauen sich Abweichler ihre Meinung zu vertreten.

Person	individuelle Meinung	Mittelwert der Gruppe	Entscheidung der Gruppe
A	600.000	406.000	460.000
B	450.000		
C	400.000		
D	300.000		
E	280.000		

Tabelle 7-1: Fiktives Rechenbeispiel zur Gruppenpolarisierung

Das Phänomen der Gruppenpolarisierung führt zu extremeren, riskanteren aber auch »beherzteren« Entscheidungen. Letzteres mag manchmal sinnvoll sein. Mutige Entscheidungen ließen sich auch auf einem geregelteren Wege herbeiführen, wenn es genügen gute Argumente für diesen Weg gäbe.

Das *Groupthink* liefert ein noch klareres Beispiel für negative Folgen sozialpsychologischer Prozesse in Gruppen. Von Groupthink ist die Rede, wenn eine Gruppe keine offene Diskussion mehr zulässt und abweichende Meinungen in den eigenen Reihen unterdrückt (Janis, 1982). Die Mehrheit der Gruppe wähnt sich in der einzig richtigen Position und setzt diese durch. Abweichler müssen entweder die Gruppe verlassen oder sehr viel Gegenwind aushalten, ohne am Ende erfolgreich sein zu können. Die Gruppe bleibt bei ihrer Position. Die Rigidität des Denkens und Handelns der Gruppe erhöht die Wahrscheinlichkeit für unausgewogenere, sehr riskante Entscheidungen und damit auch das Risiko, viel Geld falsch zu investieren oder vielleicht sogar ein ganzes Unternehmen in den Ruin zu treiben. Groupthink tritt vor allem dann auf, wenn sich die Gruppe von (vermeintlichen) »Feinden« umzingelt sieht und glaubt, keine Schwäche zeigen zu dürfen, weil sie ansonsten untergehen wird.

Verhindern lassen sich derartige Probleme, wenn man zuvor gut überlegt, welche Entscheidungen überhaupt in Gruppen konsensual gefällt werden müssen und welche Entscheidungen besser durch ausgewiesene Fachexperten zu treffen wären. Innerhalb von Gruppen sollte auf eine ausgewogene Verteilung der Redeanteile geachtet werden. Zudem kann es hilfreich sein, zurückhaltenden Gruppenmitgliedern zuerst das Wort zu erteilen, damit sie ihre Argumente vorbringen, bevor sie wissen, was die dominanten Mitglieder denken. Emotionalisierende oder gar einschüchternde Argumentationsstrategien sind zu unterbinden.

7.4 Diversität von Arbeitsgruppen

Der Begriff der Diversität bezieht sich auf die Heterogenität von Arbeitsgruppen. Je vielfältiger eine Gruppe zusammengesetzt ist, desto größer ist die Diversität. Dabei stellt sich die Frage, welche Merkmale von Menschen herangezogen werden, um Diversität zu definieren. In der Forschung sind dies in aller Regel demographische Merkmale wie Alter, Geschlecht oder ethnischer Hintergrund.

Sofern man sich in Unternehmen Gedanken über die Bedeutung der Diversität macht, lassen sich zwei entgegengesetzte Thesen finden: Diversität ist grundsätzlich von Nachteil oder von Vorteil. Von Nachteil könnte sie sein, da durch Diversität verstärkt unterschiedliche Sichtweisen und Meinungen in ein Team kommen, was längere Abstimmungsprozesse zur Folge hat und die Wahrscheinlichkeit für Konflikte erhöht. Von Vorteil könnte Diversität hingegen sein, da die Vielfalt der Hintergründe und Sichtweisen neue Ideen in das Team bringt, welche letztlich zur Innovation beitragen könnte.

Studien, die sich mit den Effekten der Diversität im beruflichen Kontext beschäftigen, kommen unterm Strich zu ernüchternden Ergebnissen (Wegge, 2014; Wegge, Roth und Schmidt, 2008). Tabelle 7-2 gibt die Ergebnisse einer Metaanalyse von Bell et al., 2011) wieder, die das sehr gut verdeutlicht. Die Effekte sind extrem klein. Je nach Kriterium lassen sich leicht positive oder leicht negative Effekte belegen.

In einer zweiten Metaanalyse kommen Webber und Donahue (2001) zu dem Ergebnis, dass sich Diversität weder positiv noch negativ auf den Zusammenhalt der Gruppenmitglieder oder die Leistung der Gruppe auswirkt. Auch hieraus lässt sich weder eine Empfehlung in die eine noch in die andere Richtung ableiten.

Es erscheint generell weder sinnvoll, Diversität zu fördern, noch von Vorteil, sie gezielt zu verhindern, um bestimmte arbeitsbezogene Ergebnisse zu erzielen. (Davon unbenommen bleibt eine gesellschaftspolitische Sichtweise.)

Formen der Diversität	Effekt auf		
	Teamleistung	Leistungseffizienz	Kreativität & Innovation
Fachliche Zusammensetzung (Marketing, Finanzen, Personalwesen etc.)	1,4 %	.01 %	3,2 %
fachlicher Ausbildungshintergrund	-0,01 %	-0,04 %	5,3 %
Bildungsniveau	-0,01 %		
Dauer der Zugehörigkeit zur Organisation	0,2 %		
Dauer der Zusammenarbeit im Team	-0,2 %		
Ethnischer Hintergrund	-1,96 %	-0,04 %	-3,24 %
Geschlecht	-0,36 %	-0,81 %	-2,56 %
Alter	-0,09 %		

Tabelle 7-2: Einfluss von Diversität auf verschiedene berufsbezogene Variablen (nach Bell et al., 2011) *Erläuterung*: Negative Vorzeichen deuten auf schädliche Effekte hin.

Wer in der Praxis an Diversität denkt, verbindet dies wie in den skizzierten Metaanalysen benannt in der Regel mit bestimmten demographischen Merkmalen. Eine Arbeitsgruppe, in der drei Frauen und zwei Männer zusammenarbeiten, die in zwei verschiedenen Ländern geboren wurden, erscheint dabei heterogener als eine Gruppe von fünf Männern, die alle aus Deutschland kommen. Aber ist dies wirklich so? Jenseits demographischer Merkmale können sich Menschen ganz erheblich unterscheiden und zwar hinsichtlich ihrer Persönlichkeitsmerkmale, Werte, Motive und Verhaltensroutinen. Nur weil drei Menschen gleichalt sind, dasselbe Geschlecht haben oder alle aus Finnland kommen, sind sie insgesamt betrachtet nicht homogener als drei Menschen, die aus verschiedenen Ländern stammen. Dies wäre nur dann der Fall, wenn jede Bevölkerungsgruppe – also alle Frauen, alle 50-Jährigen, alle Portugiesen etc. – in sich völlig homogen wären, was natürlich nicht der Fall ist. Es ist nicht unwahrscheinlich, dass Einflüsse, die mit der individuellen Vielfalt der einzelnen Menschen verbunden sind, viel größer ausfallen als die Einflüsse der Vielfalt demographischer Gruppierungsmerkmale. Oder anders ausgedrückt: Die Varianz die vom einzelnen Individuum in Arbeitsgruppen ausgeht ist oft viel größer als die Varianz, die auf die Zugehörigkeit zu demographischen Gruppen zurückzuführen ist (Kanning, 2015c). Folglich ist nicht mit großen systematischen Effekten demographischer Diversität zu rechnen.

7.5   Empfehlungen

- Setzen Sie Gruppenarbeit nur dort ein, wo es notwendig ist.
- Verzichten Sie auf Brainstorming im klassischen Sinne. Lassen Sie die Ideen vielmehr von einzelnen Leuten, isoliert voneinander, entwickeln und aufschreiben. Danach kann ggf. eine Diskussion erfolgen.
- Achten Sie darauf, dass sich in der Teamarbeit Einzelne nicht hinter den Kollegen verstecken können und die Leistung jedes Einzelnen erkennbar bleibt.
- Die Gruppen sollten so groß wie nötig und so klein wie möglich gehalten werden.
- Gruppen sollten nicht über Jahre hinweg unverändert bestehen bleiben.
- Überprüfen Sie, ob Gruppenentscheidungen im Konsens gefällt werden müssen oder ob eine Berechnung der Gruppenentscheidung möglich wäre.
- Sorgen Sie bei Gruppenentscheidungen für ähnlich große Redeanteile der Gruppenmitglieder.
- Sorgen Sie dafür, dass sich eher zurückhaltende Gruppenmitglieder zuerst zu Wort melden.
- Unterbinden Sie emotionalisierende oder einschüchternde Argumentationsstrategien.
- Denken Sie darüber nach, wichtige Entscheidungsgruppen von neutralen Personen moderieren zu lassen.

7.6   Literatur zur Vertiefung

Schuler, H. & Kanning, U. P. (Hrsg.). (2014). Lehrbuch der Personalpsychologie (3. Aufl.). Göttingen: Hogrefe.

8 Führung

Führungskräfte können in vielfältiger Weise Einfluss auf Leistung und Zufrieden-heit ihrer Mitarbeiter nehmen. Folgen wir der Metanalyse von Derue et al. (2011), so liegt ihr Einfluss auf die Leistung von Mitarbeitergruppen im Durchschnitt bei etwa 31%. Bei der Arbeitszufriedenheit sind es sogar 56%. In den vorangestellten Kapiteln haben wir uns bereits verschiedene Techniken angeschaut, wie etwa die Zielsetzungsmethode oder die Gestaltung von Belohnungssystemen, inklusive der Leistungsbeurteilung. Das Thema Führung durchzieht als Querschnittsthema das gesamte Buch, weil an allen Ansatzpunkten der Personalarbeit immer auch Füh-rungskräfte mitwirken.

Im Folgenden wird es sowohl um Persönlichkeitseigenschaften der Führungskräfte als auch um konkrete Führungsstile gehen.

8.1 Mythen und Missstände

Zum Thema Führung kann wohl fast jeder gruselige oder erheiternde Geschichten erzählen. Zu den typischen Mythen und Missständen gehören die folgenden Punkte:

- Führungskräfte sehen sich nicht als Mitarbeiter, die bestimmte Anforderungen zu erfüllen haben, sondern erwarten, dass sich Mitarbeiter und vielleicht sogar das gesamte Unternehmen an ihren persönlichen Stil anpassen.
- Die Verantwortlichen glauben, dass Führungskräfte vor allem über ihre Persön-lichkeit erfolgreich führen. Man ist entweder eine gute Führungskraft oder ist es nicht.
- Führungskräfte glauben, dass ein einzelner Führungsstil immer und überall der richtige sein muss.
- Führungspositionen werden nicht aufgrund von Führungseignung besetzt, son-dern aufgrund der rein fachlichen Stärke der potenziellen Kandidaten oder weil sie einflussreichen Entscheidungsträgern gefallen.
- Führungskräfte dürfen auch in solchen Fällen Entscheidungen treffen, in denen sie selbst über keinerlei Fachkompetenz verfügen.
- Man erwartet, dass Frauen ganz anders führen als Männer.

8.2 Führung und Persönlichkeit

Das sicherlich einfachste Konzept erfolgreicher Führung ist das der Führungspersönlichkeit. Demnach würde der Erfolg einer Führungskraft nicht primär von ihren konkreten Verhaltensweisen im Umgang mit den Mitarbeitern, sondern von ihren grundlegenden Persönlichkeitsmerkmalen abhängen. In der Forschung wird dieser Ansatz als »Great Man Theory« bezeichnet. Folgt man diesem Ansatz, so wäre ein bestimmter Mensch entweder eine gute oder eine schlechte Führungskraft, je nachdem, über welche Eigenschaften er verfügt. Mehr noch, ginge man davon aus, dass Persönlichkeit vor allen eine Frage der Gene sei, müsste es so etwas geben wie eine »geborene Führungskraft«. Die Person wäre in völlig unterschiedlichen Führungskontexten erfolgreich, also beispielsweise als Leiter des Marketings in einem mittelständischen Unternehmen, als Filialleiter eines Biosupermarktes, als Leiter der Forschungs- und Entwicklungsabteilung in einer Softwarefirma oder als Leiter eines Hospizes. Hier könnte man schon skeptisch werden. Ist es wirklich zu erwarten, dass Helmut Kohl als Leiter eines Fitnessstudios ähnlich erfolgreich gewesen wäre, wie als Politiker? Würde Bill Gates einen Fußballverein aus der 3. Bundesliga ebenso zum Erfolg führen können, wie seinerzeit Microsoft? Ist der Inhaber einer gut laufenden Maschinenbaufirma mit 50 Mitarbeitern als Vorstandsmitglied von Siemens ähnlich erfolgreich? Hier sind Zweifel angebracht.

Wie wichtig grundlegende Persönlichkeitsmerkmale für Führungskräfte sind offenbaren verschiedene Metaanalysen: In einer Metaanalyse von Judge et al. (2002) liegt der Einfluss grundlegender Persönlichkeitsmerkmale auf die Effizienz des Führungsverhalten bei gerade einmal 15 %. Bei Derue et al. (2011) sind es 22 %. Nehmen wir nicht ein so globales Maß wie die Führungseffizienz, sondern die Leistung der geführten Arbeitsgruppe, so sinkt der Wert auf 14 %. Grundsätzlich scheint die Persönlichkeit somit keinen sehr großen Einfluss zu nehmen. Die Ergebnisse sprechen eindeutig gegen die »Great Man Theory«. Interessant ist in diesem Zusammenhang ein weiteres Ergebnis aus der Metaanalyse von Derue et al. (2010): Betrachten wir nicht Persönlichkeitsmerkmale, sondern konkretes Führungsverhalten, so liegt der Wert bei der Führungseffektivität bei 47 % und bei der Leistung der Arbeitsgruppe bei immerhin noch 20 %. Das konkrete Verhalten der Führungskräfte scheint mithin wichtiger zu sein, als allgemeine Persönlichkeitsmerkmale.

Das bedeutet nicht, dass Persönlichkeit ohne Bedeutung wäre, sie ist aber nicht dominant in ihrer Wirkung. Wahrscheinlich ist es so, dass je nach Kontext in dem sich eine Führungskraft bewegt, bestimmte Eigenschaften wichtiger oder weniger wichtig sind.

Kolumne: Mythos Führungspersönlichkeit
* https://www.haufe.de/personal/hr-management/kolumne-wirtschaftspsychologie-mythos-fuehrungspersoenlichkeit_80_324822.html

8.3 Führungsstile

Die Führungsstilforschung hat eine lange Tradition. Ihr Ziel ist nicht die Untersuchung einzelner Verhaltensweisen, wie etwa die Gestaltung eines Mitarbeitergesprächs, sondern die Erforschung komplexerer Strategien der Führung, die über Monate oder Jahre hinweg das Führungsverhalten einer Person prägen.

Im Gegensatz zur »Great Man Theory«, geht man davon aus, dass *Führung grundsätzlich erlernt werden kann*. Sicherlich lernt nicht jeder in gleicher Weise eine gute Führungskraft zu werden, weil die eigene Persönlichkeit einer starken Veränderung im Weg steht oder weil man sich einfach nicht verändern möchte. Prinzipiell sind Verhaltensstile aber zumindest ein Stück weit veränderbar. Die Anfänge der Führungsstilforschung reichen zurück bis in die 30er-Jahre des letzten Jahrhunderts.

Autoritäre Führung
Die autoritäre Führung gehört zu den ersten Führungsstilen, die beschrieben und untersucht wurden (Lewin et al., 1939; Vroom & Yetton, 1973). Autoritäre Führungskräfte folgen in gewisser Weise einem tradierten Laienverständnis der Führung: Die Führungskraft ordnet an und die Mitarbeiter folgen ihr. Diskutiert wird nicht. Die Mitarbeiter haben kein Mitspracherecht. Sie sind bestenfalls Informationsgeber.

Laissez Faire
Führung nach dem Prinzip des Laissez Faire ist eigentlich die Abwesenheit von Führung. Die Führungskraft überlässt die Mitarbeiter sich selbst und kümmert sich um ihre eigenen Aufgaben. Wenn Mitarbeiter Fragen haben oder um Hilfestellung bitten, verweist die Führungskraft sie an die Kollegen (Lewin et al., 1939). Zudem greift sie nicht ein, wenn es zu Konflikten zwischen den Mitarbeitern kommt.

Destruktive Führung

Während die autoritäre Führung durchaus ein sinnvolles Ziel hat, nämlich den Erfolg der Organisation zu mehren, ist die destruktive Führung von Willkür geprägt. Im Zentrum des Geschehens steht die Führungskraft. Aus ihrer Sicht sind die Mitarbeiter allein dazu da, ihre Wünsche zu erfüllen und zwar auch, wenn hierin kein Nutzen für das Unternehmen zu erkennen ist. Die Führungskraft führt mit Druck und Erniedrigung. Die Arbeitsaufträge für die Mitarbeiter sind oft so überzogen, dass sie nicht zu erfüllen sind. Mitarbeiter, die (vermeintlich) Fehler begangen haben, werden vor versammelter Mannschaft beschimpft. Niemand kann sich sicher fühlen, weil ein Verhalten, das gestern noch richtig war, morgen schon zu Wutausbrüchen des Vorgesetzten führen kann (Schilling & May, 2015, Tepper, 2000; Thoroughgood et al., 2012). Ein schönes Beispiel für destruktive Führung liefert der Kinofilm »Der Teufel trägt Prada«, in dem Meryl Streep als schillernde Chefredakteurin einer Modezeitschrift Mitarbeiter tagtäglich mit großer Leidenschaft unter Stress setzt.

Aufgabenorientierte Führung

Neben der mitarbeiterorientierten Führung (s. u.) gehört die aufgabenorientierte Führung zu den beiden Klassikern der Führungsstilforschung, die aus den Ohio-State-Studien hervorgegangen sind. Kaum ein Führungsstilansatz hat so viele Studien nach sich gezogen, wie die Unterscheidung zwischen aufgaben- und mitarbeiterorientierter Führung. Aufgabenorientierte Führung ist durch ein betont rationales Vorgehen geprägt. Die Führungskraft setzt klare Ziele für die Mitarbeiter, fordert dabei Leistung ein, belohnt die Mitarbeiter aber auch für die erbrachte Leistung. Sie ist verbindlich und berechenbar (Balke & Mouton, 1964).

Mitarbeiterorientierte Führung

Die mitarbeiterorientierte Führung setzt eher auf die Beziehung zwischen Führungskraft und Mitarbeitern. Mitarbeiter werden dazu angeregt, sich mit ihren eigenen Ideen einzubringen und nach ihrer Meinung gefragt. Dadurch partizipieren sie ein Stück weit an Entscheidungsprozessen. Gleichzeitig wird jedem Mitarbeiter auch ein eigener Entscheidungsspielraum an seinem Arbeitsplatz eingeräumt. Sind neue Aufgaben zu verteilen, achtet die Führungskraft nicht nur auf die Eignung der betroffenen Personen, sondern berücksichtigt auch ihre individuellen Interessen (Blake & Mouton, 1964). Aufgaben- und mitarbeiterorientierte Führung verstehen sich dabei nicht als Gegensätze, sondern sollten idealerweise miteinander kombiniert auftreten.

Transaktionale Führung

Der transaktionale Stil ist gemeinsam mit dem transformationalen Stil das ein-
flussreichste »Pärchen« der aktuellen Führungsstilforschung (Bass & Aviolo, 1990;
Neuberger 2002). Seit den 90er-Jahren haben sie sehr viel Aufmerksamkeit auf sich
gezogen. Die transaktionale Führung ist dabei eng verwandt mit der aufgabenorientierten Führung. Das Verhältnis zwischen Führungskraft und Mitarbeitern ist primär
durch Rationalität geprägt. Die Führungskraft agiert nach dem Austauschprinzip:
Beide Seiten geben etwas in die Arbeitsbeziehung hinein und müssen daher auch
einen Nutzen daraus ziehen können. Die Mitarbeiter bringen ihre Arbeitskraft ein
und werden für gute Leistung mit einem sicheren Arbeitsplatz, einem höheren Gehalt oder besseren Aufstiegschancen belohnt. Der Unterschied zur aufgabenorientierten Führung besteht letztlich nur darin, dass die Führungskraft versucht, sich so
weit wie möglich überflüssig zu machen. Nur wenn sie gebraucht wird, mischt sie
sich in die Arbeit der einzelnen Mitarbeiter ein (Management by Exception).

Transformationale Führung

Die transformationale Führung hat einen sehr viel höheren Anspruch als alle zuvor
genannten Stile. Es geht darum, die Mitarbeiter in ihren Werten und Einstellungen zu
verändern. Die Führungskraft vermittelt ihren Mitarbeitern, dass sie an einer groß-
artigen Aufgabe mitwirken dürfen und versprüht Optimismus und Begeisterung für
die Arbeit. Gleichzeitig fordert sie die Mitarbeiter zur aktiven Teilnahme auf. Sie sollen mitdenken und bisherige Arbeitsstrategien und Konventionen in Frage stellen.
Zudem kümmert sich die Führungskraft in besonderer Weise um die individuelle
Weiterentwicklung und bringt allen Mitarbeitern Wertschätzung entgegen (Bass &
Aviolo, 1990; Neuberger 2002).

Jeder Führungsstil ist als *Dimension* zu verstehen. Jemand führt also nicht aufga-
ben- oder mitarbeiterorientiert, sondern mehr oder weniger aufgabenorientiert
und mehr oder weniger mitarbeiterorientiert. Hierdurch entsteht eine Mischung der
Führungsstile, welche die individuelle Führungskraft charakterisiert. Im Extrem mag
es vielleicht auch Menschen geben, die in einem einzelnen Stil eine sehr hohe Ausprägung haben und in allen anderen eine sehr niedrige. Der Regelfall dürfte aber eine
akzentuierte Mischung verschiedener Stile darstellen.

Neben diesen Klassikern gibt es viele Führungsstile, die bislang nur wenig erforscht
wurden: authentische Führung, ethische Führung, respektvolle Führung etc. (Felfe,

2015). Die Zukunft wird zeigen, inwieweit hieraus ein nützlicher Beitrag für die Praxis der Personalarbeit entstehen kann.

Die Definition unterschiedlicher Führungsstile ist für sich allein genommen noch kein großer Gewinn. Entscheidend sind die Forschungsergebnisse, die uns etwas über den Nutzen der Stile verraten.

Schauen wir uns zunächst die Führung nach dem Prinzip des *laissez faire* an. Hier zeigen die Metaanalysen übereinstimmend negative Befunde. Je stärker eine Führungskraft diesen Führungsstil lebt, desto negativer ist das Ergebnis ihrer Bemühungen (Judge & Piccolo, 2004; Sturm et al., 2011). Darüber hinaus kommt es zu einem Absinken des affektiven und normativen Commitments der Mitarbeiter (Jackson et al., 2013). Alles in allem ist von laissez faire mithin abzuraten.

Bei der *aufgabenorientierten Führung* finden sich durchweg positive Befunde, bezogen auf die Effektivität insgesamt, die Arbeitszufriedenheit der Mitarbeiter, die Mitarbeitermotivation sowie die Teamleistung (Judge et al., 2004). Gleiches gilt für die *mitarbeiterorientierte Führung.* Der Einfluss auf die Leistung ist in beiden Fällen fast identisch – 9 % bei der aufgabenorientierten und 8 % bei der mitarbeiterorientierten Führung.

Des Weiteren lassen sich positive Effekte der *transaktionalen* sowie der *transformationalen Führung* belegen und zwar ebenfalls im Hinblick auf die allgemeine Effektivität (Judge & Piccolo, 2004; Sturm et al., 2011), die Mitarbeiterzufriedenheit, die Mitarbeitermotivation und die Teamleistung. Die Effekte beider Stile auf die Arbeitsleistung fallen mit 3 % bzw. 7 % jedoch geringer aus als die Effekte der aufgabenorientierten und mitarbeiterorientierte Führung (Judge et al., 2004). Sowohl die transaktionale, als auch die transformationale Führung gehen zudem mit einem positiven Einfluss auf das affektive und normative Commitment der Mitarbeiter einher (Jackson et al., 2013). Hier zeigt sich die transformationale Führung der transaktionalen überlegen.

Fasst man nun auf der einen Seite die aufgabenorientierte und transaktionale Führung und auf der anderen Seite die mitarbeiterorientierte und transformationale Führung zusammen, so ergeben sich für beide Orientierungen positive Effekte ohne große Unterschiede (Ceri-Booms et al., 2017), bzw. leichte Vorteile für die zweite Orientierung (Burke et al., 2006).

Destruktive Führung zeigt hingegen durchweg negative Effekte (Montano et al., 2016; Schyns & Schilling, 2013). Je stärker Menschen destruktiv geführt werden, desto mehr Krankheitssymptome weisen sie auf, desto weniger sind sie zufrieden, fühlen sich mit ihrem Arbeitgeber weniger verbunden und bringen weniger Leistung.

Alles in allem sprechen die Befunde mithin dafür, eine Mischung aus aufgabenorientierter/transaktionaler und mitarbeiterorientierter/transformationaler Führung anzustreben. Zudem wäre zu hinterfragen, ob verschiedene *Situationen* im Alltag, bzw. verschiedene Mitarbeiter, eine unterschiedliche Mischung derartiger Führungsstile benötigen. In Situation A (bzw. gegenüber Mitarbeiter A) mag es ratsam sein, stärker aufgabenorientiert zu führen, während Situation B (bzw. Mitarbeiter B) einen eher mitarbeiterorientierten Führungsstil erfordert. Dies erscheint sehr plausibel und wird in der Forschung seit Jahrzehnten diskutiert, ohne dass sich hieraus eine eindeutige Empfehlung ableiten ließe, in welchen Situationen welcher Stil zu empfehlen wäre. So gehen beispielsweise Hersey und Blanchard (1977) davon aus, dass bei Mitarbeitern mit einem geringen Reifegrad – also Menschen mit geringer Qualifikation und geringer Berufserfahrung – eine stark aufgabenorientierte Führung empfehlenswert sei, während Mitarbeiter mit einem mittleren Reifegrad stärker mitarbeiterorientiert geführt werden sollten. Ebenso gut ließe sich denken, dass in manchen Branchen eine bestimmte Führungsstilmischung effektiver ist als in anderen.

8.4   Geschlechterunterschiede

Die Diskussion von Unterschieden zwischen Frauen und Männer ist eine Art Volkssport, bei denen sich jeder mit seinen eigenen Erfahrungen und Vorurteilen ungehemmt einbringen kann. In der Regel herrscht die Wahrnehmung vor, es gäbe große Unterschiede. Frauen können viel besser zuhören, Männer sind hingegen durchsetzungsstärker. Jeder findet schnell ein Beispiel für die eigene These. Angela Merkel agiert besonnen und strategisch, Gerhard Schröder hingegen eher aufbrausend und wettbewerbsorientiert. Typisch Frau, typisch Mann könnte man nun denken und sich zufrieden zurücklehnen, weil gängige Stereotype sich wieder einmal bewahrheitet haben. Doch was ist mit Margaret Thatcher und Konrad Adenauer? War Thatcher bekannt für ihre ruhige und ausgleichende Art? War Konrad Adenauer ein Heißsporn, dessen unbedachten Äußerungen seine Ratgeber kaum unter Kontrolle halten konnten? Offensichtlich nicht. Aber dies bringt tief verwurzelte Überzeugungen nicht ins Wanken, sieht man beide Fälle doch ganz einfach als die Ausnahme einer Regel an, die ansonsten stimmt. Durch solche und ähnliche Zusatzannahmen lässt sich jedes beliebige Stereotyp aufrechterhalten.

Allerdings täuscht uns die eigene Wahrnehmung oft über die realen Gegebenheiten. Dies hat nicht zuletzt damit zu tun, dass unser Erfahrungsausschnitt relativ klein ist. Keiner von uns hat 200 Führungskräfte unterschiedlichen Geschlechts selbst erlebt. Noch unwahrscheinlicher ist es, dass wir sie objektiviert auf ihr Führungsverhalten überprüft hätten. Stattdessen bilden wir unseren Eindruck sehr subjektiv auf der Basis von wenigen Einzelfällen, Rollenklischees die wir aus Romanen und Spielfilmen kennen oder auf der Grundlage nicht minder subjektiver Meinungen von Freunden und Bekannten.

Mehrere Studien, die sich mit Unterschieden im Führungsverhalten von Frauen und Männern beschäftigen, zeichnen ein ganz anderes Bild. Entweder findet man in einzelnen Studien überhaupt keine Unterschiede im Führungsverhalten oder die Unterschiede sind so klein, dass ihnen schwerlich eine Praxisrelevanz zugeschrieben werden kann (Barbuto et al., 2007; Cuadrado et al., 2012; Eagly et al., 2003; Emmerik et al., 2008; Hopkins & Billimoria, 2008; Paustian-Underdahl et al., 2014; Taylor & Hood, 2010). In der Praxis der Personalarbeit kommt es letztlich darauf an, jede Führungskraft als Individuum zu begreifen und zu schauen, inwieweit der jeweilige Führungsstil vor Ort Früchte trägt und ggf. individuell verändert werden sollte.

> **Videotutorial: Führen Frauen anders als Männer?**
> • https://www.youtube.com/watch?v=bVoSIL47ThM

8.5   Managerscheitern

Die meiste Forschung beschäftigt sich mit der Frage, wie positive Führungsergebnisse zu erzielen sind. Ein kleiner Bereich der Forschung beschäftigt sich jedoch auch mit der dunklen Seite der Führung. Die Rede ist hier von der sog. Derailment-Forschung. Unter Derailment versteht man im Englischen einen Zug, der aus den Gleisen springt und verunglückt. In der Personalpsychologie bezeichnet Derailment das Scheitern von Managern. Als gescheitert gelten Führungskräfte, wenn sie kurze Zeit nach ihrer Einsetzung in eine neue Managementposition

- wieder entlassen werden,
- selbst zurücktreten oder
- degradiert werden.

In einer milderen Form des Derailments bleiben Nachwuchsmanager auf einer niedrigeren Hierarchiestufe stecken als ursprünglich erwartet wurde.

Das Scheitern bezieht sich dabei nicht ausschließlich auf Führungssituationen, weil Manager beispielsweise auch Investitionsentscheidungen fällen oder in Kundengesprächen überzeugen müssen, ohne dass es sich hierbei direkt um eine Führungssituation handeln würde (Kanning, 2019). Gleichwohl ist das Scheitern oft auch mit einem schlechten Verhalten gegenüber den eigenen Mitarbeitern verbunden. In einem Literaturüberblick arbeitet Kanning (2014b) fünf Defizitbereiche heraus:

1. *Managementskills.* Die Betroffenen sind intellektuell mit ihren Aufgaben überfordert, können sich selbst nicht organisieren, planen zu kurzfristig, zögern Entscheidungen zu lange hinaus oder treffen sie ad hoc.

2. *Führungsverhalten.* Sie misstrauen ihren Mitarbeitern und kontrollieren sie stark, selbst wenn die Mitarbeiter mehr Fachkompetenz besitzen als sie selbst. Sie treten überaus autoritär auf. Kritik am Führungsverhalten wird unterdrückt. Gleichzeitig gelingt es ihnen nicht, ein positives Teamklima zu schaffen.

3. *Soziale Kompetenzen.* Sie können keine positiven Beziehungen zu anderen Menschen aufbauen und verhalten sich in Konflikten eskalierend. Sie begegnen anderen arrogant und abwertend, bzw. gehen sozialen Situationen wenn möglich aus dem Weg.

4. *Persönlichkeit.* Sie sind perfektionistisch und neigen zur Rigidität. Das eigene Verhalten wird nicht reflektiert, stattdessen wird immer anderen die Schuld für auftretende Probleme gegeben. Dementsprechend lernen sie auch nicht aus eigenen Fehlern.

5. *Subklinische Persönlichkeitsmerkmale.* Hiermit sind Eigenschaften gemeint, die im Grunde genommen fast schon therapiewürdig sind. Das prominenteste Modell subklinischer Persönlichkeitsmerkmale ist das der sog. dunklen Triade.

Unter der *dunklen Triade* werden drei negative Persönlichkeitseigenschaften verstanden: Machiavellismus, Narzissmus und Psychopathie (Paulhus & Williams, 2002; Schwarzinger & Schuler, 2016).

Menschen mit stark ausgeprägtem *Machiavellismus* agieren nach dem Prinzip »Der Zweck heiligt die Mittel.« Für sie ist nahezu jedes Mittel recht, um ein persönliches Ziel zu erreichen. Wenn es dem eigenen Vorteil dient, würden sie auch ihren Arbeitgeber hintergehen oder Gesetze brechen. Im Jahr 2017 verzeichnete das Bundeskriminalamt nicht weniger als 74.000 Fälle von Wirtschaftskriminalität (Bundeskriminalamt,

2018). In etwa 25 % der Fälle handelte es sich bei den Tätern um Mitglieder des Top-managements (Cleff et al., 2009).

Ein intensiv ausgeprägter *Narzissmus* liegt vor, wenn die Betroffenen sich in einem weit überdurchschnittlichen Maße positiv verzerrt wahrnehmen. Sie überschätzen ihre eigenen Fähigkeiten und nehmen daher auch keinen Rat von anderen an. Ihre übersteigerte Eigenliebe lässt ihnen auch völlig überzogene Privilegien selbstver-ständlich erscheinen. Man denke hier beispielsweise an den ehemaligen Vorstands-vorsitzenden von Acandor – Thomas Middelhoff – der regelmäßig auf Firmenkosten mit dem Hubschrauber von seinem Wohnort in Bielefeld zur Firmenzentrale nach Essen geflogen ist, weil es ihm unpassend erschien, als Spitzenmanager im Stau stehen zu müssen. Ein zweites Beispiel liefert der ehemalige Bischof von Limburg – Tebartz van Elst – der sich im Zuge der Grundsanierung seines Bischofssitzes einen Koi-Karpfenteich für stolze 213.000 Euro anlegen ließ und hierin kein Problem erken-nen konnte.

Die dritte negative Eigenschaft ist die *Psychopathie*. Menschen die eine stark aus-geprägte Psychopathie aufweisen sind nicht in der Lage, Schuld zu empfinden. Es ist für Sie kein Problem, wenn durch ihre Fehler viele Menschen ihren Arbeitsplatz ver-lieren. Auf der einen Seite nutzen Sie Vorgesetzte und Kollegen als Steigbügelhalter für die eigene Karriere, auf der anderen Seite lassen sie die Vertrauen ohne mit der Wimper zu zucken fallen, wenn sie deren Dienst nicht mehr benötigen.

Erschwerend kommt hinzu, dass die drei negativen Eigenschaften oft in Kombination miteinander auftreten. Zwei Metaanalysen belegen insbesondere Überschneidungen zwischen Machiavellismus und Psychopathie bzw. Narzissmus und Psychopathie (Murris et al., 2017; O'Boyle et al., 2012)

Nun könnte man denken, dass Menschen, die solche und ähnliche Eigenschaften aufweisen (Hogan & Hogan, 2001), sehr schnell als äußerst schwierige Charakter auffallen und daher frühzeitig in ihrer Karriere gestoppt werden. Das ist leider nicht immer der Fall. Viele der Betroffenen verfügen über hinreichende soziale Kompeten-zen, die es ihnen ermöglichen, in wichtigen Situationen, wie etwa Auswahlverfahren oder Terminen mit Vorgesetzten und wichtigen Geschäftspartnern, hinreichend ge-schmeidig aufzutreten, dass sie wichtigen Leuten gefallen. Sie strahlen dann Stärke und Überlegenheit aus und passen damit in ein stereotypes Bild erfolgreicher Mana-ger. Genau das hilft ihnen bei ihrer Karriere, in einer Wirtschaftswelt, in der insbesondere die wichtigsten Positionen nicht nach sorgfältiger Prüfung, sondern nach dem Gutherrenprinzip vergeben werden. Obwohl die Betroffenen keineswegs bessere Führungskräfte und Manager sind, steigen sie leider schneller auf und werden von Vorgesetzten auch eher als befähigt wahrgenommen (Grijalva et al., 2013; Harms et al., 2011; Schwarzinger & Schuler, 2017).

Früher oder später zahlt sich das negativ aus. So belegen beispielsweise Moscoso und Salgado (2004) durchweg negative Zusammenhänge zwischen negativen Eigenschaften und beruflicher Leistung (siehe auch Zettler & Solga, 2013). In der Metaanalyse von O'Boyle et al. (2012) zeigt sowohl der Narzissmus als auch der Machiavellismus Zusammenhänge mit kontraproduktivem Verhalten. Je höher diese Merkmale ausgeprägt sind, desto eher neigen die Betroffenen dazu, ihren Arbeitgeber z. B. durch Diebstahl, Betrug oder Geheimnisverrat zu schädigen. Die bisweilen anzutreffende Überlegung, negative Eigenschaften könnten bis zu einem gewissen Grade für das Unternehmen nützlich sein, weil die betroffenen Manager z. B. mit Geschäftspartnern härter verhandeln, wird durch die Forschung bestenfalls ansatzweise unterstützt. Nur bei sehr geringen Ausprägungen lassen sich Vorteile verzeichnen. Schon eine gesteigerte Ausprägung geht jedoch mit negativen Effekten einher (Zettler & Solga, 2013). Auch die Idee, dass solchermaßen schwierige Charaktere Überflieger in Sachen Intelligenz wären, kann nicht bestätigt werden (Schwarzinger & Schuler, 2017). Der Eindruck entsteht vielleicht durch ihr großspuriges Gehabe, ist letztlich aber eine Täuschung.

Videotutorial: Warum scheitern Manager?
- https://www.youtube.com/watch?v=7dtQv9NWefA

8.6   Empfehlungen

1. Legen Sie bei der Auswahl von Führungskräften mehr Gewicht auf das konkrete Führungsverhalten als auf grundlegende Persönlichkeitseigenschaften.
2. Sichern Sie sich aber dennoch gegen negative Eigenschaften, wie etwa Narzissmus, Machiavellismus und Psychpathie ab.
3. Versetzen Sie Ihre Führungskräfte in die Lage, sowohl aufgabenorientiert als auch mitarbeiterorientiert zu führen.
4. Gehen Sie davon aus, dass Führung ein gutes Stück weit erlernt werden kann, weil sie eben nicht primär Ausdruck stabiler Persönlichkeitsmerkmale ist.

5. Trennen Sie sich von Führungskräften, die destruktiv führen, denn trotz der prinzipiellen Lernbarkeit können Sie durch Mittel der Personalentwicklung Menschen nicht beliebig verändern.

6. Reflektieren Sie vor Ort, welche Mischung beider Führungsstile die besten Ergebnisse für Leistung, Zufriedenheit und Commitment der Mitarbeiter erwarten lässt.

7. Treten Sie der Überzeugung, dass Frauen und Männer grundsätzlich anders führen würden, entgegen. Letztlich kommt es auf das Individuum, seine Kompetenzen und seine Veränderungsbereitschaft an.

8.7 Literatur zur Vertiefung

Felfe, J. (Hrsg.). (2015). Trends der psychologischen Führungsforschung. Göttingen: Hogrefe.

Felfe, J. & Dich, R. v. (2016). Handbuch Mitarbeiterführung. Berlin: Springer.

Kanning, U. P. (2019). Managementfehler und Managerscheitern. Berlin: Springer.

9 Personalentwicklung

Nahezu jedes Unternehmen mit mehreren Hundert Mitarbeitern betreibt heute in der einen oder anderen Weise Personalentwicklung. Oft sind dies Weiterbildungsmaßnahmen im fachlichen Bereich, etwa wenn eine neue Software eingeführt wird. Aus personalpsychologischer Sicht stellen vor allem die Maßnahmen zur Veränderung von Softskills eine Herausforderung dar, denn im Gegensatz zur Vermittlung von Fachwissen ist die Veränderung menschlicher Verhaltensroutinen eine recht schwierige Aufgabe.

Schätzungen zufolge entfalten etwa 50–90 % der Maßnahmen letztlich keine Wirkung im Arbeitsalltag der Betroffenen (Baldwin & Ford, 1988; Machin, 2002). Dies dürfte insbesondere für die Personalentwicklung im Bereich der Softskills gelten. Doch woran liegt das? An welchen Stellschrauben kann die Personalabteilung drehen, um effektiver zu werden? Die Ansatzpunkte liegen im gesamten Prozess der Personalentwicklung, angefangen bei der Feststellung des Personalbedarfs, über die Auswahl und Durchführung der Methode bis hin zur Evaluation ihrer Folgen.

9.1 Mythen und Missstände

Die mangelnde Effektivität der Personalentwicklung lässt sich auf zahlreiche Probleme zurückführen:

- Es werden keine differenzierten Bedarfsanalysen durchgeführt, mit deren Hilfe sich feststellen ließe, welche Mitarbeiter welche Entwicklungsmaßnahme benötigt. Stattdessen wird oft nach dem Gießkannenprinzip vorgegangen: Alle Mitarbeiter einer bestimmten Ebene durchlaufen ohne Ansehen der Person dieselbe Maßnahme.
- Insbesondere bei der Entwicklung von Managern wird mehr auf den Unterhaltungswert der Maßnahme als auf ihre Wirksamkeit zur Veränderung von Fähigkeiten und Fertigkeiten geachtet.
- Die Verantwortlichen scheuen davor zurück, Schwächen der Mitarbeiter in der Personalentwicklung zu thematisieren, weil sie sich der Illusion hingeben, dass eine Stärkung der Stärken ausreichend wäre. Dies trifft aber nur bei Mitarbeitern zu, die keine nennenswerten Schwächen haben.
- In Maßnahmen zur Veränderung von Softskills wird mehr diskutiert als am realen Verhalten der Betroffenen gearbeitet.

- Man überschätzt die Bedeutung von Einstellungen für das Verhalten und glaubt daher, dass eine veränderte Einstellung bei den Teilnehmern automatisch dazu führt, dass sie später im Berufsalltag auch ihr Verhalten verändern.
- Es wird zu wenig auf die fachliche Qualifikation der Trainer und Coaches geachtet. Fälschlicherweise wird hier unterstellt, dass erfahrene, bekannte oder wirtschaftlich erfolgreiche Personen auch fachlich gut sein müssen.
- Das Problem tritt besonders verschärft im Bereich des Coachings auf, weil hier Hunderte von Ausbildungswegen existieren, von denen die meisten kaum seriös zu nennen sein dürften.
- Haben sich bestimmte Methoden erst einmal auf dem Markt etabliert – z.B. Neurolinguistisches Programmieren (NLP) – werden sie nicht mehr hinterfragt, selbst wenn sich die hier eingesetzten Methoden bestenfalls auf einem Heilpraktikerniveau befinden.
- Trainingsmaßnahmen werden als einmaliges Ereignis eingesetzt. Die Verantwortlichen glauben, dass man durch ein eintägiges oder zweitägiges Training die über Jahre und Jahrzehnte hinweg aufgebauten Verhaltensweise eines Menschen »umprogrammieren« kann. Dies ist ein Trugschluss.
- Nach dem Training werden die Teilnehmer allein gelassen. Im Arbeitsalltag ändert sich nichts und so fallen sie oft schon nach wenigen Tagen in das alte Verhalten zurück.
- Trainingsmaßnahmen werden nicht oder nicht professionell evaluiert, sodass ihre mangelnde Effektivität im Verborgenen bleibt und die Verantwortlichen sich nicht genötigt sehen, ihr Vorgehen zu verändern.
- Weiterbildungsveranstaltungen für Personaler wie etwa Kongresse bewegen sich oft auf einem fragwürdigen Niveau. Es handelt sich eher um Verkaufsveranstaltungen, bei denen der Anbieter mit dem besten Marketing auch als der fähigste Anbieter erscheint.
- Die Verantwortlichen in den Unternehmen verfügen oft nicht über eine passende Grundausbildung und haben sich im Laufe ihrer Karriere das methodische Grundwissen auch nicht aneignen müssen.

9.2 Bedarfsanalyse

Die Bedarfsanalyse stellt den ersten Schritt einer effektiven Personalentwicklung dar. Ziel ist dabei die Feststellung des individuellen Entwicklungsbedarfes der einzelnen Mitarbeiter, um darauf aufbauend, die jeweiligen Weiterbildungsmaßnahmen individuell zuschneiden zu können. Tabelle 9-1 gibt einen Überblick über verschiedene Datenquellen, die zur Bedarfsanalyse genutzt werden können und ihre Vorteile und Nachteile.

Datenquelle	Vorteil	Nachteile
Selbstaus-künfte des Mitarbeiters	Die Maßnahme kann unmittelbar auf die Wünsche und Interessen des Teilnehmers Bezug nehmen.	Kritische Entwicklungsthemen, bei denen der Mitarbeiter selbst keinen Bedarf sieht oder bei denen er eine Auseinandersetzung scheut, werden nicht benannt.
Globale Einschätzung der Vorgesetzten	Das Fremdbild hilft dabei, blinde Flecken in der Selbstwahrnehmung des Mitarbeiters zu erkennen und entsprechende Themen in die Maßnahme zu integrieren.	Vorgesetzte bekommen nur einen kleinen Ausschnitt des Arbeitsverhaltens ihrer Mitarbeiter mit. Ihr Urteil wird durch systematische Fehler der Personenbeurteilung verzerrt (vgl. Kapitel 3).
Formale Leistungsbeurteilung	Gute Leistungsbeurteilungssysteme liefern eine differenzierte Vorstellung von den Stärken und Schwächen der Mitarbeiter.	Gute Leistungsbeurteilungssysteme sind eher die Ausnahme (vgl. Kapitel 4).
360°-Beurteilung	Die 360°-Beurteilung liefert differenziert Informationen über das Selbstbild und mehrere Fremdbildperspektiven. So können verschiedene Arbeitsbereiche (z. B. Umgang mit Mitarbeitern vs. Kollegen) aus der Perspektive der jeweils unmittelbar Betroffenen erfasst werden.	Der Aufwand ist vergleichsweise groß. Die Zielperson muss sich der Kritik zahlreicher Personen stellen, mit denen sie zusammenarbeitet.
Potenzialanalyse (Assessment Center)	Die Stärken und Schwächen der Person werden insbesondere bezogen auf zukünftige Positionen im Unternehmen analysiert. Hierdurch erfolgt ein differenzierterer Blick in die Zukunft, als die übrigen Methoden dies ermöglichen würden, da sie sich lediglich auf die Vergangenheit sowie den Status quo beziehen.	Der Aufwand ist größer, als bei allen übrigen Methoden.

Tabelle 9-1: Mögliche Datenquellen der Bedarfsanalyse

Unter methodischen Gesichtspunkten bietet die Potenzialanalyse sicherlich die beste Chance, einer fundierten Diagnose. Voraussetzung ist allerdings, dass man auch tatsächlich den Prinzipien eines methodisch ausgereiften Assessment-Centers (AC) folgt (vgl. Kapitel 3). Der Unterschied zwischen Potenzialanalyse und Assessment-Center besteht darin, dass es beim Assessment-Center um die Frage geht, inwieweit ein Bewerber die Anforderungen einer Stelle erfüllt, die er kurz nach dem Assessment-Center übernehmen soll. Bei der Potenzialanalyse geht es hingegen um Aufgaben, die vielleicht erst nach einer Beförderung in zwei Jahren anstehen werden. Daher erwartet man auch gar nicht, dass der Kandidat alle Mindestanforderungen schon heute erfüllt. Im Fokus stehen vielmehr die derzeit noch vorhandenen Defizite. Die festgestellten Defizite bieten dabei die Grundlage für die Entwicklung eines individuell zugeschnittenen PE-Plans, mit dessen Hilfe sie in den kommenden Monaten beseitigt werden sollen.

Prinzipiell lassen sich auch Assessment-Center ohne Potenzialbezug zur Bedarfsanalyse einsetzen. In diesem Fall würden die Teilnehmer mit Aufgaben aus ihrem Berufsalltag konfrontiert. Der Vorteil gegenüber dem Vorgesetztenurteil oder der 360°-Beurteilung ist die systematische und präzise Betrachtung des Verhaltens. Der Nachteil liegt natürlich im größeren Aufwand.

Development-Center sind nicht zu verwechseln mit Potenzialanalysen oder klassischen Assessment-Centern. Das Development-Center arbeitet mit einer Mischung aus Diagnose und Intervention. Die Teilnehmer durchlaufen beispielsweise zwei Rollenspiele und bekommen anschließend ein Feedback. In den nachfolgenden Übungen geht es darum, das Feedback umzusetzen und in dieser Umsetzung wiederum bewertet zu werden. Das Ganze ist vergleichsweise zeitaufwendig und kann dennoch beide Aufgaben nur ansatzweise erfüllen. Durch das Feedback wird der Bewerber immer wieder in seinem Verhalten beeinflusst, sodass schwer zu entscheiden ist, was seine reale Verhaltensorientierung ist. Überdies können die Merkmale nicht so sorgfältig gemessen werden, wie in einem Assessment-Center, in dem zur Beurteilung einer Kompetenzdimension in der Regel drei Übungen eingesetzt werden. Die hierzu notwendige Zeit bleibt im Development-Center aber leider nicht, weil ja immer auch interveniert wird.

Die Auswahl der richtigen Methode wird letztlich einem Abwägungsprozess unterliegen, in dem auch die Bedeutung der jeweiligen Stelle für den Arbeitgeber einfließen muss. Selbstverständlich sind auch Kombinationen der genannten Methoden möglich.

Jenseits der Analyse der individuellen Stärken und Schwächen können strategische Überlegungen des Unternehmens von Bedeutung sein. Würde ein Unternehmen beispielsweise einen neuen Schwerpunkt im Bereich der Kundenorientierung oder der Innovation legen, so kann es sinnvoll sein, hierzu auch Schulungen durchzuführen, bei denen der individuelle Bedarf erst mal in den Hintergrund tritt.

9.3 Beeinflussung der Effektivität

Neben dem maßgeschneiderten Zuschnitt einer Personalentwicklungsmaßnahme auf die einzelnen Teilnehmer gibt es zahlreiche Faktoren, über die sich die Effektivität der Maßnahmen positiv beeinflussen lässt (Blume et al., 2010; Salas et el., 2001, 2012; Taylor et al., 2005).

Bereits vor einer Maßnahme lässt sich durch gezielte Information der Teilnehmer etwas erreichen. In der Forschung wird in diesem Zusammenhang von *Pre-Training Intervention* gesprochen. Hierbei werden die Teilnehmer bereits vor Beginn der Maßnahmen mit Informationen versorgt, die ihnen später einen nachweislich größeren Lerngewinn ermöglichen (Cannon-Bowers et al., 1998):

• Die Teilnehmer werden vor der Maßnahme über die konkreten Ziele informiert. Im günstigsten Fall wirkt dies im Sinne der Zielsetzungsmethode (vgl. Kapitel 6).
• Die Teilnehmer erhalten vor der Maßnahme Lernmaterialien, mit denen sie sich auf die Inhalte eines Trainings vorbereiten können. So wird u. a. die Wahrscheinlichkeit erhöht, dass alle Teilnehmer einen ähnlichen Kenntnisstand haben, wenn die Maßnahme beginnt.
• Den Teilnehmern wird vor dem Training mitgeteilt, mit welchen Methoden sie ihren eigenen Lernerfolg in der Maßnahme reflektieren können.
• Es wird ihnen zudem mitgeteilt, mit welchen Lernstrategien sie im Verlaufe des Trainings den individuellen Lerngewinn steigern können (z. B. Notizen machen, nachfragen, wenn etwas unklar ist, sich mit eigenen Fragen und Problemen direkt in das Geschehen einbringen).
• Die Teilnehmer werden mit Informationen über die Methoden und den Ablauf der Maßnahmen versorgt, um sie hierauf mental einstellen zu können.

In der Planung sollte zudem die *Struktur eines Trainings* reflektiert werden. Die meisten Teilnehmer erleben ein- oder zweitägige Trainings, in denen gewissermaßen

»am Stück« Inhalte vermittelt werden. Eine Alternative hierzu besteht in der Verteilung der Inhalte auf mehrere Termine. Abbildung 9-1 verdeutlicht das Prinzip.

Statt zwei Tagen en block hintereinander in der Gruppe zu arbeiten, könnte man
auch zunächst einen Tag absolvieren, an dem die grundlegenden Inhalte der Veranstaltung vermittelt werden. Danach gehen die Teilnehmer wieder an ihren Arbeitsplatz zurück und versuchen hier konkrete Verhaltensstrategien, die sie im Training
gelernt haben, praktisch umzusetzen. Nach dieser Praxisphase, die vielleicht zwei
oder drei Wochen dauert, trifft man sich wieder für eine halbtägige Veranstaltung in
der Gruppe, tauscht sich über die Erlebnisse der Praxisphase aus und schreitet im
Lehrstoff weiter fort. Anschließend begeben sich die Teilnehmer in die zweite Praxisphase, in der sie erneut Inhalte des Trainings umsetzen und dabei Erfahrungen sammeln. Nach zwei bis drei Wochen folgt der letzte Trainingsblock in der Gruppe. Die
Teilnehmer tauschen sich über ihre Erfahrungen aus, geben einander Tipps, wie sich
die Inhalte des Trainings vielleicht besser in der Praxis umsetzen lassen und setzen
sich mit neuen Lerninhalten auseinander. Erst danach ist die Maßnahme beendet.

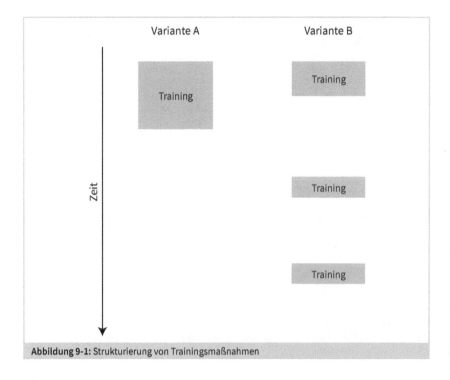

Abbildung 9-1: Strukturierung von Trainingsmaßnahmen

Der Sinn eines solchen Vorgehens besteht in der *Sicherung des Lerntransfers*. Herkömmliche Trainings sind oft mit dem Problem behaftet, dass die gelernten Inhalte später nicht oder nur in den ersten Wochen nach der Maßnahme praktisch angewendet werden. Danach läuft alles so weiter, als hätte es die Maßnahme niemals gegeben. Im Grunde lässt man die Teilnehmer mit der Umsetzung der Lerninhalte allein. Nach kurzer Zeit fallen sie wieder in die alten Verhaltensroutinen zurück. Gleichwohl ist klar, dass ein Training, dass sich auf mehrere Termine verteilt, letztlich mehr Kosten verursacht. Allerdings dürften sich die höheren Kosten durch eine größere Effektivität der Maßnahmen kompensieren. Bedenken wir, wie viel Geld in wirkungslose Maßnahmen investiert wird, so ließe sich hier so manches einsparen, dass anschließend einer besseren Gestaltung wirkungsvoller Methoden zufließen könnte.

Bei der *Auswahl der Teilnehmer* lassen sich weitere positive Effekte auf die Effektivität erzielen. Die Forschung zeigt, dass sich die Intelligenz der Teilnehmer positiv auf den Lerntransfer auswirkt (Blume et al., 2010; Schmidt & Hunter, 1998). Das Gleiche gilt für ihre Gewissenhaftigkeit, die Motivation, die Freiwilligkeit und das Job-Involvement (Blume et al., 2010). Nun liegt es in der Natur der Sache, dass man nicht nur Mitarbeiter weiterbildet, die intelligent, gewissenhaft und motiviert sind, zudem freiwillig an der Maßnahme teilnehmen und ihrem Beruf einen hohen Stellenwert im Leben einräumen, während der Rest der Belegschaft auf Dauer im derzeitigen Status verharrt. Oft dürften sich gerade in der zweiten Gruppe diejenigen befinden, deren Verhalten den größten Anlass zur Weiterbildung liefert. Diese Mitarbeiter müssen selbstverständlich auch weitergebildet werden. Geht es jedoch um sehr attraktive Weiterbildungsmaßnahmen, für die sich viele Menschen im Unternehmen interessieren, weil sie beispielsweise neue Karrierewege ermöglichen, können die genannten Eigenschaften bei der Auswahl der Teilnehmer helfen, um so die Effektivität der Maßnahme insgesamt zu steigern.

Wichtig für den erfolgreichen Transfer sind aber nicht nur die Vorbereitung und Gestaltung der Maßnahme sowie verschiedene Eigenschaften der Teilnehmer, auch die *Gestaltung des Arbeitsalltags,* in den die Teilnehmer wieder zurückkehren, spielt eine große Rolle:
* *Lernkultur.* Unternehmen in denen die Weiterbildung der Mitarbeiter ganz selbstverständlich zur Kultur des Hauses gehört und daher von Mitarbeitern beständige Weiterbildung erwartet wird, erzielen bessere Effekte als Unternehmen in denen Personalentwicklung eher unüblich ist oder gar als unerwünschte Unter-

brechung der Arbeitsabläufe wahrgenommen wird (Aguinis Mitarbeiter, & Kraiger, 2009; Sonntag, 2006).

- *Vorgesetztenunterstützung.* Vorgesetzte können die Umsetzung der Lerninhalte in vielfältiger Weise unterstützen. Sie können beispielsweise darauf achten, dass den Trainingsteilnehmern nach dem Training vor allem solche Arbeitsaufgaben zugewiesen werden, die zu den Trainingsinhalten passen. So können beide Seiten am besten von den Maßnahmen profitieren (Salas & Cannon-Bowers, 2001).
- *Führungskrafttraining.* Hat die Führungskraft selbst zuvor das Training durchlaufen, fällt es ihr leichter, die eigenen Mitarbeiter durch Gespräche, Tipps oder verhaltensbezogenes Feedback in der Umsetzung der Lerninhalte zu unterstützen (Taylor et al., 2005).
- *Latenzzeit.* Als Latenzzeit wird der zeitliche Abstand zwischen dem Ende einer Maßnahme und der ersten möglichen Umsetzung der Inhalte im Arbeitsalltag bezeichnet. Je geringer diese Zeitspanne ist, desto vorteilhafter ist dies für den Transfer (Salas & Cannon-Bowers, 2001). Ein Führungskräftetraining oder ein Training zum besseren Umgang mit Kunden sollte also besser nicht vor dem großen Sommerurlaub stattfinden. In der Latenzzeit geht ein Teil der Lerninformation und sicherlich oft auch der Anwendungsmotivation verloren.
- *Kollegenunterstützung.* Auch die Kollegen können den Transfer unterstützen oder hemmen. Machen sich die Kollegen beispielsweise lustig über einen Trainingsteilnehmer, der nach einem Stresstraining regelmäßig Übungen zum Stressabbau durchführt, dürfte sich dies sehr schädlich auswirken (Salas & Cannon-Bowers, 2001).
- *Leistungsbeurteilung.* Die Umsetzung von Trainingsinhalten könnte darüber hinaus auch in die formale Leistungsbeurteilung integriert werden. So wird deutlich, dass Weiterbildung keine Auszeit von der Arbeit ist, sondern Ziele verfolgt, an deren Erreichung der Arbeitgeber ein großes Interesse hat.

Unabhängig von der Frage, welche konkrete Personalentwicklungsmaßnahme zur Anwendung kommt, haben sich in der Forschung die folgenden *Lernprinzipien* als hilfreich erwiesen:

- *Übung.* Die Teilnehmer sollten nicht nur über besseres Arbeitsverhalten diskutieren, sondern auch die Möglichkeit bekommen, diese aktiv einzuüben. In den meisten Fällen dürfte dies auf den Einsatz von Rollenspielen hinauslaufen. Bei eher kognitiven Inhalten besteht die Übung darin, dass durchaus auch bekannte Inhalte wiederholt werden (= Overlearning). Auch dies wirkt sich positiv aus (Noe, 2010).

- *Alltagsnähe.* Je näher die Lernsituation an der Realität des Arbeitsalltags ist bzw. je besser sie den Arbeitsalltag einfängt, simuliert oder darauf Bezug nimmt, desto leichter fällt später der Transfer (Baldwin & Ford, 1988). Dies ist ein grundlegendes Problem von erlebnisorientierten Verfahren, wie etwa Outdoortrainings oder Führungskräftetrainings mit Tieren.
- *Selbstmanagement.* Es ist sinnvoll, das Selbstmanagement der Teilnehmer anzuregen, indem sie lernen, sich selbst konkrete Umsetzungsziele zu setzen, die Zielerreichung im Arbeitsalltag zu hinterfragen und etwaige Probleme auf dem Weg zur Zielerreichung zu reflektieren. Dies kann z. B. mit Hilfe von tagebuchähnlichen Lernmaterialien geschehen, die in den ersten Wochen nach der Maßnahme von jedem Teilnehmer in Eigenregie umgesetzt werden (Grüterich et al., 2006).
- *Thematisierung von Transferproblemen.* Grundsätzlich ist immer mit Transferproblemen zu rechnen. Es wäre hilfreich, dies expliziert im Training anzusprechen und gemeinsam nach Lösungen für dieses Problem vor Ort zu suchen (Sonntag & Schaper, 2006). So werden zum einen keine falschen Erwartungen geweckt und zum anderen vielleicht sogar besonders hilfreiche Strategien zur Minimierung des Problems entwickelt.

9.4   Prinzipiell wirksame Methoden

Zu den prinzipiell wirksamen Methoden gehört ohne Zweifel das *Behavioral Modeling.* Wie der Name bereits verrät, geht es hierbei in erster Linie nicht um die Vermittlung von Wissen, sondern um die Veränderung des Verhaltens. Typische Inhalte wären z. B. das Führen von Mitarbeitergesprächen, der Umgang mit Konflikten oder die Gestaltung von Verkaufsgesprächen. Abbildung 9-2 beschreibt den Prozess der Verhaltensmodellierung.

Am Anfang steht zunächst die Einführung in das Thema, also z. B. die Auseinandersetzung mit typischen Problemen eines Mitarbeitergesprächs. Hierbei kann z. B. auf die Ergebnisse einer Mitarbeiterbefragung oder die Forschung zurückgegriffen werden. Zusätzlich bringen sich die Teilnehmer mit ihren Erfahrungen ein.

Danach werden konkrete Lernziele mit den Mitarbeitern definiert. Dabei kann es durchaus auch kleine Abweichungen zwischen den Personen geben. Während Teilnehmer A sich vielleicht für die Frage interessiert, wie er sozial kompetent Kritik üben kann, steht für Teilnehmer B die Vereinbarung von verbindlichen Zielen am Ende des Kritikgesprächs im Zentrum seines Interesses.

Im günstigsten Fall hat der Trainer bereits vorproduzierte Filme, die man sich nun im Plenum gemeinsam anschaut. Von Vorteil wären jeweils zwei Filme: Ein Film, der zeigt wie man es richtig macht und ein Film, der ein suboptimales aber durchaus häufig anzutreffendes Verhalten wiedergibt. Ist dies nicht möglich, beispielsweise, weil das Thema der Verhaltensmodellierung erst im laufenden Training festgelegt wird, präsentiert man stattdessen Rollenspiele, in denen der Trainer beide Varianten darstellt.

In der nächsten Phase der Verhaltensmodellierung besprechen die Teilnehmer das beobachtete Verhalten. Konkret geht es um Unterschiede im Verhalten zwischen der guten und der weniger guten Darbietung. Wie hat die Führungskraft das Gespräch eingeleitet? Wie präzise waren ihre Aussagen zum Verhalten des Mitarbeiters? Wie ist sie mit der Kritik an ihrem eigenen Verhalten umgegangen. Wie wirkt ihre Körpersprache auf das Gegenüber. Diese und ähnliche Fragen werden diskutiert. Hier zeigt sich der Vorteil der filmischen Darbietung. Man kann sich die entsprechenden Passagen der Filme immer wieder anschauen und beide Varianten direkt miteinander vergleichen. Durch die Beobachtung des Modellverhaltens und die intensive Auseinandersetzung mit diesem, findet bereits ein Lernprozess statt. Die Teilnehmer sollen aber nicht nur Wissen über bessere Verhaltensstrategien erlernen, das Training soll sie in die Lage versetzen, dieses Verhalten auch praktisch umzusetzen.

Die nun folgende Phase ist die zeitintensivste. Jeder Teilnehmer hat jetzt die Möglichkeit, in einem Rollenspiel das fragliche Verhalten auszuprobieren. Jeweils ein Trainingsteilnehmer kommt auf die Bühne und spielt das Mitarbeitergespräch oder Teile davon mit einer weiteren Person, die den Mitarbeiter spielt. Die übrigen Teilnehmer schauen zu und machen sich Notizen. Dasselbe gilt für den Trainer. Bei der Gestaltung des Rollenspiels können individuelle Anpassungen sinnvoll sein, sodass jeder Teilnehmer das Rollenspiel an seine Bedürfnisse anpasst. Grundlage hierfür liefern die Lernziele (s. o.). Zudem könnte man das Verhalten des Rollenspielers individuell variieren. Hierzu würde der Teilnehmer z. B. das Verhalten eines konkreten Mitarbeiters beschreiben das im Rollenspiel simuliert werden soll – also z. B. einen distanzierten Mitarbeiter, an den er nur schwer mit seiner Kritik herankommt oder einen aufbrausenden Mitarbeiter, der gleich bei der ersten Kritik alle Schuld vehement von sich weist.

Nach dem Rollenspiel tritt die Verhaltensmodellierung in die Feedbackphase ein, die vom Trainer moderiert wird. Als erstes wird der Teilnehmer, dessen Verhalten im

Rollenspiel modelliert werden soll, gebeten, sein eigenes Verhalten zu reflektieren. Hat er seine Ziele erreicht? Ist er mit dem gezeigten Verhalten zufrieden? Was hätte er selbst besser machen können? Danach gibt die Person Feedback, die in der Rolle des Mitarbeiters aktiv war. Hat sie verstehen können, was das Anliegen der Führungskraft war? Fühlte sie sich angegriffen? Wurde sie in ihrer Abwehr ernst genommen? Würde sie nach dem Gespräch das eigene Verhalten verändern? Was war gut, was hat gefehlt? Im Anschluss sind die übrigen Teilnehmer, die das Rollenspiel aus der Zuschauerperspektive beobachtet haben, an der Reihe und geben der Führungskraft Feedback. Zum Schluss übernimmt der Trainer diese Rolle.

Das Feedback bietet die Grundlage für den nächsten Rollenspieldurchlauf des Teilnehmers. Jetzt geht es darum, aus dem Feedback zu lernen, die Situation erneut in einem Rollenspiel zu durchlaufen und einige der Kritikpunkte aufzugreifen. Durch das mehrfache Durchlaufen des Kreislaufprozesses aus Rollenspiel und Feedback wird so nach und nach das Verhalten verbessert.

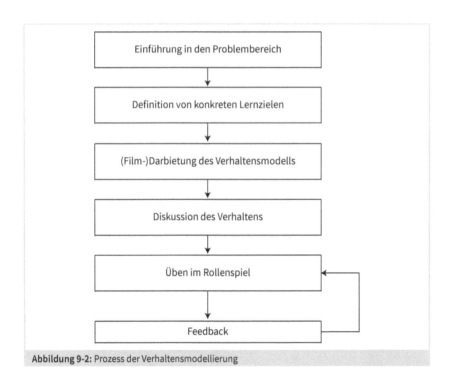

Abbildung 9-2: Prozess der Verhaltensmodellierung

Die Verhaltensmodellierung ist eine nachweislich wirksame Methode zum Aufbau neuer verhaltensbezogener Skills (Burke & Day, 1986). In einem geschützten Rahmen lernen die Teilnehmer, ein Verhalten einzuüben, dass sie später in der Berufsrealität zur Verhaltensroutine ausbauen müssen. Die Effekte des Behavioral Modelings werden durch die folgenden Punkte positiv beeinflusst (Fukkink, et al., 2011; Taylor et al., 2005):

- Das Rollenverhalten wird in Filmen dargestellt.
- Im Film wird sowohl das erwünschte, als auch ein nicht erwünschtes Verhalten präsentiert.
- Die Teilnehmer setzen sich individuelle Ziele in Bezug auf das, was sie in den Rollenspielen lernen möchten.
- Die Teilnehmer definieren selbst inhaltlich, welche Situation im Rollenspiel simuliert werden soll.
- Vor dem Rollenspiel vergegenwärtigt sich der Teilnehmer, was ihm im folgenden Gespräch besonders wichtig ist, was er ausprobieren oder umsetzen will.
- Das Verhalten der Teilnehmer wird auf Video aufgezeichnet. Durch das anschließende Videofeedback, kann der Teilnehmer sein Verhalten aus der Perspektive des Gesprächspartners sehen und erhält somit eine sehr plastische Vorstellung davon, wie er auf sein Gegenüber wirkt.
- Das Verhalten des Teilnehmers im Rollenspiel wird nach klaren Kriterien bewertet, sodass wichtige Punkte im Feedback nicht unerwähnt bleiben.
- Die Teilnehmer haben ausreichend Gelegenheit, die Rollenspiel-Feedback-Schleife mehrfach zu durchlaufen.

Eine weitere Methode der eine positive Wirkung bescheinigt werden kann, ist das *Mentoring*. Mentoring gehört zu den beratungsorientierten Methoden der Personalauswahl. Einem Mitarbeiter, der neu in das Unternehmen kommt oder der eine neue Funktion übernimmt – dem sog. Mentee – wird über einen Zeitraum von Monaten oder vielleicht sogar einigen Jahren ein erfahrenes Unternehmensmitglied an die Seite gestellt, das mindestens auf gleicher Ebene arbeitet – der sog. Mentor.

Mentee und Mentor treffen sich nach eigenem Ermessen immer mal wieder zu Gesprächen, in denen der Mentor dem Neuling dabei hilft, sich erfolgreich in die neue Position bzw. in die neue Unternehmenskultur hinein zu sozialisieren. Es geht darum zu lernen, welche ungeschriebenen Verhaltensregeln gelten, wie Entscheidungsprozesse ablaufen, welche Personen im Unternehmen wichtige Einflussträger sind und vieles mehr. In manchen Unternehmen ist es so, dass sich der Mentee seinen Mentor selbst aus einer Gruppe von Kandidaten aussuchen darf. Dies ist von Vorteil (Underhill, 2006), schließlich geht es darum, über die Zeit hinweg eine vertrauensvolle Beziehung aufzubauen. Der Mentor ist auch Ansprechpartner, wenn es zu Problemen kommt und der Mentee einen Gesprächspartner benötigt, dem er sich öffnen kann. Aus diesem Grund wäre es auch keine gute Idee, den eigenen Vorgesetzten zum Mentor zu machen.

Metaanalysen zur Effektivität des Mentoring zeigen geringe positive Einflüsse im Hinblick auf die Karriere der Mentees, ihre Karrierezufriedenheit, Arbeitszufriedenheit und Motivation (Allen et al., 2004; Eby et al., 2008). Gleichzeitig wachsen aber auch die Karriereerwartungen der Mentees (Allen et al., 2004). Wer den Mitarbeitern keine Aufstiegsmöglichkeiten bieten kann, ist daher möglicherweise besser beraten, kein Mentoring anzubieten oder aber er stellt von vornherein klar, dass es im Mentoringprogramm des Unternehmens nicht darum geht, Karrieren zu schmieden.

Ein anderer Beratungsansatz hat in der Praxis sehr viel mehr Aufmerksamkeit auf sich gezogen – das *Coaching*. Auch im klassischen Coaching treffen zwei Menschen in einer Beratungssituation aufeinander: die zu beratende Person (»Klient« oder »Coachee«) und der Berater (»Coach«). Beim Klienten handelt es sich oft um (Nachwuchs-) Führungskräfte bis hinauf zum Topmanagement, beim Coach in der Regel um einen externen Berater, der sich über einen Zeitraum von einigen Monaten durchschnittlich 10 bis 15 mal zu ein- bis zweistündigen Sitzungen trifft (Kühl, 2005).

Im Unterschied zum Mentoring sollte es sich bei einem Coach um eine Person handeln, die für diese Ausgabe professionell ausgebildet wurde (Rauen & Eversmann, 2014). Sie sollten möglichst nicht in derselben Organisation arbeiten, um für den Klienten ein Maximum an Diskretion gewährleisten zu können. Ziel der Maßnahme ist nicht die Sozialisation des Klienten in die Kultur des Hauses, sondern vielmehr die direkte Unterstützung bei konkreten Problemen. Die Probleme stammen dabei naturgemäß aus dem Berufsalltag des Klienten, können aber auch den Privatbereich tangieren. Denken wir hier beispielsweise an einen Manager, der aufgrund seiner beruflichen Belastung kaum noch Zeit für die eigene Familie hat und hierfür Lösungsansätze sucht (z. B. bessere Delegation von Verantwortung, an die eigenen Mitarbeiter). In jedem Fall sollte Coaching eine freiwillige Maßnahme sein, da sie letztlich davon lebt, dass der Klient offen über seine Probleme spricht.

Einen festen Methodenkanon des Coachings gibt es nicht. Dies hat zum einen damit zu tun, dass das Coaching nicht auf einer bestimmten, empirisch gut fundierten Theorie basiert. Zum anderen gibt es bislang keine wissenschaftlichen Befunde, die

Aufschluss darüber geben, welche Methoden unter welchen Bedingungen besonders wirkungsvoll sind. Zu den Methoden, denen eine positive Wirkung unterstellt
werden kann, gehören die Folgenden:

- *Testdiagnostik*, um das Selbstbild des Klienten, seine Stärken und Schwächen
  reflektieren zu können.
- *Rollenspiele*, in denen der Klient gemeinsam mit dem Coach Situationen aus dem
  Berufsalltag simuliert und neue Verhaltensstrategien ausprobiert.
- *Konfrontation* des Klienten mit der Wahrnehmung seines Verhaltens durch den Coach.
- *Zielsetzung*
- *Hausaufgaben*, also beispielsweise Absprachen zwischen Coach und Klient, wel-
  che Verhaltensstrategien der Klient in den nächsten Wochen ausprobieren soll.
- *Hinterfragen* von grundlegenden Überzeugungen oder subjektiven Sichtweisen
  des Klienten auf seine Umwelt.

Die Forschung zum Coaching zeigt unter dem Strich positive Effekte (Theeboom et
al., 2013). Coaching kann sich demnach positiv auswirken, auf die Selbststeuerung
der Klienten, ihr Wohlbefinden sowie die Stressbewältigung. Insgesamt fällt die Anzahl der Studien jedoch erstaunlich gering aus, wenn wir sie an der Popularität des
Ansatzes messen. Eine interessante Studie von Schermuly et al. (2014) zeigt zudem,
dass Coaching auch einige potentielle Gefahren in sich birgt. So berichten Coaches
beispielsweise davon, dass im Coaching mitunter tiefgreifende Probleme des Klienten zutage treten, deren Behandlung besser in den Händen eines Psychotherapeuten läge. Wir können nicht sicher sein, ob alle Coaches dies erkennen und dann den
Klienten auch in entsprechend professionalisierte Hände weitergeben. Bisweilen
führt Coaching auch zu einer Verschlechterung des Verhältnisses zwischen dem
Klienten und seinem Vorgesetzten. Dies ist zumindest nicht im Interesse des Arbeitgebers, der das Coaching in der Regel finanziert. Auch Fälle sinkender Arbeitszufriedenheit kommen vor. Vielleicht verdeutlicht das Coaching dem Klienten erst, wie
schlecht seine Arbeitsbedingungen tatsächlich sind.

Die größte Herausforderung bei der Anwendung des Coachings besteht darin, einen
seriösen Coach zu finden, der tatsächlich wirksame Methoden zum Einsatz bringt.
Leider ist der Berufsstand des Coachings gesetzlich nicht geschützt. Jeder kann sich
Coach nennen, von ausgebildeten Psychotherapeuten bis zum esoterischen Heil-
praktiker, vom einschlägig ausgebildeten Berater bis zum zwielichtigen Erfolgsguru.
Tausende von Coaches bieten heute ihre Dienste an und berufen sich auf eine angebliche Qualifikation, die sie in einer von mehr als 300 unterschiedlichen Coachingaus-

bildungen erworben haben wollen. Hier die Spreu vom Weizen zu trennen, ist nicht gerade leicht.

9.5   Fragwürdige Methoden

Fragwürdige Methoden sind solche, bei denen von vornherein mit hoher Wahrscheinlichkeit kein Nutzen zu erwarten ist. Entweder handelt es sich um Methoden, deren angebliche Wirkung bereits widerlegt wurde oder um solche bei denen z. B. vor dem Hintergrund bestehender Erkenntnisse aus der Psychologie eine Wirkung sehr unwahrscheinlich ist. Das dennoch solche Methoden zum Einsatz kommen, ist zum einen dem Marketing der Anbieter, zum anderen der Unkenntnis und Leichtgläubigkeit der Anwender zuzuschreiben. In Tabelle 9-2 werden typische Verkaufsargumente vorgestellt und kritisch hinterfragt.

Marketingargument	Gegenargument
lange Tradition der Methode	Leider existieren fragwürdige Ansätze mitunter seit Jahrzehnten (z. B. NLP) oder Jahrhunderten (z. B. Graphologie, Astrologie). Es ist leider nicht so, dass sich Qualität von allein durchsetzt und nur die wirksamen Methoden dauerhaft bestehen bleiben.
Tausende zufriedener Kunden	Zum einen lässt sich nicht nachprüfen, wie viele Kunden tatsächlich zufrieden sind, zum anderen können Menschen mit einer Methode auch dann zufrieden sein, wenn sie keinerlei Wirkung zeigt (s. u.). Sie schließen dann beispielsweise von den Versprechungen oder der guten Stimmung auf die Wirkung.
geschulte Trainer/Coaches	Auch fragwürdige Methoden versorgen ihre Trainer/Coaches mit Ausbildungen. Dass jemand eine Ausbildung absolviert hat, sagt nichts über die Qualität der Ausbildung.
TÜV-zertifizierte Ausbildung	Auch ein TÜV-Zertifikat macht keine Aussage über die Qualität einer Ausbildung. Das Zertifikat bescheinigt lediglich, dass die Ausbildung nach einem bestimmten Curriculum abläuft. Daher würde man im Prinzip sicherlich auch für eine Ausbildung zum Schädeldeuter oder Wünschelrutenläufer ein TÜV-Zertifikat bekommen können.
erfahrene Trainer/Coaches	Erfahrung ist nicht automatisch mit einem Expertiseaufbau verbunden (vgl. Kapitel 3). Jemand kann jahrzehntelang eine wirkungslose Methode praktizieren. Am Ende ist er zwar ein »Experte« aber leider nur für eine wirkungslose Methode.

Tabelle 9-2: Marketingargumente und ihr Aussagegehalt

Im Folgenden wollen wir uns vier fragwürdige Ansätze ein wenig näher anschauen. Eine differenziertere Auseinandersetzung findet sich bei Kanning (2013, 2019a).

Outdoortrainings erfreuen sich etwa seit den 90er-Jahren einer großen Beliebtheit. Die Idee stammt ursprünglich aus der Reformpädagogik der 20er-Jahre des letzten Jahrhunderts. Die Idee war – verkürzt ausgedrückt – dass junge Menschen durch positive Erlebnisse in der Natur in ihrer Persönlichkeit reifen und dadurch davor bewahrt werden (wieder) auf die schiefe Bahn zu geraten. In der wirtschaftsbezogenen Variante geht es nicht mehr um delinquentes Verhalten, sondern – wenn man den Versprechungen der Anbieter Glauben schenkt – um alles, was irgendwie im beruflichen Leben relevant sein könnte: Kreativität, Führung, Konfliktverhalten, Sozialkompetenz, Selbstmanagement, Lernfähigkeit, Kooperation, Projektmanagement, Produktivität und vieles mehr. Hier könnte man eigentlich gleich schon skeptisch werden. Eine Methode, die beinahe alle Probleme löst, kann es eigentlich nicht geben, wenn wir bedenken, wie vielfältig die Probleme sind.

Folgen wir dem Grundgedanken des Outdoortrainings, so ist es wichtig, dass die Teilnehmer im Rahmen des Trainings völlig neue Erfahrungen (in der Natur) sammeln, die sie in ihrem Fühlen und Denken so nachhaltig verändern sollten, dass sie sich später im Berufsleben vorteilhafter verhalten. Die Erlebnisse sollen die Teilnehmer also nachhaltig prägen. Eine große Diskrepanz zwischen der Arbeitswelt und der Trainingssituation wird hier nicht als Problem für den Transfer begriffen (s. o.) sondern vielmehr als Vorteil erlebt. Naturromantiker wie der Reformpädagoge Kurt Hahn glaubten, dass die Teilnehmer durch das Erlebnis einer erhabenen Natur zu einem irgendwie »besseren« Menschen reifen (»The Mountains speak for themselves.«). Weniger romantische Vertreter glauben daran, dass intensive Emotionen gepaart mit einer Reflexion des eigenen Verhaltens eine entsprechende Wirkung entfalten.

Die Ausgestaltung eines Outdoortrainings ist sehr unterschiedlich. Sie reicht von mehrtägigen Expeditionen in einen Wald oder eine Wüste über einen Besuch im Klettergarten, bis hin zu spielerischen Gruppenübungen, die bei schlechtem Wetter auch in einem Seminarraum stattfinden können. Ein Beispiel für Letzteres wäre der sog. »Vertrauensfall«: Ein Teilnehmer steigt auf einen Tisch und lässt sich rücklings in die Arme der anderen Seminarteilnehmer fallen. Dabei soll er lernen anderen zu vertrauen. Die Übung und das Verhalten der Teilnehmer wird dabei assoziativ mit beruflichen Situationen verknüpft. Soweit in aller Kürze das Grundkonzept. Wo liegen nun die Probleme?

- Die Übungen sind so weit von realen Situationen des Berufsalltags entfernt, dass ein Transfer der Inhalte selbst dann äußerst gering ausfallen dürfte, wenn die Teilnehmer hier etwas lernen könnten, das für den Berufsalltag relevant wäre.
- Die Verknüpfungen zum Berufsalltag sind rein assoziativ und erfassen daher nicht die konkrete Problematik der Alltagssituation. Einem Kollegen im Berufsalltag zu vertrauen, wenn es um die Vorbereitung einer Präsentation vor der Geschäftsführung geht, ist psychologisch etwas völlig anderes, als darauf zu vertrauen, dass sechs Seminarteilnehmer mein Gewicht halten können, wenn ich mich ihnen in die Arme fallen lasse.
- Viele Übungen sind sehr körperbetont und bringen damit unsportliche Mitarbeiter in peinliche Situationen.
- Bei vielen Übungen fassen sich die Teilnehmer gegenseitig an, etwa wenn sie ein anderes Mitglied gemeinsam tragen müssen. Dies kann durchaus von manchen Kollegen als Übergriff erlebt werden.
- An die Stelle einer differenzierten Diagnostik tritt eine Küchenpsychologie. Woher weiß der Trainer überhaupt, dass die Teilnehmer ein Problem mit dem Vertrauen haben? Ist es im Berufsleben tatsächlich gut, allen Kollegen zu vertrauen? Sollte man nicht viel besser lernen, wem man vertrauen kann und wem nicht?
- Es gibt keine belastbaren Studien, die zeigen, dass im beruflichen Leben ein Transfer der Lerninhalte aus dem Outdoortraining stattfindet (Kanning, 2013).
- Der Spaß, den eine solche Aktion vielen Teilnehmern bereitet, überdeckt den mangelnden Transfer. Die Verantwortlichen geben somit Geld für eine letztlich wirkungslose Methode aus und verpassen damit die Chance, die betrieblichen Probleme tatsächlich anzupacken. Auch wenn das Outdoortraining dabei keinen direkten Schaden verursacht, entsteht ein indirekter Schaden.

Wenn überhaupt, so mag das Outdoortraining wirkungsvoll sein, wenn es darum geht, die Mitarbeiter in einer neu zusammengestellten Arbeitsgruppe im Sinne des Teambuildings, miteinander bekannt zu machen. Auch dies ist aber nicht empirisch belegt.

Maßnahmen mit Tieren. Für Menschen, die keinerlei Kenntnis von der Personalbranche haben, mag es nicht nur auf den ersten Blick befremdlich wirken, wenn in Trainings oder Coachings Tiere als Co-Trainer eingesetzt werden. Für Kenner der Szene ist dies nur eine von unzähligen Spielarten angewandter Küchenpsychologie, für die Unternehmen allzu leichtfertig Geld ausgeben. Besonders bekannt geworden ist in den letzten Jahren der Einsatz von Pferden in Führungskräftetrainings. Angeboten werden aber auch Maßnahmen mit Schafen, Hunden, Greifvögeln, ja sogar Ameisen. Der Phantasie sind hier offenbar keine Grenzen gesetzt.

Die Hypothesen, die dem Ganzen zugrunde liegen, sind im Prinzip immer ganz ähnlich. Zum einen soll das Tier dem Teilnehmer ein unverfälschtes Feedback über seine Persönlichkeit oder sein Verhalten im Umgang mit Menschen (Kollegen, Mitarbeitern, Kunden etc.) geben, zum anderen spiegelt das Tier in seinem Verhalten angeblich das Verhalten und Erleben der realen Menschen. Wem es gelingt, am Ende eines Trainingstages eine Herde von Schafen erfolgreich über eine Weide zu dirigieren, der sollte später auch im Berufsalltag die Verkäuferinnen der eigenen Warenhauskette im Griff haben. Wer Pferde führen kann, der soll anschließend auch Menschen führen können. Wer nur ein klein wenig kritisch nachdenkt, stößt sogleich auf zahlreiche Probleme:

- Der Trainingsteilnehmer verhält sich gegenüber einem Pferd oder einem Schaf anders, als gegenüber den eigenen Mitarbeitern. Sein Verhalten im Training kann daher auch keinen Aufschluss über sein Sozialverhalten und etwaige Probleme im Verhalten liefern.
- Das Tier erlebt den Menschen anders, als die eigenen Mitarbeiter, Kollegen etc. Mitarbeiter verstehen z. B. die sprachlichen Äußerungen der Führungskraft, wissen um deren Vorlieben, berücksichtigen ihre Rolle im Unternehmen. Das Erleben des Tieres spiegelt daher nicht das Erleben der realen Interaktionspartner des Teilnehmers.
- Das Tier hat extrem eingeschränkte Möglichkeiten des Feedbacks. Selbst wenn das Tier den Teilnehmer so erleben würde, wie z. B. dessen Mitarbeiter, könnte das Tier dies nicht sprachlich differenziert äußern. Auch die Körpersprache des Tieres ist eine andere.
- Das »Feedback« des Tiers wird immer durch den Trainer interpretiert. Dabei wird es zu Verzerrungen und Überinterpretationen kommen.
- Selbst wenn es den Teilnehmer am Ende der Maßnahme gelingt, ein Pferd erfolgreich durch einen Parcours zu führen, hat dies selbstverständlich überhaupt nichts mit Führung im Berufsalltag zu tun. Menschen und Tiere verhalten sich anders. Man könnte nicht einmal vom erfolgreichen Führungsverhalten innerhalb einer Familie auf den Erfolg des Führungsverhaltens am Arbeitsplatz schließen.

Hier wird zwar jedes Mal dasselbe Wort verwendet (»Führung«) die Bedeutung ist aber jedes Mal recht unterschiedlich. Man käme ja auch nicht auf die Idee zu glauben, dass jeder der einen Führerschein besitzt, daher auch gut Menschen führen könne.

• Die Effekte von tiergestützten Maßnahmen auf das Verhalten im Arbeitsalltag sind selbstverständlich nicht belegt.

Videotutorial: Kann man von Pferden Führung lernen?
• https://www.youtube.com/watch?v=vIK6dfHiOpA

Zu den besonders weit verbreiteten, fragwürdigen Methoden gehören die verschiedenen Spielarten des *Neurolinguistischen Programmierens*. In Deutschland gibt es mehrere Tausend Menschen, die NLP-Ausbildungen absolviert haben und nicht selten wird bei der Besetzung von Stellen im Personalwesen eine NLP-Ausbildung als Qualifikation missverstanden. NLP ist Anfang der 70er-Jahre zunächst als Therapieform entwickelt worden, die sich allerdings bis heute im Bereich der Psychotherapie nicht etablieren konnte. Das meiste Geld dürften NLP-Vertreter daher heute sicherlich im Bereich des Personalwesens verdienen. Was nicht zuletzt auch damit zu tun hat, dass man in dieser Branche gemeinhin nicht nach wissenschaftlichen Belegen fragt. Der Raum, der uns hier zur Verfügung steht, reicht bei Weitem nicht um NLP mit seinen vielen Methoden und Problemen darzustellen. Hier sei auf die einschlägige Literatur verwiesen (Kanning, 2019b; Witkowski, 2012). Im Gegensatz zu anderen fragwürdigen Methoden wird von NLP-Vertretern immer wieder gern betont, dass es viel Forschung zu NLP gäbe. Das ist nicht ganz falsch. Was leider nicht erwähnt wird, ist die Tatsache, dass die Studien meist zu einem negativen Ergebnis gelangen und das derartige Befunde seit Jahrzehnten hartnäckig geleugnet werden. NLP-Methoden werden zum einen in der Diagnostik vertrieben, zum anderen im Bereich von Training und Coaching. Darüber hinaus gibt es eine enge Verzahnung mit den Methoden von Motivations- oder Erfolgsgurus (Kanning, 2007), denen es letztlich um Selbstoptimierung geht. Hier einige der markantesten Probleme:

• NLP geht davon aus, dass Menschen, die beim Nachdenken nach oben schauen, bildhafte Informationen aus ihrem Gedächtnis abrufen, während Menschen, die nach unten schauen sich gedanklich mit Gefühlen beschäftigen. Die Forschung zeigt, dass die Blickrichtung eines Menschen in keinem systematischen Zusammenhang zu den Inhalten steht, an die ein Mensch gerade denkt.

• Die bevorzugte Blickrichtung soll zudem etwas darüber verraten, welche Persönlichkeit ein Mensch hat. Die Forschung bestätigt dies nicht.

- NLP geht davon aus, dass Menschen, die z. B. beim Einstellungsinterview aus der Perspektive des Interviewers betrachtet nach links schauen die Unwahrheit sagen. Aus der Blickrichtung lässt sich jedoch nachweislich nicht erkennen, ob ein Mensch gerade lügt oder die Wahrheit sagt.
- Die Methode des Modelings suggeriert, man können durch das Imitieren des verbalen und nonverbalen Verhaltens eines anderen Menschen dessen Eigenschaften oder dessen Erfolg auf die eigene Person übertragen. Aus Sicht der Forschung ist diese These geradezu absurd.
- Die Spiegelung der Körpersprache eines Menschen, soll nach den Überzeugungen des NLP dazu beitragen, dass wir den Menschen, dessen Körpersprache wir in einem Gespräch imitieren auch leichter beeinflussen können. Belegt ist lediglich, dass Menschen sich geringfügig wohler fühlen, wenn ihr Gesprächspartner eine ähnliche Körpersprache zeigt, wie man selbst.

NLP ist letztlich nicht viel mehr als eine bunte Ansammlung vermeintlich erfolgreicher Psychotricks, mit denen man den Kunden vorgaukelt, sie könnten beinahe alle Probleme mit ein paar »sofort umsetzbaren Tricks« lösen. Hiermit bedient man offensichtlich ein weitverbreitetes Bedürfnis nach einfachen Lösungen für komplexe Probleme.

Videotutorial: Ein Blick sagt mehr ... als tausend Worte! Oder nicht?
- https://www.youtube.com/watch?v=m2xFxIVRzVI

Videotutorial: Erkennt man Lügner an der Blickrichtung?
- https://www.youtube.com/watch?v=W0odBUa3oN4

Videotutorial: Funktioniert NLP-Modeling?
- https://www.youtube.com/watch?v=CiKEadvl1TE

Videotutorial: Funktioniert NLP-Ankern?
- https://www.youtube.com/watch?v=E049EyyNOyM

Zu den besonders skurrilen Methoden der Personalentwicklung gehört die *Organisationsaufstellung nach Hellinger*. Auch hier haben wir es mit einer Methode zu tun, die ursprünglich als eine Art Psychotherapie entwickelt wurde und erst später bei der Suche nach lukrativeren Absatzmärkten in das Personalwesen hineindiffundiert ist (Kanning, 2013). Grundgedanke bei Hellinger ist der Glaube an eine übersinnliche

Ordnung. Wer gegen die Ordnung verstößt, muss mit negativen Konsequenzen rechnen. Im privaten Leben bedeutet dies vielleicht den Krebstod eines Angehörigen, im Wirtschaftsleben einen herben Umsatzeinbruch. Die Ordnungsprinzipien sind gleichsam einfach wie archaisch: Zum einen gilt, dass Frauen den Männern untertan sind, zum anderen haben Kinder ihren Eltern blind zu gehorchen und Achtung entgegenzubringen. Männer müssen im Gegenzug in patriarchalischer Güte für das Wohl von Weib und Brut sorgen.

Die Organisationsaufstellung nach Hellinger läuft in Form eines Gruppentrainings ab, bei dem mehrere Menschen aus unterschiedlichen Unternehmen zusammenkommen. Es beginnt damit, dass ein Teilnehmer von einem konkreten Problem in seinem Unternehmen berichtet – möglicherweise verweigern ihm die Banken einen notwendigen Kredit. Der Teilnehmer wird im nächsten Schritt gebeten, aus der Gruppe einzelne Menschen zu benennen, die stellvertretend für Akteure seines Problems in der Aufstellung mitwirken. So steht Person A vielleicht für die Bank, Person B für den verstorbenen Firmengründer, Person C für den Betriebsratsvorsitzenden, Person D für den Protagonisten, der sein Problem gerade thematisiert. Die einzelnen Personen werden der Reihe nach, ohne viel nachzudenken, von unserem Protagonisten auf einer imaginären Bühne positioniert. Anschließend wird die so entstandene Aufstellung mit Hilfe des Trainers analysiert. Der hintere Teil der Bühne soll dabei symbolisch für die Vergangenheit und der vordere Teil für die Zukunft stehen. Die linke Seite repräsentiert hierarchisch hohe Positionen, während die rechte Seite für niedrige Positionen steht. Nimmt man diese willkürliche Einteilung als gegeben an, so können nur Widersprüche aufgedeckt werden. Warum steht der verstorbene Firmengründer vor dem Betriebsrat? Es müsste umgekehrt sein. Warum steht der Betriebsrat links neben der Bank. Sie müssten eigentlich ihre Plätze tauschen, damit die Ordnung wiederhergestellt wird. Neben dieser Interpretation befragt der Trainer die einzelnen Stellvertreter nach ihrem Empfinden. Fühlt sich der Stellvertreter des wichtigsten Firmenkunden nicht wohl, so deutet dies auf Verstöße innerhalb der Ordnung hin, die es aufzulösen gilt.

Hierbei ist wichtig, zu verstehen, welche Bedeutung den Stellvertretern zukommt. Der reinen Ideologie zufolge spielen die Stellvertreter nicht einfach eine Rolle und äußern ihre subjektive Meinung, sie werden vielmehr zu einer Art Klon – oder im Falle von Verstorbenen zu einer Art Reinkarnation – der realen Menschen. Ihre Gefühle und Aussagen spiegeln daher das Erleben der realen (verstorbenen) Menschen wider. Für diesen wundersamen Zustand sorgt eine metaphysische Instanz, das sog. »wissende Feld«. Im weiteren Verlauf der Aufstellung geht es jetzt darum, die Ordnung wiederherzustellen. Dies geschieht im Wesentlichen durch eine Umgruppierung der Stellvertreter auf der Bühne und durch Rituale wie etwa ein Niederknien des Protagonisten vor dem verstorbenen Firmengründer, wenn er ihm durch sein Handeln im Berufsalltag keine hinreichende Ehre entgegengebracht haben sollte. Am Ende soll die richtige Gruppierung der Stellvertreter dafür sorgen, dass sich die realen Probleme des Unternehmens in Luft auflösen. Auch dies ist eine Leistung des »wissenden Feldes«, dass wie durch ein Wunder dafür sorgt, dass alle realen Menschen – die nichts von der Aufstellung wissen – in ihrem Erleben und Verhalten verändert werden. Wie durch ein Wunder schätzt die Bank mit einem Mal die Kreditwürdigkeit des Unternehmens neu ein und vergibt den Kredit, auf den das Unternehmen bislang vergebens gewartet hat.

Man kann sich ernsthaft fragen, ob Menschen die so etwas glauben, in einflussreiche Positionen im Unternehmen gehören und ob man nicht durch ihre Entlassung so manches Problem besser lösen könnte. Selbstverständlich gibt es keine Belege für die Wirkung der Organisationsaufstellung nach Hellinger.

Videotutorial: Organisationsaufstellung
* https://www.youtube.com/watch?v=1jLLU3dpUac

In diesem Sinne gibt es noch viele weitere skurrile Methoden – Schamanencoaching, Astrologie, Führungskräftetrainings mit Ordensleuten etc. – die sich letztlich nur deshalb vermarkten lassen, weil Entscheidungsträger in den Unternehmen nicht kritisch genug eingestellt sind.

9.6 Evaluation

Mit Hilfe der Evaluation soll die Wirksamkeit einer Personalentwicklungsmaßnahme ermittelt werden. Dies wiederum kann die Basis für wichtige Entscheidungen liefern. Welche Maßnahmen sollten unverändert weiterlaufen, welche müssen verändert werden? Gibt es Maßnahmen, die ohne jede Wirkung geblieben sind? Die Ergebnisse der Evaluation entscheiden über zukünftige Investitionen im Bereich der Personalentwicklung. All dies macht deutlich, wie wichtig eine aussagekräftige Evaluation ist.

Leider sind aussagekräftige Evaluationen nicht die Regel. Durchaus weit verbreitet sind kurze Fragebögen, die unmittelbar nach einem Training an die Teilnehmer verteilt werden. Darin sollen sie angeben, wie qualifiziert der Trainer war, ob es eine gute Stimmung unter den Teilnehmern gab, ob man etwas Wichtiges lernen konnte oder wie zufrieden man insgesamt mit der Maßnahme ist. Die meisten Unternehmen begnügen sich mit derartigen Fragen und gehen davon aus, dass eine Maßnahme, die hierbei positiv abschneidet, automatisch auch eine nützliche Maßnahme gewesen sein muss. Leider ist dies ein Trugschluss.

Die Metaanalyse von Alliger et al., (1997), zeigt, dass das subjektive Erleben der Teilnehmer in keinem Zusammenhang zum praktischen Nutzen derselben Maßnahme steht. Menschen können hoch zufrieden mit einem Training sein und dennoch nichts gelernt haben. Sie können die Maßnahmen sogar weiterempfehlen, ohne dass sie selbst ihr Verhalten im Berufsalltag später daran ausrichten. Das subjektive Erleben sagt somit leider nichts über die Wirksamkeit im Berufsalltag.

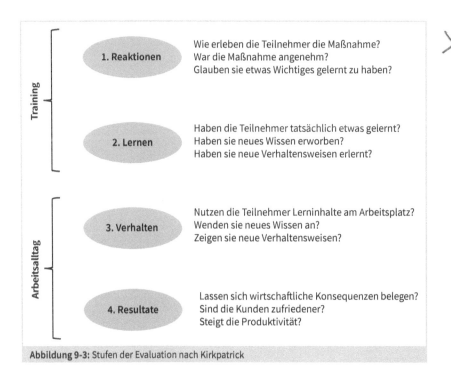

Abbildung 9-3: Stufen der Evaluation nach Kirkpatrick

Dies hat schon früh *Kirkpatrick* (1959) erkannt und in seinem klassischen Evaluationsmodell abgebildet. Eine Evaluation kann demnach auf vier Ebenen oder Stufen stattfinden, wobei der Anspruch von Stufe zu Stufe ansteigt (vgl. Abbildung 9-3).

Die oben beschriebe Befragung der Teilnehmer, nach ihrem subjektiven Erleben entspricht der einfachsten Form der Evaluation. Es ist gut, wenn die Teilnehmer die Maßnahme positiv erleben, dies allein reicht aber noch nicht aus, um die Investition des Unternehmens zu rechtfertigen.

Auf der zweiten Stufe geht es daher um die Überprüfung des realen Lerngewinns zum Ende der Maßnahme. Überprüft wird dies beispielsweise durch einen Test zur Messung der Fachkompetenz oder durch Rollenspiele zur Überprüfung der erworbenen Skills. Doch selbst wenn sich auch hier positive Effekte zeigen, ist dies nicht mit einer Wirkung im Berufsalltag gleichzusetzen. Die große Hürde, die vor den Teilnehmern liegt, ist der Transfer der Lerninhalte aus der Maßnahme heraus, in den Berufsalltag hinein.

Dies wird zunächst in Stufe 3 der Evaluation überprüft. Hier geht um die Frage, ob die Inhalte des Trainings oder des Coachings im Berufsalltag eingesetzt werden. Hierzu könnte man die Teilnehmer selbst befragen, würde aber auch die Perspektive von Vorgesetzten oder Mitarbeitern einholen.

Die anspruchsvollste Form der Evaluation findet auf Stufe 4 statt. Untersucht werden die möglichen Konsequenzen die aus der Umsetzung der Inhalte einer Maßnahme erwachsen. Interessant wäre beispielsweise, ob sich die Zufriedenheit der Kunden verbessert oder die Produktivität der Mitarbeiter ansteigt, sofern es sich um eine Maßnahme handelt, die auf den Umgang mit Kunden oder die Produktivität der Mitarbeiter abzielt.

Dass jedes Jahr Milliarden Euro für wirkungslose Personalentwicklungsmaßnahmen ausgegeben werden, hat in starkem Maße damit zu tun, dass die Entscheidungsträger in den Unternehmen zu geringe Ansprüche an das Niveau der Evaluation stellen. Hier ließe sich mit überschaubarem Aufwand viel erreichen.

9.7 Empfehlungen

1. Überprüfen Sie kritisch die Qualifikation von Trainern und Coaches. Jemand, der hauptberuflich Kindern das Reiten beibringt, Klettertouren organisiert oder als Pater in einem Kloster arbeitet, dürfte wohl kaum als Führungsexperte taugen. Ausbildungen in Schamanismus, Astrologie oder Feng Shui sind weltanschaulich legitim, haben in der Personalarbeit aber nichts zu suchen.

2. Führen Sie eine Bedarfsanalyse durch, um die Maßnahmen möglichst gut, auf die individuellen Bedürfnisse der Teilnehmer zuschneiden zu können.

3. Informieren Sie die Teilnehmer vor der Maßnahme über Ziele und machen Sie deutlich, warum die Erreichung der Ziele für Arbeitgeber und Arbeitnehmer wichtig ist.

4. Denken Sie darüber nach, ob sich klassische mehrtägige Trainings nicht auf mehrere Termine verteilen lassen, damit zwischen den Sitzungen Phasen des Praxistransfers eingebaut werden können.

5. Qualifizieren Sie Führungskräfte darin, die Trainingsteilnehmer im Arbeitsalltag bei der praktischen Umsetzung der Trainingsinhalte zu unterstützen bzw. dazu anzuhalten.

6. Denken Sie darüber nach, ob die Umsetzung der Trainingsinhalte nicht auch zu einem Gegenstand der formalen Leistungsbeurteilung werden sollte.

7. Achten Sie auf die Alltagsnähe der Personalentwicklungsmethoden.

8. Achten Sie darauf, dass innerhalb der Maßnahmen ausreichend Zeit für das Einüben neuer Lerninhalte bleibt.

9. Setzen Sie Techniken des Selbstmanagements ein, damit die Teilnehmer sich selbst aktiv für einen Praxistransfer der Lerninhalte engagieren.

10. Orientieren Sie sich bei der Durchführung von Trainingsmaßnahmen, die auf eine Verhaltensveränderung abzielen, an den Prinzipien des Behavioral Modelings.

11. Nutzen Sie Mentoring, um Mitarbeiter über einen längeren Zeitraum in neue Funktionen einzuführen und ihnen bei der Sozialisation zu helfen.

12. Vergewissern Sie sich beim Einsatz von Coaching, dass der Berater einen qualifizierten Hochschulabschluss und eine seriöse Zusatzausbildung absolviert hat. Hinterfragen Sie im direkten Gespräch seine Qualifikation und Methoden. Erfahrung ist kein Ersatz für Qualifikation.

13. Verzichten Sie auf den Einsatz von NLP-Methoden, Organisationsaufstellung nach Hellinger oder tiergestützte Verfahren.
14. Sofern Sie Outdoortrainings einsetzen, beschränken Sie den Einsatz auf Teambuildingmaßnahmen.
15. Führen Sie anspruchsvolle Evaluationen durch, bei denen die Wirkung einer Maßnahme auch im Berufsalltag untersucht wird.

9.8   Literatur zur Vertiefung

Kanning, U. P. (2013). Wenn Manager auf Bäume klettern: Mythen der Personalentwicklung und Weiterbildung. Lengerich: Pabst.

Schuler, H. & Kanning, U. P. (2014). Lehrbuch der Personalpsychologie. Göttingen: Hogrefe.

10 Mitarbeiterbefragung

Mitarbeiterbefragungen sind ein besonders wichtiges Instrument der Personalarbeit, das viele Unternehmen nur sehr selten einsetzen und deren Potenziale oft auch nicht richtig genutzt werden. Mitarbeiterbefragungen helfen dabei, Schwachstellen im Unternehmen als solche zu identifizierten und dienen darüber hinaus der Evaluation von Interventionsmaßnahmen. Im Prozess des Chance-Management helfen sie zudem, die Mitarbeiter eng in die Entwicklungsprozesse einzubinden, sodass Ängste reduziert werden und wichtige Ideen von der Basis des Unternehmens in das Entwicklungsgeschehen einfließen können.

10.1 Mythen und Missstände

Mythen und Missstände im Bereich von Mitarbeiterbefragungen rühren oft daher, dass die Entscheidungsträger selbst entweder keine empirische Wissenschaft studiert haben oder aus einem solchen Studium kein Know-how in die Praxis hinüberretten konnten. Hier die wichtigsten Probleme:

- Es werden keine Mitarbeiterbefragungen durchgeführt.
- Die Mitarbeiterbefragungen fallen extrem kurz aus, weil man glaubt, den Mitarbeitern nicht mehr als 10 oder 20 Fragen zumuten zu können.
- Die Verantwortlichen glauben, dass Mitarbeiterbefragungen nur dann aussagekräftig sind, wenn sich die Belegschaft mehrheitlich an der Befragung beteiligt.
- Bei der Interpretation der Daten werden kleinste Unterschiede – z. B. in der zweiten Stelle hinter dem Komma – inhaltlich interpretiert.
- Man beschränkt sich darauf, Mittelwerte oder Häufigkeiten zu interpretieren. Anspruchsvollere Analysen bleiben aus.
- Unliebsame Ergebnisse werden zerredet oder unter den Teppich gekehrt.
- Die Mitarbeiter werden nicht über die Ergebnisse der Befragung informiert.
- Die Mitarbeiter können nicht erkennen, dass aus den Ergebnissen irgendwelche Konsequenzen erwachsen.

10.2   Prozess der Mitarbeiterbefragung

Der Prozess einer Mitarbeiterbefragung vollzieht sich in acht Schritten.

Zu Beginn stellt sich die Frage nach dem *Ziel* der Befragungen, aus deren Beantwortung sich die Inhalte des Fragebogens ableiten. Dient die Befragung beispielsweise der Erfassung der Arbeitszufriedenheit oder geht es darum Vorschläge für eine groß angelegte Organisationsumstrukturierung zu generieren?

Liegt das Ziel fest, wird in einem zweiten Schritt ein *Projektteam* gebildet, das für die Entwicklung des Fragebogens, die Durchführung der Studie, und alle folgenden Schritte bis hin zur Forcierung von Konsequenzen, die aus den Ergebnissen erwachsen, verantwortlich ist. Das Projektteam setzt sich aus verschiedenen Interessengruppen zusammen, damit sich jede Gruppe mit ihren spezifischen Interessen einbringen kann und die Mitarbeiterbefragung in der Belegschaft eine hohe Akzeptanz findet. Geleitet wird das Team sinnvollerweise von Experten auf dem Gebiet der empirischen Sozialforschung. Da diese in vielen Unternehmen nicht vorhanden sind, läuft das Ganze auf eine externe Begleitung hinaus.

Bei der *Entwicklung des Fragebogens* ist vor allem auf eine einfache Formulierung der Fragen zu achten. Die Fragen sollten zudem leicht durch einfaches Ankreuzen zu beantworten sein. Dabei sollte die Skalierung der Antworten möglichst wenig variieren – also z. B. immer eine fünfstufige Zustimmungsskala verwenden – damit die Mitarbeiter möglichst wenig verwirrt werden. Offene Fragen, bei denen die Mitarbeiter selbst einen Text eingeben müssen, sind weitgehend zu vermeiden, weil sie oft nicht ausgefüllt werden. Sind die Fragen leicht zu beantworten, sind 50 und mehr Fragen kein Problem.

Besonderes Augenmerk ist auf die Anonymität der Befragung zu richten. Fragen zu Alter, Geschlecht, Abteilung etc. müssen so gestaltet sein, dass die Mitarbeiter die Zusicherung der Anonymität auch glauben. Dies gelingt zum einen dadurch, dass entsprechende Frage auch übersprungen werden können, zum anderen werden die Daten nur grob erfasst. Statt das Alter in Jahren abzufragen, fragt man nach Altersgruppe (31–40 Jahre, 41–50 Jahr u. ä.). Zudem kann es sinnvoll sein, explizit darauf hinzuweisen, dass die Rohdaten nicht an die Verantwortlichen des Unternehmens ausgehändigt werden, sondern bei einer Beratungsfirma verbleiben, welche die Daten nach einem festgelegten Zeitpunkt löscht.

Für die *Durchführung* der Datenerhebung muss in der Belegschaft geworben werden, damit sich viele Mitarbeiter an der Befragung beteiligen. Hierzu sollte sowohl der Betriebsrat als auch die Geschäftsführungen einen Appell an die Belegschaft richten. Wenn möglich wird sogar in einer Mitarbeiterversammlung zuvor über den Sinn der Aktion informiert. In aller Regel werden die Befragungen heute computergestützt durchgeführt, prinzipiell spricht aber auch nichts gegen eine papiergestützte Befragung (ggf. von Teilgruppen der Mitarbeiterschaft, wenn diese keinen Zugang zu Rechnern haben). Selbstverständlich darf der Fragebogen während der Arbeitszeit bearbeitet werden.

Der Erhebungszeitraum sollte nicht länger als maximal 14 Tage sein, weil ansonsten viele Mitarbeiter die Befragung vor sich herschieben und am Ende nicht teilnehmen. Sinnvoll wäre z. B. ein Zeitraum von 10 Tagen. Nach dieser Frist wird dann der Zeitraum »ausnahmsweise« noch einmal um vier Tage verlängert und nach insgesamt 15 Tagen wird die Befragung abgeschlossen. Durch das Nachhaken nach Ablauf der ursprünglich vorgegebenen Frist werden in der Regel noch einmal viele Menschen zur Teilnahme motiviert, die das Ausfüllen bislang schlicht vergessen haben.

Die Phase der *Auswertung* wird in Abschnitt 10.3 gesondert dargestellt.

Nachdem die Ergebnisse zunächst in der Projektgruppe angeschaut und diskutiert wurden, folgen mehreren *Ergebnispräsentationen* für bestimmte Zielgruppen, z. B. zunächst für die Geschäftsführung, anschließend für den Kreis der Führungskräfte und zum Schluss in einer Mitarbeiterversammlung für die gesamte Belegschaft. Da professionelle Mitarbeiterbefragungen oft sehr komplexe Datenauswertungen ermöglichen, werden die Ergebnisse zielgruppenspezifisch ausgewählt und präsentiert. Während beispielsweise die Führungskräfte sich sicherlich auch einen ganzen Vormittag mit den Ergebnissen auseinandersetzen möchten, ist für die Mitarbeiterversammlung eine Stunde Präsentation in der Regel ausreichend.

Nachdem die Ergebnisse bekannt sind, steht die Ableitung und Umsetzung von Interventionsmaßnahmen im Zentrum des Geschehens. Dies kann zum Teil durch die Projektgruppe ggf. gemeinsam mit der Geschäftsführung erfolgen. Je nachdem, wie differenziert die Befragung war, kann es aber auch sinnvoll sein, die Ergebnisse in den jeweiligen Fachabteilungen, in kleineren Projektgruppen zu diskutieren und abteilungsspezifische Interventionen abzuleiten.

Der letzte Schritt liegt in der Evaluation der Interventionsmaßnahmen. Die ursprüngliche Mitarbeiterbefragung geht nun in eine nachfolgende Befragung über. Wurden beispielsweise Maßnahmen zur Steigerung der Arbeitszufriedenheit ergriffen, wird im Zuge der Evaluation nun überprüft, ob die Arbeitszufriedenheit nach erfolgter Intervention angestiegen ist.

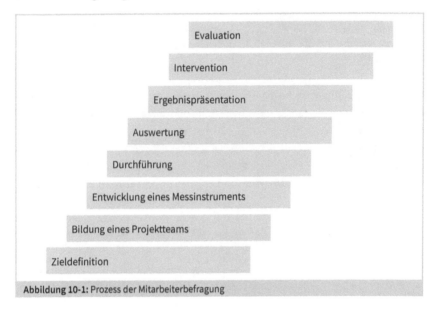

Abbildung 10-1: Prozess der Mitarbeiterbefragung

10.3   Auswertung von Mitarbeiterbefragung

Es ist absolut üblich und sinnvoll, dass man sich bei Mitarbeiterbefragungen *Deskriptivstatistiken* anschaut. Hierzu zählen vor allem Häufigkeiten und Mittelwerte: »73 % der Mitarbeiter in der Produktion sind mit ihren Arbeitsbedingungen zufrieden.« »Auf einer Skala 1 bis 5 liegt das Commitment der Mitarbeiter im Außendienst bei 3,12.«

Die Interpretation von Deskriptivstatistiken ergibt sich zum einen aus dem Wertebereich der eingesetzten Skalen, zum anderen aus dem Vergleich zwischen verschiedenen Personengruppen. Abbildung 10-2 verdeutlicht beide Prinzipien.

In Beispiel A wird der Mittelwert der Arbeitszufriedenheit in einer bestimmten Abteilung des Unternehmens dargestellt. Der Wert liegt bei 1,1 wobei die Zufriedenheitsskala einen Wertebereich von -3 (= »sehr unzufrieden«) bis +3 (= sehr zufrieden) aufweist. Die Stufe 0 bedeutet, dass die Befragten weder unzufrieden noch zufrieden sind. Ein Mittelwert von 1,1 besagt daher, dass die Mitarbeiter insgesamt im Bereich der Zufriedenheit liegen, ohne aber besonders zufrieden zu sein. Aus dem Ergebnis lässt sich nicht schließen, dass alle Mitarbeiter der Abteilung zufrieden sind. Es könnte durchaus sein, dass einige Mitarbeiter beispielsweise bei -1 oder sogar -2 liegen. Im Mittelwert geht diese Information jedoch verloren, weil offenkundig sehr viel mehr Mitarbeiter im Zufriedenheitsbereich liegen und somit die Ergebnisse der unzufriedenen Mitarbeiter kompensieren.

Beispiel B ermöglicht eine andere Einordnung der Befunde, indem es einen Vergleich zwischen zwei Abteilungen nahelegt. Würde man nur das Ergebnis der ersten Abteilung sehen, so könnte man zu einer positiven Interpretation gelangen: »Die Mitarbeiter der Abteilung sind im Mittelwert zufrieden«. Durch den Vergleich mit einer oder mehreren Abteilungen kann sich die Interpretation jedoch schnell verändern. Mit einem Mal erscheint der Zufriedenheitswert der ersten Abteilung fast schon problematisch gering, weil die Zufriedenheit in der zweiten Abteilung (oder vielleicht sogar in allen anderen Abteilungen des Unternehmens) deutlich höher ausfällt.

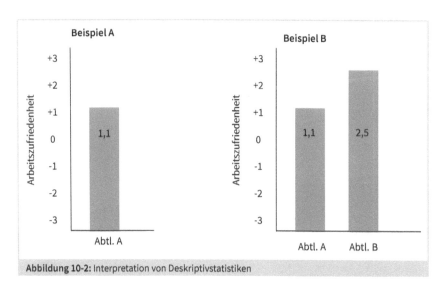

Abbildung 10-2: Interpretation von Deskriptivstatistiken

An dieser Stelle stellt sich die Frage, wie groß ein Mittelwertunterschied sein muss, um als bedeutsam eingestuft zu werden. Bei einem Unterschied in der Zufriedenheit von 1,1 zu 2,5 werden die meisten Betrachter sicherlich von einem bedeutsamen Unterschied sprechen. Wie sieht es aber aus, wenn die Unterschiede kleiner werden, wenn die Werte 1,1 vs. 1,9 oder 1,1 vs. 1,3 oder 1,1 vs. 1,19 lauten?

In der Praxis neigen viele Menschen dazu, selbst winzig kleine Unterschiede, die sich auf der zweiten Stelle hinter dem Komma zeigen, noch zu interpretieren. Dies ist nicht sinnvoll, denn kleine Unterschiede können auch zufällig zustande gekommen sein. Nehmen wir den Unterschied zwischen 1,1 und 1,19. Beide Abteilungen sind recht klein und bestehen nur aus jeweils 9 Personen. Würde man dieselbe Befragung zwei Wochen später durchführen, so kämen dabei auch leicht andere Ergebnisse heraus. Möglicherweise fehlen zwei Mitarbeiter, weil sie erkrankt sind. Ein weiterer Mitarbeiter ist bei der Beantwortung der Fragen diesmal unkonzentriert. Sein Kollege ist an den Tag übel gelaunt und kreuzt daher ein klein wenig anders an. Aus derartigen Gründen würde der Mittelwert der ersten Gruppe vielleicht bei 1,2 und der Wert der zweiten bei 1,13 liegen.

Um Fehlinterpretationen aufgrund von zufällig auftretenden Einflüssen zu vermeiden, besteht die Möglichkeit, Mittelwertunterschiede mit Hilfe eines Statistikprogramms auf *statistische Signifikanz* hin zu prüfen. Ein Unterschied zwischen zwei Mittelwerten ist statistisch signifikant, wenn der Unterschied nicht mehr durch den Zufall zu erklären ist. Unterschiede, die nicht statistisch signifikant sind, sollte man nicht interpretieren, weil sie quasi nur dem Schein nach vorliegen, de facto aber so gering sind, dass sie zufällig auftreten und sich dementsprechend auch zufällig verändern. Wer dies berücksichtigt, schützt sich vor der Überinterpretation von Befunden. Mathematisch betrachtet, verlassen wir damit den Bereich der reinen Deskriptivstatistik und bewegen uns im Bereich der sog. Inferenzstatistik.

Eine tiefergehende Analyse der Daten, als nur die Betrachtung der Mittelwerte, ist in den meisten Fällen zu empfehlen. Verdeutlichen wir uns das Phänomen wieder an einem Beispiel. In Abbildung 10-3 (obere Hälfte) finden wir die Mittelwerte verschiedener Formen der Zufriedenheit in der Gesamtbelegschaft. Wir sehen, dass die spezifischen Zufriedenheiten stark voneinander abweichen. Die Zufriedenheit mit den Kollegen ist besonders stark ausgeprägt. Sie liegt oberhalb der Stufe +2. Die geringste Ausprägung verzeichnet die Autonomie. Hier bewegen wir uns im Neutralbereich. Die Belegschaft ist im Mittelwert weder zufrieden noch unzufrieden.

Geht es nun um die Frage, wo das Unternehmen mit seiner Intervention ansetzt, würden die meisten wahrscheinlich die Autonomie ins Visier nehmen, weil hier das Defizit am größten ist. Dies ist prinzipiell auch nicht falsch. Es stellt sich allerdings die Frage, worin genau das Ziel der Intervention liegen soll. Geht es nur darum, die Arbeitszufriedenheit in allen Bereichen möglich hochzutreiben, wäre es sinnvoll, sich Gedanken zur Steigerung der Autonomie der Mitarbeiter zu machen. Das Ziel könnte aber auch darin liegen, Unzufriedenheit zu beseitigen. In diesem Fall wäre keine Intervention notwendig, da in keinem Zufriedenheitsbereich Unzufriedenheit herrscht.

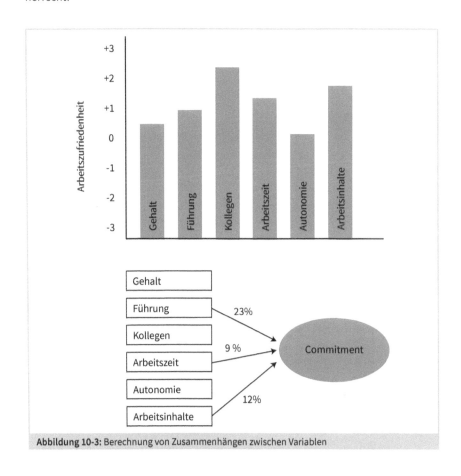

Abbildung 10-3: Berechnung von Zusammenhängen zwischen Variablen

Alternativ oder ergänzend zu diesen Sichtweisen, könnte die Arbeitszufriedenheit aber auch nur als ein Mittel zum Zweck betrachtet werden. Vielleicht geht es den Entscheidungsträgern vor allem darum, die Bindung der Mitarbeiter an das Unternehmen zu stärken, weil in Zeiten des Fachkräftemangels schwer Ersatz für Abgänge zu finden ist. In diesem Fall interessiert nicht die Ausprägung der einzelnen Facetten der Arbeitszufriedenheit, sondern vielmehr der Einfluss, den diese Facetten auf das Commitment haben. Berechnet werden nun keine Mittelwerte, sondern Zusammenhänge. Es interessiert der Einfluss, der von den Variablen A, B, C etc. auf eine weitere Variable ausgeübt wird (Regressionsanalyse).

In der unteren Hälfte von Abbildung 10-4 wird das fiktive Ergebnis einer solchen Analyse dargestellt. Die Prozentwerte geben an, zu wie viel Prozent das Commitment der Belegschaft über die einzelnen Facetten der Zufriedenheit erklärt werden kann. Je größer der Prozentwert ausfällt, desto größer ist auch der Einfluss der Zufriedenheitsfacette. Fehlt ein Prozentwert, so nimmt diese Form der Zufriedenheit auch keinen Einfluss auf das Commitment. Ganz offensichtlich spiegelt die Größe des Einflusses nicht das Ausmaß der Zufriedenheit. So ist beispielsweise die Zufriedenheit mit den Kollegen für das Commitment unerheblich, obwohl sie in diesem Bereich am höchsten ausgeprägt ist. Die wichtigste Einflussvariable ist in unserem Beispiel die Zufriedenheit mit der eigenen Führungskraft. Sie ist fast doppelt so bedeutsam wie der Einfluss, der von der Zufriedenheit mit den eigenen Arbeitsinhalten ausgeht. Es wäre daher weitaus effizienter im Bereich des Führungsverhaltens zu intervenieren, um dadurch letztlich das Commitment der Belegschaft zu steigern. An dieser Stelle wird deutlich, wie wichtig es ist, die Daten tiefergehend mathematisch zu analysieren, um letztlich auch zu besseren Entscheidungen gelangen zu können.

10.4 Empfehlungen

1. Frühen Sie Mitarbeiterbefragungen durch.
2. Binden Sie den Personal- oder Betriebsrat frühzeitig in das Projekt ein.
3. Lassen Sie sich insbesondere bei der Entwicklung des Fragebogens, bei der statistischen Auswertung der Daten sowie der Interpretation der Befunde professionell beraten.
4. Achten Sie darauf, dass nur solche Unterschiede interpretiert werden, die auch signifikant sind.

5. Steigen Sie tiefergehend in die Datenanalyse ein und berechnen Sie beispielsweise auch Zusammenhänge zwischen Variablen.

6. Informieren Sie die Mitarbeiter über die Ergebnisse und mögliche Interventionsmaßnahmen.

7. Lassen Sie unangenehme Ergebnisse nicht verschwinden, sondern nehmen Sie sie ernst.

8. Wiederholen Sie die Befragung, um Interventionsmaßnahmen zu evaluieren.

10.5   Literatur zur Vertiefung

Borg, I. (2003). Führungsinstrument Mitarbeiterbefragung. Göttingen: Verlag für Angewandte Psychologie.

11 Checklisten

Zum Abschluss geht es nun darum, die Inhalte des Buches in Form von Checklisten auf den Punkt zu bringen. Gegliedert nach den einzelnen Themenfeldern werden dabei die wichtigsten Empfehlungen noch einmal präsentiert.

Um eine Vorstellung vom Status quo der Personalarbeit zu bekommen, schätzen Sie jede Empfehlung dahingehend ein, inwieweit die Empfehlung schon heute im Unternehmen umgesetzt wird. Je häufiger Sie in einen bestimmten Bereich die Kategorie »nein« ankreuzen, desto größer sollte die Motivation sein, erste Schritte zur Optimierung der eigenen Personalarbeit zu unternehmen.

Grundlegendes	nein	zum Teil	ja
Bei der Auswahl von Führungskräften im Personalwesen wird auf Fachlichkeit (z. B. einschlägiges Studienfach) mehr Wert gelegt, als auf die Dauer der Berufserfahrung.			
Das Personalwesen versteht sich primär als Fachabteilung und nicht primär als Serviceeinrichtung für andere Fachabteilungen.			
Die zentralen Entscheidungen des Personalwesens obliegen der Personalabteilung und nicht den Fachvorgesetzten.			
Grundlage der Entscheidungen im Personalwesen sind zu einem wesentlichen Anteil Erkenntnisse der empirischen Forschung.			
Die Personalabteilung ist als Stabsabteilung direkt an die Geschäftsführung gekoppelt.			
Bei der Weiterbildung von Mitarbeitern aus dem Personalwesen wird soweit wie möglich auf eine wissenschaftliche Fundierung der Inhalte geachtet.			
Die Auswahl von Methoden orientiert sich nicht primär am absoluten Preis, sondern an der Relation zwischen Preis und Nutzen. So wird beispielsweise in der Personalauswahl der Preis einer Methode in Relation zur prognostischen Validität betrachtet.			

Personalmarketing	nein	zum Teil	ja
Ziel des Personalmarketings ist es nicht, den Bewerberpool zu maximieren, sondern die Qualität des Bewerberpools (Grundquote) positiv zu beeinflussen.			
Das Personalmarketing basiert immer auf einer Anforderungsanalyse für die zu besetzende Stelle.			
Die Aussagen des Personalmarketings akzentuiert reale Vorzüge des Arbeitgebers bzw. der Stelle dar, ohne die Bewerber anzulügen.			
Es wird darauf verzichtet, Unternehmenswerte darzustellen, die im Unternehmen de facto nicht gelebt werden.			
Sofern reale Werte kommuniziert werden, geschieht dies nicht in Form von abstrakten Worthülsen, sondern beschreibend, sodass potenzielle Bewerber eine konkrete Vorstellung davon gewinnen könnten, was die Werte im konkreten Fall bedeuten.			
Sofern reale Werte kommuniziert werden, werden Belege dafür geliefert, dass diese Werte tatsächlich auch gelebt werden.			
Im Zuge des Personalmarketings werden klare Anforderungen an die Bewerber formuliert, sodass deutlich wird, dass viele Menschen für die Stelle nicht hinreichend geeignet sind und besser von einer Bewerbung absehen sollten.			
Die Anforderungen des Arbeitsplatzes, sowie die zu erledigenden Arbeitsaufgaben und Rahmenbedingungen, werden auf den Internetseiten des Arbeitgebers so differenziert beschrieben, dass potenzielle Bewerber sich ein differenziertes Bild machen können und damit ein Prozess der Selbstselektion angeregt wird.			
Auf den Internetseiten werden reale Mitarbeiter dargestellt, die nicht aussehen wie Models, sondern glaubwürdig die Belegschaft repräsentieren können.			
Bei der Gestaltung der Internetseiten wird auf Ästhetik und Funktionalität geachtet. Die größte Aufmerksamkeit gilt jedoch den Inhalten, gefolgt von der Funktionalität und der Ästhetik.			

Personalmarketing	nein	zum Teil	ja
Potenzielle Bewerber werden nur dann geduzt, wenn dies im Unternehmen auch tatsächlich gelebte Praxis ist und später von allen neuen Mitarbeitern auch erwartet wird, dass sie sich dieser Kultur anschließen. Ansonsten werden potenzielle Bewerber gesiezt.			
Die Bedürfnisse und Interessen der jeweiligen Zielgruppen werden reflektiert. Dabei werden Stereotype z. B. bezogen auf das Geschlecht oder die Zugehörigkeit zu Generationen, ignoriert.			
Eingehende Bewerbungen werden innerhalb von einem Arbeitstag bestätigt.			
Termine mit Bewerbern werden eingehalten, ggf. wird das Verschieben von Terminen begründet.			
Die Vertreter des Arbeitgebers gehen vorbereitet in das Auswahlverfahren.			
Gegenüber den Bewerbern wird weitgehende Transparenz, im Hinblick auf den Ablauf des Auswahlverfahrens gelebt.			
Den Bewerbern wird der Eindruck vermittelt, dass es im Auswahlverfahren um die Überprüfung ihrer Eignung für die ausgeschriebenen Stellen geht. Ein Bewerber wird nicht in erster Linie genommen, weil der gefällt, sondern weil er geeignet ist.			
Das Auswahlverfahren setzt sich, den Anforderungen der Stelle entsprechend, anspruchsvoll mit der Eignung der Bewerber auseinander.			

Anforderungsanalyse und Anforderungsprofile	nein	zum Teil	ja
Intuitive Anforderungsanalysen werden nur bei sehr einfachen Positionen durchgeführt. Auch hierbei werden mehrere Arbeitsplatzexperten befragt.			
Bei wichtigen Positionen werden methodisch anspruchsvolle Anforderungsanalysen (z. B. nach der Critical Incident Technique) durchgeführt.			

Anforderungsanalyse und Anforderungsprofile	nein	zum Teil	ja
Im Ergebnis der Anforderungsanalyse werden stellenbezogene Kompetenzen definiert, die später die Grundlage für das gesamte Auswahlverfahren bildet.			
Für jede Stelle gibt es Anforderungsprofile die festlegen, wie viele Punkte ein geeigneter Bewerber auf der jeweiligen Anforderungsdimension erfüllen muss.			
Bewerber, die die Mindestanforderungen nicht erfüllen, werden in der Regel nicht eingestellt.			
Bewerber, die die Mindestanforderungen nicht erfüllen, werden nur dann eingestellt, wenn es sich um einzelne Defizite in Kompetenzbereichen handelt, die leicht trainierbar sind.			
Erfolgt eine Einstellung trotz Defiziten, wird die betreffende Person gleich nach der Einstellung entsprechend geschult, um die Defizite beseitigen zu können.			

Vorauswahl von Bewerbern	nein	zum Teil	ja
Die Grundhaltung bei der Vorauswahl ist betont liberal: Es wird lieber ein Bewerber zu viel, als ein Bewerber zu wenig zu den nachfolgenden Auswahlschritten eingeladen.			
Vor der Sichtung der Bewerbungsunterlagen wird verbindlich festgelegt, welche Kriterien zur Auswahl herangezogen werden und welche nicht.			
Es wird nicht der Versuch unternommen, aus den Bewerbungsunterlagen die Persönlichkeit der Bewerber zu deuten. Im Zentrum steht die Messung von Fachlichkeit und intellektuellen Leistungen.			
Die Inhalte von Anschreiben fließen nicht in die Auswahlentscheidung ein. Gleiches gilt für Motivationsschreiben.			
Tippfehler werden nur dann berücksichtigt, wenn fehlerfreies Schreiben für die Stelle leistungsrelevant ist.			
Lücken im Lebenslauf werden ebenso ignoriert wie Freizeitaktivitäten.			
In Bezug auf die Berufserfahrung wird der Vielfalt der Erfahrungen ein stärkeres Gewicht gegeben, als der Dauer in Jahren.			

Vorauswahl von Bewerbern	nein	zum Teil	ja
Bei Auszubildenden und Berufsanfängern werden die Noten aus Schule, Ausbildung, Studium ernstgenommen. Die Durchschnittsnoten sind dabei wichtiger als die Einzelnoten.			
Bei Arbeitszeugnissen interessieren die Inhalte der bisherigen Tätigkeit, nicht aber die Bewertungen durch den Arbeitgeber.			
Auf die Interpretation von Internetdaten über die Bewerber (z. B. Daten aus sozialen Netzwerken) wird verzichtet.			

Einstellungsinterview	nein	zum Teil	ja
Allen Bewerbern für eine bestimmte Stelle werden dieselben Fragen gestellt.			
Die einzelnen Fragen sind den Kompetenzen der Anforderungsanalyse zugeordnet.			
Jede einzelne Antwort wird auf verhaltensverankerten Beurteilungsskalen eingeschätzt.			
Die Einschätzung erfolgt durch mindestens zwei Personen, unabhängig voneinander.			
Standardfragen aus der Ratgeberliteratur werden grundsätzlich nicht gestellt.			
Die Bewerber werden über die Spezifika der Stelle informiert.			
Die Bewerber bekommen die Möglichkeit selbst Fragen zu stellen.			
Die Antworten sowie das Verhalten der Bewerber werden nicht durch künstliche Intelligenz interpretiert (z. B. Sprachanalyse).			

Assessment-Center und Arbeitsproben	nein	zum Teil	ja
Die Übungen des Assessment Centers haben den Charakter von Arbeitsproben, sie simulieren reale Situationen aus dem Berufsalltag.			
Jede Anforderungsdimension wird durch mehrere voneinander unabhängige Übungen untersucht.			
Es kommen verhaltensverankerte Beurteilungsskalen zum Einsatz.			
Die Beobachter werden für ihre Aufgabe geschult.			
Alle Beobachter sind gleichberechtigt.			
Die Beobachter haben keine Vorinformationen über die Bewerber (z. B. Bewerbungsunterlagen).			
Die Bewerber treten in den Übungen nicht direkt gegeneinander an. Die Übungen laufen vielmehr mit Rollenspielern, die dafür sorgen, dass die Übungen über verschiedene Bewerber hinweg konstant gehalten werden.			
Die Beobachter haben zwischen den Übungen keinen persönlichen Kontakt zu den Bewerbern.			
Die Bewerber tauschen sich im Verlaufe des Assessment Centers nicht über ihre Bewertungen der Bewerber aus.			
Verhaltensübungen werden mit Testverfahren und Interviewtechnik kombiniert.			
Die Bewerber erhalten ein differenziertes Feedback zu ihrem Abschneiden.			

Testverfahren	nein	zum Teil	ja
Kommen Testverfahren zum Einsatz, so erfolgt die Vorauswahl auf der Grundlage wissenschaftlicher Qualitätskriterien. Dies gilt auch für Methoden, die mit künstlicher Intelligenz arbeiten.			
Kann ein Testanbieter keine fundierten und nachvollziehbaren Angaben zur Reliabilität und Validität machen, wird das Testverfahren nicht eingesetzt.			

Testverfahren	nein	zum Teil	ja
Es kommen keine typologischen Persönlichkeitsfragebögen zum Einsatz.			
Handelt es sich um Positionen, die intellektuelle Aufgaben an die zukünftigen Bewerber stellen, wird die Intelligenz der Bewerber untersucht.			
Bei Managementpositionen kommen grundsätzlich Intelligenztests zum Einsatz.			
Intelligenztests werden zudem eingesetzt bei der Auswahl von Mitarbeitern, die sich noch viel neues Wissen aneignen müssen (z. B. Auszubildende, Trainees, Quereinsteiger).			

Leistungsbeurteilung	nein	zum Teil	ja
Die Bewertung bezieht sich auf einen überschaubaren Zeitraum (maximal ein Jahr).			
Für verschiedene Arbeitsplätze existieren unterschiedliche Kriterien zur Bewertung der individuellen Leistung.			
Die Entwicklung der Leistungsbeurteilungsskalen basieren auf Anforderungsanalysen (z. B. Critical Incident Technique).			
Es kommen verhaltensverankerte Leistungsbeurteilungsskalen zum Einsatz.			
Den Mitarbeitern sind die Skalen und damit die konkreten Bewertungskriterien bekannt.			
Die höchste Stufe der Skala wird betont anspruchsvoll definiert, damit auch im Spitzenbereich der Leistung noch differenziert werden kann und hohe Punktwerte nicht inflationär vergeben werden.			
Die Führungskräfte werden im Einsatz der Beurteilungsskalen geschult.			
Die Führungskräfte werden im Hinblick auf die Durchführung der Feedbackgespräche geschult.			

177

Leistungsbeurteilung	nein	zum Teil	ja
Falles eine Rangreihung der Mitarbeiter notwendig sein sollte, ergibt sich diese aus den Ergebnissen der verhaltensverankerten Beurteilungsskalen und steht nicht am Anfang der Beurteilung schon fest.			
Die Leistung der Einzelnen wird unabhängig von der Leistung der Kollegen eingeschätzt.			
Es gibt keine Quoten bezogen auf Punktwerte, die die Führungskräfte erfüllen müssen.			
Die Führungskräfte trauen sich Leistungsdefizite als solche in der Leistungsbeurteilung abzubilden.			
Fließen wirtschaftliche Kennzahlen in die Bewertung ein, so werden die ggf. unterschiedlichen Rahmenbedingungen, unter denen die einzelnen Mitarbeiter die Leistung erbracht haben, berücksichtigt.			
Im Rahmen der Führungskräfteentwicklung wird eine 360°-Beurteilung durchgeführt.			
Die Leistungsbeurteilung dient u. a. zur Ableitung von individuell zugeschnittenen Entwicklungsmaßnahmen.			
Werden Boni ausgeschüttet, so leitet sich die Höhe der Boni nach transparenten Regeln aus dem Ergebnis der Leistungsbeurteilung ab.			
Die Punktevergabe wird vor den Beurteilungsgesprächen dahingehend evaluiert, ob sich die Führungskräfte an die Regeln gehalten haben. So wird verhindert, dass einzelne Führungskräfte Mitarbeiter in einen Vorteil setzen und hohe Punktwerte verschenken.			
Es wird evaluiert ob bestimmte Personengruppen (Teilzeitbeschäftigte, Führungskräfte) in systematischer Weise anders bewertet werden, um Missverständnisse im Gebrauch der Skalen aufzudecken.			
Es gibt eine Schiedsstelle, bei der Unstimmigkeiten zwischen Führungskraft und Mitarbeitern im Hinblick auf die Bewertung gelöst werden.			

Leistungsbeurteilung	nein	zum Teil	ja
Die Leistungsbeurteilung dient bei internen Stellenbesetzungen bestenfalls zur groben Vorauswahl. Die eigentliche Auswahlentscheidung basiert auf einem Auswahlverfahren, das auf die Anforderungen der zukünftigen Stelle zugeschnitten ist.			

Arbeitszufriedenheit	nein	zum Teil	ja
Die Arbeitszufriedenheit ist ein Thema, mit dem sich das Personalwesen aktiv auseinandersetzt.			
Es wird erkannt, dass die Arbeitszufriedenheit der Mitarbeiter einen kleinen Beitrag zur Arbeitsleistung erbringen kann.			
Es wird erkannt, dass die Arbeitszufriedenheit der Mitarbeiter einen kleinen Beitrag zur Bindung der Mitarbeiter an den Arbeitgeber leisten kann.			
Die Arbeitszufriedenheit der Mitarbeiter wird in anonymen Mitarbeiterbefragungen erfasst.			
Es wird nicht nur die Gesamtarbeitszufriedenheit erfasst, sondern auch einzelne Facetten der Arbeitszufriedenheit.			
Als Maßstab zur Interpretation der Zufriedenheitswerte dient u. a. die Erkenntnis, dass üblicherweise die große Mehrheit einer Belegschaft insgesamt zufrieden ist.			
Um die Arbeitszufriedenheit der Mitarbeiter zu steigern, setzt man sich mit den Bedürfnissen der Belegschaft auseinander.			
Um die Arbeitszufriedenheit zu gewährleisten, wird darauf geachtet, eintönige Arbeitsaufgaben möglichst zu vermeiden und stattdessen die Bandbreite der zu erledigenden Arbeitsaufgaben zu erhöhen.			
Wo immer dies möglich ist und von den Mitarbeitern gewünscht wird, haben die Beschäftigten eigene Entscheidungsspielräume.			
Die Arbeitszufriedenheit wird u. a. auch als Feedbackinstrument für die Führungskräfte eingesetzt.			

Arbeitszufriedenheit	nein	zum Teil	ja
Als Grundlage für eine hohe Arbeitszufriedenheit wird darauf geachtet, Positionen im Unternehmen so zu besetzen, dass die Arbeitsaufgaben möglichst gut zu den Fähigkeiten und Bedürfnissen der individuellen Mitarbeiter passen.			

Motivation	nein	zum Teil	ja
Es herrscht das allgemeine Verständnis vor, dass Motivation mangelnde Fähigkeiten nicht ersetzen kann.			
Sofern man sich an Motivationstheorien orientiert, wird zuvor überprüft, ob diese Theorien sich auch in der empirischen Forschung bestätigt haben. Daher orientiert man sich z. B. nicht an der Motivationspyramide von Maslow.			
Es kommen keine Methoden zum Einsatz, die von Motivations- oder Erfolgsgurus vermarktet werden (Kampfschreie, Autosuggestion, Fremdsuggestion, Zielbilder malen etc.).			
Die Arbeitsmotive der Mitarbeiter werden untersucht, um darauf aufbauend, Strategie zu Motivierung zu entwickeln.			
Schon bei der Personalauswahl bzw. der internen Stellenbesetzung wird darauf geachtet, dass Menschen, deren Arbeitsmotive auf einer bestimmten Stelle nicht befriedigt werden können, auch nicht auf dieser Stelle platziert werden.			
Leistungsanreize orientieren sich an den Arbeitsmotiven der Mitarbeiter.			
Es wird darauf geachtet, dass es verbindliche Prinzipien gibt, nach denen für eine bestimmte Leistung ein bestimmter Bonus ausgezahlt wird.			
Die Prinzipien der Vergabe von Boni sind den Mitarbeitern bekannt und für sie leicht nachzuvollziehen.			
Die Höhe von Boni steht in einem sinnvollen, motivierenden Verhältnis zu Höhe des individuellen Einkommens.			
Es besteht die Möglichkeit, sich an eine Schiedsstelle zu wenden, wenn Mitarbeiter der Meinung sind, dass ihr Bonus falsch berechnet wurde.			

Motivation	nein	zum Teil	ja
Es wird darauf geachtet, dass die Mitarbeiter das Belohnungssystem mehrheitlich als gerecht erleben.			
Es wird reflektiert, inwieweit sich die Mitarbeiter das Erreichen eines bonusrelevanten Leistungsniveaus zutrauen. Ggf. werden sie durch Schulungsmaßnahmen in die Lage versetzt, das Leistungsverhalten auch tatsächlich zeigen zu können.			
Arbeitsziele werden präzise (möglichst quantitativ) formuliert.			
Die Arbeitsziele stellen für die Mitarbeiter eine Herausforderung dar, ohne sie zu überfordern.			
Komplexe oder langfristige Ziele werden in mehrere Etappenziele zergliedert.			
Die Führungskraft gibt differenziertes Feedback darüber, inwieweit die Ziele erreicht wurden.			
Bei langfristigen Zielen erfolgt das Feedback auch zwischendurch, um ggf. noch nachsteuern zu können, damit die Ziele auch erreicht werden.			

Gruppenarbeit	nein	zum Teil	ja
Gruppenarbeit wird nur dort eingesetzt, wo sie notwendig ist.			
Brainstorming im klassischen Sinne wird nicht eingesetzt.			
Auch bei Gruppenarbeit ist es möglich, die Leistung einzelner Gruppenmitglieder zu identifizieren.			
Die Gruppen sind so groß wie notwendig und so klein wie möglich.			
Wenn Gruppenentscheidung nicht im Konsens erzielt werden müssen, bleibt dies auch aus.			
Müssen Entscheidungen in Gruppen gefällt werden, wird darauf geachtet, dass zurückhaltende Mitglieder sich zuerst zu Wort melden.			

Gruppenarbeit	nein	zum Teil	ja
Bei Gruppenentscheidungen wird auf einen ähnlichen Redeanteil der Gruppenmitglieder geachtet.			
Bei Gruppenentscheidungen werden emotionalisierende Argumentationsstrategien einzelner Gruppenmitglieder unterbunden.			
Bei Gruppenentscheidungen werden einschüchternde Argumentationsstrategien einzelner Gruppenmitglieder unterbunden.			
Bei wichtigen Entscheidungen in Gruppen wird die Gruppendiskussion durch eine neutrale Person moderiert.			
Demographische Diversität wird weder unreflektiert angestrebt noch gezielt verhindert.			

Führung	nein	zum Teil	ja
Bei der Besetzung von Führungspositionen werden die Führungskompetenzen der betreffenden Personen methodisch anspruchsvoll untersucht.			
Bei der Besetzung hoher Führungspositionen sichert man sich zuvor dahingehend ab, dass die zukünftigen Stelleninhaber keine hohen Ausprägungen auf negativen Persönlichkeitsmerkmalen (Narzissmus, Psychopathie etc.) haben.			
Führung wird nicht primär als Ausdruck von Persönlichkeit verstanden, sondern als ein Verhalten, das teilweise erlernt werden muss (und kann).			
Es herrscht ein allgemeines Verständnis dafür, dass Frauen und Männer sich nicht grundlegend in ihrem Führungsverhalten unterscheiden.			
Die Verantwortlichen sind sich darüber im Klaren, dass es nicht den einen einzig wahren Führungsstil gibt, der unabhängig von den individuellen Mitarbeitern und gegebenen Rahmenbedingungen immer gleich wirksam wäre.			
Führungskräfte lassen ihren Mitarbeiter qualifikationsangemessen möglich viel Entscheidungsspielräume.			

Führung	nein	zum Teil	ja
Führungskräfte setzen sich aktiv für ein hohes Leistungsniveau ihrer Mitarbeiter ein.			
Sie geben ihren Mitarbeitern auch jenseits formalisierter Gesprächstermine (Mitarbeitergespräch, Leistungsbeurteilungsgespräch etc.) zwischendurch Feedback (Day-to-Day-Feedback).			
Führungskräfte versuchen, eine Beziehung zu ihren Mitarbeitern aufzubauen.			
Mitarbeiter werden nicht auf ihre Leistung reduziert.			
Bei der Zuweisung von Arbeitsaufgaben orientieren sich die Führungskräfte nicht ausschließlich an der Eignung der Mitarbeiter, sondern auch an deren Interessen.			
Führungskräfte unterstützen Mitarbeiter aktiv bei der individuellen Weiterentwicklung.			
Die Qualität des Führungsverhaltens im eigenen Haus wird durch Mitarbeiterbefragungen o. ä. reflektiert.			
Führungskräfte, die sich auch nach Schulungsmaßnahmen als unfähig erwiesen haben, wird die Führungsverantwortung wieder entzogen.			

Personalentwicklung	nein	zum Teil	ja
Es werden Bedarfsanalysen durchgeführt, um für Mitarbeiter individuell zugeschnittene Entwicklungskonzepte ableiten zu können.			
Bei wichtigen Positionen kommen Potenzialanalysen zum Einsatz, die den Prinzipien eines Assessment Centers folgen.			
Es herrscht ein Bewusstsein dafür, dass es in der Regel nicht ausreicht,»Stärken zu stärken«, sondern dass in der Personalentwicklung auch Schwächen benannt und angegangen werden müssen.			
Bei der Auswahl und Gestaltung von Personalentwicklungsmaßnahmen steht der praktische Nutzen und nicht der Unterhaltungswert der Maßnahmen im Vordergrund.			

Personalentwicklung	nein	zum Teil	ja
Bei der Auswahl von Trainern/Coaches wird mehr auf deren fachliche Qualifikation als auf die Berufserfahrung geschaut.			
Bei der Auswahl von Methoden der Personalentwicklung spielt die Verbreitung einer Methode im Markt keine Rolle.			
Vor der Durchführung einer Maßnahme werden Methoden der Pretraining-Intervention eingesetzt. Die Teilnehmer werden z. B. über die genauen Ziele informiert oder erhalten Informationen darüber, wie Teilnehmer selbst den Lerngewinn steigern können.			
Methoden der Neurolinguistischen Programmierens kommen nicht zum Einsatz. Gleiches gilt für tiergestützte Trainings oder esoterische Methoden wie die Organisationsaufstellung nach Hellinger, Schamanencoaching & Co).			
Outdoor-Trainings werden bestenfalls zum Teambuilding, nicht aber zur Entwicklung spezifischer Kompetenzen eingesetzt.			
Neue Mitarbeiter werden durch Mentoren bei ihrer Sozialisation in das Unternehmen unterstützt.			
Es wird darauf geachtet, dass die Inhalte und Trainingssettings eine große Nähe zum Berufsalltag aufweisen.			
Bei Methoden zur Veränderung des Verhaltens wird konkretes Verhalten in Rollenspielen eingeübt.			
Es ist bekannt, dass sich Verhalten nur schwer über die Veränderung von Einstellungen verändern lässt.			
Die Teilnehmer in verhaltensbezogenen Trainings erhalten ausreichend Gelegenheit, konkretes Verhalten auszuprobieren, und erhalten Feedback.			
Bei verhaltensbezogenen Trainings wird der Transfer der Trainingsinhalte in den Berufsalltag durch begleitende Maßnahmen unterstützt.			
Es wird darüber nachgedacht, Verhaltenstrainings auf mehrere Termine, mit dazwischen liegenden Praxisphasen im Berufsalltag zu verteilen.			

Personalentwicklung	nein	zum Teil	ja
Die Umsetzung von Trainingsinhalten wird von den Führungskräften durch Nachfragen und Feedback aktiv unterstützt.			
Die Umsetzung von Trainingsinhalten wird in die Leistungsbeurteilung integriert.			
Die Sicherung des Transfers wird durch Techniken der Selbststeuerung (z. B. Tagebuchmethode) unterstützt.			
Personalentwicklungsmaßnahmen werden empirisch evaluiert.			
Bei der Evaluation wird nicht nur nach der subjektiven Wahrnehmung der Teilnehmer gefragt (Kirkpatrick Stufe 1).			
Im Zuge der Evaluation wird überprüft, ob die Teilnehmer tatsächlich etwas gelernt haben.			
Im Zuge der Evaluation wird überprüft, ob die Teilnehmer auch Monate später im Berufsalltag Inhalte der Maßnahme zur Anwendung bringen.			
Im Zuge der Evaluation wird überprüft, ob die Anwendung der Inhalte im Berufsalltag hier auch positive Konsequenzen nach sich zieht (z. B. höhere Kundenzufriedenheit).			

Mitarbeiterbefragungen	nein	zum Teil	ja
Es werden Mitarbeiterbefragungen durchgeführt.			
Die eingesetzten Fragebögen sind umfangreich genug, um differenzierte Ergebnisse erzielen zu können.			
Sofern im eigenen Unternehmen keine Mitarbeiter arbeiten, die in quantitativer Sozialforschung ausgebildet sind, lässt man sich bei der Entwicklung des Fragebogens, der Auswertung der Daten sowie der Interpretation der Befunde professionell beraten.			
Ergebnisse werden auf statistische Signifikanz hin überprüft.			

Mitarbeiterbefragungen	nein	zum Teil	ja
Neben Unterschieden zwischen Gruppen werden auch Zusammenhänge zwischen Variablen überprüft.			
Die Mitarbeiter werden über die Ergebnisse und mögliche Interventionsmaßnahmen informiert.			
Unangenehme Ergebnisse werden nicht unter den Tisch gekehrt.			
Die Wirkung der Interventionsmaßnahmen wird im Rahmen einer nachfolgenden Mitarbeiterbefragung überprüft.			

Literaturverzeichnis

Adams, J. S. (1965). Inequity in social exchange. *Advances in Experimental Social Psychology*, *2*, 267–299.

Aiello, J. R. & Kolb, K. J. (1995). Electronic performance monitoring and social context: Impact on productivity and stress. *Journal of Applied Psychology*, *80*, 339–353.

Aguinis, H. & Kraiger, K. (2009). Benefits of training and development for individuals and teams, organizations, and society. *Annual Review of Psychology*, *60*, 451–474.

Aldefer, C. P. (1972). Existence, relatedness, and growth: Human needs in organizational settings. New York: Free Press.

Allen, T. D., Eby, L. T., Poteet, M. L., Lentz, E. & Lima, L. (2004). Career Benefits Associated with Mentoring for Proteges: A Meta-Analysis. *Journal of Applied Psychology*, *89*, 127–136.

Alliger, G., M., Tannenbaum, S. I., Bennett, W. Jr., Traver, H. & Shotland, A. (1997). A meta-analysis of the relations among training criteria. *Personnel Psychology, 50*, 341–358.

Armoneit, C, Schuler, H. & Hell, B. (2020). Nutzung, Validität, Praktikabilität und Akzeptanz psychologischer Personalauswahlverfahren in Deutschland 1985, 1993, 2007, 2019: Fortführung einer Trendstudie. *Zeitschrift für Arbeits- und Organisationspsychologie*, *64*, 67–82.

Atwater, L., Waldman, D., Ostroff, C., Robie, C. & Johnson, K. M. (2005). Self-other agreement: Comparing its relationship with performance in the U.S. and Europe. *International Journal of Selection and Assessment, 13*, 25–40.

Bald, J. & Kanning, U. P. (2019). Urteilsverzerrungen in der Personalauswahl – Schneiden Bewerberinnen, die mit Akzent sprechen, im Interview schlechter ab und welche Rolle spielt die Erfahrung der Entscheidungsträger? *Journal of Business and Media Psychology*, *10*, 49–56.

Baldwin, T. T. & Ford, J. K. (1988). Transfer of training: A review and directions for future research. *Personnel Psychology*, *41*, 63–103.

Barbuto, J. E. jr., Fritz, S. M., Matkin, G. S. & Marx, D. B. (2007). Effects of gender, education, and age upon leaders' use of influence tactics and full range leadership behaviors. *Sex Roles, 56*, 71–83.

Barrick, M. R., Mount, M. K. & Judge, T. A. (2001). Personality and performance at the beginning of the new millenium: What do we know and where do we go next? *International Journal of Selection and Assessment, 9*, 9–30.

Bass, B. M. & Avolio, B. J. (1990). Transformational Leadership Development: Manual for the Multifactor Leadership Questionnaire. Palo Alto: *Consulting Psychologists Press*.

Beehr, T. A., Ivanitskaya, L., Hansen, C. P., Erofeev, D & Gudanowski, D. M. (2001). Evaluation of 360 degree feedback ratings: Relationships with each other and with performance and selection predictors. *Journal of Organizational Behavior, 22*, 775–788.

Bell, S. T., Villado, A. J., Lukasik, M. A., Belau, L. & Briggs, A. L. (2011). Getting specific about demographic diversity variables and team performance relationships: A meta-analysis. *Journal of Management, 37*, 709–743.

Blacksmith, N., Willford, J. C. & Behrend, T. S. (2016). Technology in the employment Interview: A meta-analysis and future research agenda. *Personnel Assessment and Decisions, 2*, 12–20.

Blake, R. R. & Mouton, J. S. (1964). Verhaltenspsychologie im Betrieb. Düsseldorf: Econ.

Blascovich, J., Mendes, W. B., Hunter, S. B. & Salomon, K. (1999). Social »facilitation« as challenge and threat. *Journal of Personality and Social Psychology, 77*, 68–77.

Blume, B. D., Ford, J. K., Baldwin, T. T. & Huang, J. L. (2010). Transfer of training: A meta-analytic review. *Journal of Management, 36*, 1065–1105.

Boltz, J., Kanning, U. P. & Hüttemann, T. (2009). Qualitätsstandards für Assessment Center – Treffende Prognosen durch Beachtung von Standards. *Personalführung, 10*, 32–37.

Bommer, W. H., Johnson, J. L., Rich, G. A., Podsakoff, P. M. & MacKenzie, S. B. (1995). On the interchangeability of objective and subjective measures of employee performance: A meta-analysis. *Personnel Psychology, 48*, 587–605.

Brenzel, H., Czepek, J., Kubis, A., Moczall, A., Rebien, M., Röttger, C., Szameitat, J., Warning, A. & Weber, E. (2016). Neueinstellungen im Jahr 2015: Stellen werden häufig über persönliche Kontakte besetzt. *IAB-Kurzbericht, 4*, 2016.

Bruggemann, A. (1974). Zur Unterscheidung zwischen Formen der »Arbeitszufriedenheit«. *Arbeit und Leistung, 28*, 281–284.

Bundeskriminalamt (2018). Statistik zur Wirtschaftskriminalität in Deutschland. – Online. Zugriff am 25.07.2018. Verfügbar unter: https://www.bka.de/DE/AktuelleInformationen/StatistikenLagebilder/PolizeilicheKriminalstatistik/PKS2017/Standardtabellen/standardtabellenFaelle.html?nn=96600.

Burke, C. S., Stagl, K. C., Klein, C., Goodwin, G. F., Salas, E. & Halpin, S. M. (2006). What type of leadership behaviors are functional in teams? A meta-analysis. *The Leadership Quarterly, 17*, 288–307.

Burke, M. J. & Day, R. R. (1986). A cumulative study of the effectiveness of managerial training. *Journal of Applied Psychology, 71*, 232–245.

Burt, C.D.B., Halloumis, S.A., McIntyre, S. & Blackmore, H. S. (2010). Using colleague and team photographs in recruitment advertisements: Effects on applicant attraction. *Asian Pacific Journal of Human Ressources, 48*, 233–250.

Cannon-Bowers, J. A., Rhodenizer, L., Salas, E. & Bowers, C. (1998). A Framework for understanding pre-practice conditions and their impact on learning. *Personnel Psychology*, *51*, 291–320.

Ceri-Booms, M., Curseu, P. L. & Oerlemans, L. A. G.. (2017). Task and person-focused leadership behaviors and team performance: A meta-analysis. *Human Resource Management Review*, *27*, 178–192.

Cuadrado, I., Navas, M., Molero, F., Ferrer, E. & Morales, J. F. (2012). Gender differences in leadership styles as a function of leader and subordinates' sex and type of organization. *Journal of Applied Social Psychology*, *42*, 3083–3113.

Cerasoli, C. P., Nicklin, J. M., & Ford, M. T. (2014). Intrinsic motivation and extrinsic incentives jointly predict performance: A 40-Year meta-analysis. *Psychological Bulletin*. http://dx.doi.org/10.1037/a0035661.

Chapman, D. S., Uggerslev, K. L., Carroll, S. A., Piasentin, K. A. & Jones, D. A. (2005). Applicant Attraction to Organizations and Job Choice: A Meta-Analytic Review of the Correlates of Recruiting Outcome. *Journal of Applied Psychology*, *90*, 928–944

Cleff, T., Luppold, L., Naderer, G. & Volkert, J. (2009). Wirtschaftskriminalität: Eine Analyse der Motivstrukturen. Ostercappeln: PricewaterhouseCoopers.

Cober, R, T., Brown, D. J., Levy, P. E., Cober A. B. & Keeping, L. M. (2003). Organizational Web Sites: Web Site Content and Style as Determinants of Organizational Attraction. *International Journal of Selection and Assessment*, *11*, 158–169.

Conway, J. M., Jako, R. A. & Goodman, D. F. (1995). A meta-analysis of the interrater and internal consistency reliability of selection interviews. *Journal of Applied Psychology*, *80*, 565–579.

Derue, D. S., Nahrgang, J. D., Wellman, N. & Humphrey, S. E. (2011). Trait and behavioral theories of leadership: An integration and meta-analytic test of their relative validity, *Personnel Psychology*, *64*, 7–52.

Eagly, A. H., Johannesen-Schmidt, M. C. & van Engen, M. L. (2003), Transformational, transactional, and laissez-faire leadership styles: A meta-analysis comparing women and men. *Psychological Bulletin*, *129*, 569–591.

Eby, L. T., Allen, T. D., Evans, S. C., Ng, T. & DuBois, D. L. (2008). Does mentoring matter? A multidisciplinary meta-analysis comparing mentored and non-mentored individuals. *Journal of Vocational Behavior*, *72*, 254–267.

Emmerik, I. H. v., Euwema, M. C. & Wendt, H. (2008). Leadership behaviors around the world: The relative importance of gender versus cultural background. *International Journal of Cross Cultural Management*, *8*, 297–315.

Felfe, J. (Hrsg.). (2015). Trends der psychologischen Führungsforschung. Göt-tingen: Hogrefe.

Forer, B. R. (1949). The fallacy of personal validation: A classroom demonstration of gulli-
bility. *Journal of Abnormal and Social Psychology, 44,* 118–123.

Frank, F. & Kanning, U. P. (2014). Lücken im Lebenslauf – Ein valides Kriterium der Personalauswahl? *Zeitschrift für Arbeits- und Organisationspsychologie, 58,* 155–162.

Frank, F., Wach, D. & Kanning, U. P. (2017). Zusammenhang zwischen Lücken im Lebenslauf und Berufserfolg: Ein Mythos der Personalauswahlpraxis. *Zeitschrift für Arbeits-
und Organisationspsychologie, 61,* 69–80.

Fried, Y., Shirom, A., Gilboa, S. & Cooper, C.L. (2008). The mediating effects of job satisfaction and propensity to leave on role stress – job performance relationships: Combi-
ning meta-analysis and structural equation modeling. *International Journal of Stress
Management, 15,* 305–328.

Fukkink, R. G., Trienekens, N. & Kramer, L. J. C. (2011). Video feedback in education and
training: Putting learning in the picture. *Educational Psychological Review, 23,* 45–63.

Gahlmann, S. & Kanning, U. P. (2017). Sichtung von Bewerbungsunterlagen – Sind sportliche Aktivitäten ein Indikator beruflicher Leistungsmotivation? *Journal of Business and
Media Psychology, 8,* 10–19.

Garcia, M. F., Posthuma, R. A. & Quinones, M. (2010). How benefit information and demo-
graphics influence employee recruiting in Mexico. *Journal of Business Psychology, 25,*
523–531.

Görlich, Y & Schuler, H. (2014). Personalentscheidungen, Nutzen und Fairness. In H. Schuler & U. P. Kanning (Hrsg.), *Lehrbuch der Personalpsychologie* (3. Aufl., S. 1137–1199).
Göttingen: Hogrefe.

Grijalva, E., Harms, P. D., Newman, D. A., Gaddis, B. H. & Fraley, C. (2013). Narcissism and
leadership: A meta-analytic review of linear and nonlinear relationships. *Personnel
Psychology, 68,* 1–47.

Grüterich, I., Kanning, U. P. & Traphan, E. (2006). Selbstmanagement als Methode zur
Transfersicherung in der Personalentwicklung. *Zeitschrift für Polizei und Wissenschaft,*
4/2006, 2–11.

Hackman, J. R. & Oldham, G. R. (1976). Motivation through the design of work: Test of a
theory. *Organizational Behavior & Human Performance, 16,* 250–279.

Hamori, M. (2010). Who gets headhunted – and who gets ahead? *Academy of Management
Perspectives, 24,* 46–59.

Harms, P. D. & Credé, M. (2010). Emotional Intelligence and Transformational and Transactional Leadership: A Meta-Analysis. *Journal of Leadership & Organizational Studies, 17,*
5–17.

Harris, M. H. & Schaubroeck, J. (1988). A meta-analysis of self-supervisor, self-peer, and
peer-supervisor ratings. *Personnel Psychology, 41,* 43–62.

Hersey, P. & Blanchard, K. H. (1977). Management of organizational behavior: Uti-lizing human resources. Englewood Cliffs, NJ: Prentice-Hall.

Herzberg, F., Mausner, B. & Snyderman, B. S. (1959). The Motivation to Work. New York: Wiley.

Hesse, J. & Schrader, H. C. (2012). Das große Hesse/Schrader Bewerbungshandbuch: Alles, was Sie für ein erfolgreiches Berufsleben wissen müssen. Hallbergmoos: Stark.

Hogan, R. & Hogan, S. (2001). Assessing leadership: A view of the dark side. *International Journal of Selection and Assessment, 9*, 49–51.

Hopkins, M. M. & Bilimoria, D. (2008). Social and emotional competencies predicting success for male and female executives. *Journal of Management Development, 27*, 13–35.

Hossiep, R., Schecke, J. & Weiß, S. (2015). Zum Einsatz von persönlichkeitsorientierten Fragebogen – Eine Erhebung unter den 580 größten deutschen Unternehmen. *Psychologische Rundschau*, 127–129.

Hülsheger, U. R., Maier, G. W. & Stumpp, T. (2007). Validity of general mental ability for the prediction of job performance and training success in Germany: A meta-analysis. *International Journal of Selection and Assessment, 15*, 3–18.

Huffcutt, A. I. & Arthur, W. Jr. (1994). Hunter and Hunter (1994) revisited: Interview validity for entry-level jobs. *Journal of Applied Psychology, 79*, 184–190.

Huffcutt, A. I., Culbertson, S. S. & Weyhrauch, W. S. (2014). Moving forward indirectly: Reanalyzing the validity of employment interview with indirect range restriction methodology. *International Journal of Selection and Assessment, 22*, 297–309.

Humphrey, S. E., Nahrgang, J. D. & Morgeson, F. P. (2007). Integrating Motivational, Social, and Contextual Work Design Features: A Meta-Analytic Summary and Theoretical Extension of the Work Design Literature. *Journal of Applied Psychology, 92*, 1332–1356.

Jackson, T. A., Meyer, J. P. & Wang, X-H. (2013). Leadership, commitment, and culture: A meta-analysis. *Journal of Leadership & Organizational Studies, 20*, 84–106.

Janis, I. L. (1982). Groupthink. Boston MA: Houghton Mifflin.

Judge, T. A., Bono, J. E., Ilies, R. & Gerhardt, M. W. (2002). Personality and Leadership: A Qualitative and Quantitative Review. *Journal of Applied Psychology, 87*, 765–780.

Judge, T. A., Thoresen, C. J., Bono, J. E. & Patton, G. K. (2001). The Job Satisfac-tion – Job Performance Relationship: A Qualitative and Quantitative Review. *Psychological Bulletin, 127*, 376–407.

Judge, T. A. & Piccolo, R. F., (2004). Transformational and transactional leadership: A meta-analytic test of their relative validity. *Journal of Applied Psychology, 89*, 755–768.

Judge, T. A., Piccolo, R. F., Podsakoff, N. P., Shaw, J. C. & Rich, B. L. (2010). The relationship between pay and job satisfaction: A meta-analysis of the literature. *Journal of Vocational Behavior, 77*, 157–167.

Kanning, U. P. (2000). Selbstwertmanagement: Die Psychologie des selbstwertdienlichen Verhaltens. Göttingen: Hogrefe.

Kanning, U. P. (2007). Wie Sie garantiert nicht erfolgreich werden! Dem Phänomen der Erfolgsgurus auf der Spur. Lengerich: Pabst.

Kanning, U. P. (2011). Inventar zur Messung der Glaubwürdigkeit in der Personalauswahl (IGIP). Göttingen: Hogrefe.

Kanning, U. P. (2013). Wenn Manager auf Bäume klettern: Mythen der Personalentwicklung und Weiterbildung. Lengerich: Pabst.

Kanning, U. P. (2014a). Inventar zur Messung sozialer Kompetenzen in Selbst- und Fremdbild (ISK-360°). Göttingen: Hogrefe.

Kanning, U. P. (2014b). Managementversagen – Eine diagnostische Perspektive. Wirtschafts-psychologie, 3, 13–20.

Kanning, U. P. (2015a). Personalauswahl zwischen Anspruch und Wirklichkeit – Eine wirtschaftspsychologische Analyse. Berlin: Springer.

Kanning, U. P. (2015b). E-Recruitment – Chancen und Realität der Bewerbervorauswahl per Internet. Personalführung, 5, 61–65.

Kanning, U. P. (2015c). Viel Lärm um nichts? – Diversity im beruflichen Kontext. In P. Genkova & T. Ringeisen (Hrsg.). Diversity-Kompetenz: Perspektiven und Anwendungsfelder. Wiesbaden: Springer. DOI: 10.1007/978-3-658-08003-7_29-1.

Kanning, U. P. (2016a). Gibt es die Generation Y? Personalmagazin, 11, 34–37.

Kanning, U. P. (2016b). Über die Sichtung von Bewerbungsunterlagen in der Praxis der Personalauswahl. Zeitschrift für Arbeits- und Organisationspsychologie, 60, 18–32.

Kanning, U. P. (2016c). Einstellungsinterviews in der Praxis. Report Psychologie, 11, 442–450.

Kanning, U. P. (2016d). Inventar zur Erfassung von Arbeitsmotiven (IEA). Göttingen: Hogrefe.

Kanning, U. P. (2017a). Personalmarketing, Employer Branding und Mitarbeiterbindung – Forschungsbefunde und Praxistipps aus der Personalpsychologie. Berlin: Springer.

Kanning, U. P. (2017b). Strategisches Verhalten in der Personalauswahl – Wie Bewerber versuchen, ein gutes Ergebnis zu erzielen. Zeitschrift für Arbeits- und Organisationspsychologie, 61, 3–17.

Kanning, U. P. (2017c). 50 Strategien, die falschen Mitarbeiter zu finden und wie Sie es besser machen können. Weinheim: Beltz.

Kanning, U. P. (2018a). Standards der Personaldiagnostik. Göttingen: Hogrefe.

Kanning, U. P. (2018b). Digitalisierung in der Eignungsdiagnostik. Report Psychologie, 10, 398–405.

Kanning. U. P. (2019). Managementfehler und Managerscheitern. Berlin: Springer.

Kanning, U. P. (2019a). Jenseits der Vernunft – Fragwürdige Ansätze im Coaching. Organisationsberatung, Supervision, Coaching, 26, 541–555.

Kanning, U. P. (2019b). NLP zwischen Anspruch und Wirklichkeit. *Report Psychologie, 1,* 10–17.

Kanning, U. P. (in Druck a). Inventar zur Erfassung der Arbeitszufriedenheit (IAZ). Göttingen: Hogrefe.

Kanning, U. P. (in Druck b). Künstliche Intelligenz in der Eignungsdiagnostik. In H. Tirrel, L. Winnen & R. Lanwehr (Hrsg.), Digitales Human Resources Management. Berlin: Springer.

Kanning, U. P. & Bröckelmann-Bruns, S. (2018). Verdeckte Stellenanzeigen. *Personalmagazin, 4,* 34–36.

Kanning, U. P., Budde, L. & Hülskötter, M. (2018). Wie valide ist die regelkonforme Gestaltung von Bewerbungsunterlagen? *PERSONALquaterly, 4,* 38–45.

Kanning, U. P. & Berkhahn, J. (2020). Feedbackregel – Was wirkt wie? Personalführung, 11, 56-61.

Kanning, U. P. & Colpan, C. (2016). Alter Wein in neuen Schläuchen: Einsatz von Online-Bewerbungsformularen in deutschen Unternehmen. *Human Ressources Manager, 6,* 76–77.

Kanning, U. P. & Cordes, J. (2016). Personalauswahl per Webcam. Wie erleben Bewerber zeitversetzte Videointerviews? *Personalmagazin, 9,* 54–57.

Kanning, U. P. & Dressler, N. (2018). Inhalt schlägt Form – Gestaltung von Stellenanzeigen. *PersonalWirtschaft, 5,* 64–66.

Kanning, U. P. & Freimuth, I. (in Vorbereitung). Active Sourcing aus Sicht potentieller Kandidatinnen und Kandidaten.

Kanning, U. P. & Fricke, P. (2013). Führungserfahrung – Wie nützlich ist sie wirklich? *Personalführung, 1,* 48–53.

Kanning, U. P. & Kappelhoff, J. (2012). Sichtung von Bewerbungsunterlagen – Sind sportliche Aktivitäten ein Indikator für die soziale Kompetenz der Bewerber? *Wirtschaftspsychologie, 14,* 72–81.

Kanning, U. P., Kempa, F, & Winkelmann, S. (2019). Siezen Sie noch oder Duzt du schon? Einstellungen zum Siezen und Duzen im Beruf. *Personalmagazin, 9,* 76–80.

Kanning, U. P. & Rustige, J. (2012). Vieles ist plausibel, weniges wirklich wichtig: Der Stellenwert von Feedbackregeln aus empirischer Sicht. *Personalführung, 5,* 24–30.

Kanning, U. P. & Schirch, C. (2021). Wie wirken unterschiedliche Varianten der Darstellung von Unternehmenswerten im Personalmarketing? PersonalQuaterly,1, 42-49.

Kanning, U. P. & Wördekemper, D. (2019). Fotos bei Bewerbungen: Auch viel Erfahrung schützt nicht vor Urteilsfehlern. *Wirtschaftspsychologie aktuell, 3,* 13–16.

Kanning, U. P. & Wörmann, J. (2018). Ist es sinnvoll, Freizeitaktivitäten in der Personalauswahl zu berücksichtigen? *Report Psychologie, 2,* 58–66.

Kanning, U. P. & Woike, J. (2015). Sichtung von Bewerbungsunterlagen: Ist soziales Engagement ein valider Indikator sozialer Kompetenzen? *Zeitschrift für Arbeits und Organisationspsychologie, 59*, 1–15.

Karau, S. J. & Williams, K. D. (1993). Social loafing: A meta-analytic review and theoretical integration. *Journal of Personality and Social Psychology, 65*, 681–706.

Kausel, E. E., Culbertson, S.S. & Madrid, H. P. (2016). Overconfidence in personnel selection: When and why unstructured interview information can hurt hiring decisions? *Organizational and Human Decision Processes, 137*, 27–44.

Kerr, N. L. & Bruun, S. E. (1983). Dispensability of members effort and group motivation losses: Free-rider effects. *Journal of Personality and Social Psychology, 44*, 78–94.

Kirkpatrick, D. L. (1959). Techniques for Evaluation Training Programs. *Journal of the American Society of Training Directors, 13*, 21–26.

Klein, H. J., Wesson, M. J., Hollenbeck, J. R. & Alge, B. J. (1999). Goal commitment and the goal-setting process. *Journal of Applied Psychology, 84*, 885- 896.

Kleingeld, A, Mierlo, H. v. & Arends, L. (2011). The Effect of Goal Setting on Group Performance: A Meta-Analysis. *Journal of Applied Psychology, 96*, 1289–1304.

Kooij, D. T. A. M., Jansen, P. G. W., Dikkers, J. S. E. & De Lange, A. H. (2010). The influence of age on the associations between HR practices and both affective commitment and job satisfaction: A meta-analysis. *Journal of Organizational Behavior, 31*, 1111–1136.

Kristof-Brown, A.L., Zimmerman, R.D. & Johnson, E.C. (2005). Consequences of individuals' fit at work: A meta-analysis of person-job, person-organization, person-group, and person-supervisor fit. *Personnel Psychology, 58*, 281–342.

Kühl, S. (2005). Das Scharlatanerieproblem. Coaching zwischen Qualitätsproblemen und Professionalisierungsbemühungen. Köln: Deutsche Gesellschaft für Supervision e. V.

Kuncel, N. R., Kochevar, R. J. & Ones, D. S. (2014). A meta-analysis of letter of recommendation in college and graduate admissions: Reasons for hope. *International Journal of Selection and Assessment, 22*, 101–107.

Latham, G. P. & Budworth, M.-H. (2007). The study of work motivation in the 20th Century. In L. L. Koppers (Ed.), *Historical perspectives in industrial and organizational psychology* (pp. 353–381). Mahwah, NJ.: Erlbaum.

Lee, C.-H., Hwang, F.-M. & Yeh, Y.-C. (2013). The impact of publicity and subsequent intervention in recruitment advertising on job searching freshmen's attraction to an organization and job pursuit intention. *Journal of Applied Social Psychology, 43*, 1–13.

Leventhal, G. S. (1980). What should be done with equity theory? New approaches to the study of fairness in social relationships. In K.G. Gergen, M. S. Greenberg & R. H. Willis (Eds.), *Social Exchange: Advances in theory and research* (pp. 27–55). New York: Plenum.

Lewin, K., Lippitt, R. & White, R. K. (1939). Patterns of aggressive behavior in experimentally created »social climates«. *Journal of Social Psychology, 10*, 271–299.

Lievens, F. & Conway, J. M. (2001). Dimension and exercise variance in assessment center scores: A large evaluation of multitrait-multimethod studies. *Journal of Applied Psychology, 86*, 2–12.

Lievens, F. & Highhouse, S. (2003). The relationship of instrumental and symbolic attributes to a company's attractiveness as an Employer. *Personnel Psychology, 56*, 75–102.

Lievens, F., Van Hoye, G. & Anseel, F. (2007). Organizational identity and employer image. Towards a unifying framework. *British Journal of Management, 18*, 45–59.

Locke, E. A. (1976). The Nature and Causes of Job Satisfaction. In D. Dunnette (ed.), *Handbook of industrial and organizational psychology* (pp. 1297–1350). Chicago: Rand McNally.

Locke, E. A. & Latham, G. P. (1991). A Theory of goal setting and task performance. Englewood Cliffs, NJ: Prentice Hall.

Locke, E. A. & Latham, G. P. (2002). Building a practically usefull theory of goal setting and task motivation: A 35-year odyssey. *American Psychologist, 57*, 705–717.

Lohaus, D. & Schuler, H. (2014). Leistungsbeurteilung. In H. Schuler & U. P. Kanning (Hrsg.), *Lehrbuch der Personalpsychologie* (3. Aufl., S. 357–411). Göttingen: Hogrefe.

Loher, B. T., Noe, R. A., Moeller, N. L. & Fitzgerald, M. P. (1985). A Meta-Analysis of the Relation of Job Characteristics to Job Satisfaction. *Journal of Applied Psychology, 70*, 280–28.

McDaniel, M. A., Whetzel, D. L., Schmidt, F. L., Hunter, J. E., Maurer, S. D. & Russel, J. (1994). The validity of employment interviews: A review and meta-analysis. *Journal of Applied Psychology, 79*, 599–602.

Machin, M. A. (2002). Planning, managing, and optimizing transfer of training. In K. Kraiger (Ed.), *Creating, implementing, and managing effective training and development* (pp. 263–301). San Francisco, CA: Jossey Bass.

Maidani, E. A. (1991). Comparative study of Herzberg's Two-Factor theory of job satisfaction among public and private sectors. *Public Personal Management, 20*, 441–448.

Maslow, A. H. (1943). A theory of human motivation. *Psychological Review, 50*, 370–346.

Meyer, J. P., Stanley, D. J., Herscovitch, L. & Topolnytsky, L. (2002). Affective, Continuance, and Normative Commitment to the Organization: A Meta-Analysis of Antecedents, Correlates, and Consequences. *Journal of Vocational Behavior, 61*, 20–52.

Montano, D., Reeske, A., Franke, F. & Hüffmeier, J. (2016). Leadership, followers' mental health and job performance in organizations: A comprehensive meta-analysis from an occupational health perspective. *Journal of Organizational Behavior, 38*, 327–350.

Moscoso S. & Salgado, J. F. (2004). »Dark side« personality styles as predictors of task, contextual, and job performance. *International Journal of Selection and Assessment, 12*, 356–362.

Mullen, B., Johnson, C. & Salas (1991). Productivity loss in brainstorming groups: A meta-analytic integration. *Basic and Applied Social Psychology, 12*, 3–23.

Muris, P., Merckelbach, H., Otgaar, H. & Meijer, E. (2017). The malevolent side of human nature: A meta-analysis and critical review of the literature on the dark triad (narcissism, machiavellianism, and psychopathy). *Perspectives on Psychological Science, 12*, 183–204.

Neuberger, O. (2002). Führen und führen lassen (5. Aufl.). Stuttgart: Lucius.

Neubert, M. J. (1998). The value of feedback and goal setting over goal setting alone and potential moderators of this effect: A meta-analysis. *Human Performance, 11*, 321–335.

Noe, R. A. (2010). Employee training and development (5. ed.). Boston: McGraw-Hill.

O'Boyle, E. H. Jr., Forsyth, D. R., Banks, G. C. & McDaniel, M. A. (2012). A meta-analysis of the dark triad and work behavior: A social exchange perspective. *Journal of Applied Psychology, 97*, 557–579.

Ones, D. S. & Dilchert, S. (2009). How special are executives? How special should executive selection be? Observations and recommendations. *Industrial and Organizational Psychology, 2*, 163–170.

Ones, D. S. & Viswesvaran, C. (1998). The effects of social desirability and faking on personality and integrity assessment for personnel selection. *Human Performance, 11*, 245–269.

Organ, D. W., Podsakoff, P. M., & MacKenzie, S. B. (2006). Organizational Citizenship Behavior: Its Nature, Antecedents, and Consequence. Thousand Oaks: Sage.

Paulhus, D. L. & Williams, K. M. (2002). The dark triad of personality: Narcissism, machiavellianism, and psychopathy. *Journal of Research in Personality, 36*, 556–563.

Paustian-Underdahl, S. C., Slattery Walker, L. & Woehr, D. J. (2014). Gender and Perceptions of Leadership Effectiveness: A Meta-Analysis of Contextual Moderators. *Journal of Applied Psychology, 99*, 1129–1145.

Peng, Y & Mao, C. (2015). The impact of person-job fit and job satisfaction: The mediator role of self efficacy. *Social Indicators Research, 121*, 805–813.

Quinones, M. A., Ford, J. K. & Teachout, M. S. (1995). The relationship between work experience and job performance: A conceptual and meta-analytic review. *Personnel Psychology, 48*, 887–910.

Rauen, C. & Eversmann, J. (2014). Coaching. In H. Schuler & U. P. Kanning (Hrsg.), *Lehrbuch der Personalpsychologie* (S. 563–606). Göttingen: Hogrefe.

Roberson, Q. M., Collins, C. J. & Oreg, S. (2005). The effects of recruitment message specificity on applicant attraction to organizations. *Journal of Business and Psychology, 19,* 319–339.

Roth, B., Becker, N., Romeyke, S., Schäfer, S., Dominick, F. & Spinath, F. M. (2015). Intelligence and school grades: A meta-analysis. *Intelligence, 53,* 118–137.

Roth, P. L., BeVier, C. A., Switzer, F. S. & Schippmann, J. S. (1996). Meta-analyzing the relationship between grades and job performance. *Journal of Applied Psychology, 81,* 548–556.

Salas, E. & Cannon-Bowers, J. A. (2001). The science of training: A decade of progress. *Annual Review of Psychology, 52,* 471–499.

Salas, E., Tannenbaum, S. I., Kraiger, K. & Smith-Jentsch, K. A. (2012). The Science of training and Development in Organizations: What matters in Practice. *Psychological Science in the Public Interest, 13,* 74–101.

Salgado, J. F., Anderson, N., Moscoso, S., Bertua, C., de Fruyt, F., & Rolland, J. P. (2003). A meta-analytic study of general mental ability validity for different occupations in the European Community. *Journal of Applied Psychology, 88,* 1068–1081.

Schilling, J. & May, D. (2015). Negative und Destruktive Führung. In J. Felfe (Hrsg.), *Trends der psychologischen Führungsforschung* (S. 317–329). Göttingen. Hogrefe.

Schmidt, F. L. & Hunter, J. E. (1998). The validity and utility of selection methods in personnel psychology: practice and theoretical implications of 85 years of research findings. *Psychological Bulletin, 124,* 262–274.

Schuler, H. (2014a). Arbeits- und Anforderungsanalyse. In H. Schuler & U. P. Kanning (Hrsg.), *Lehrbuch der Personalpsychologie* (S. 61- 97). Göttingen: Hogrefe.

Schuler, H. (2014b). Psychologische Personalauswahl. Göttingen: Hogrefe.

Schuler, H. (2018). Das Einstellungsinterview. Göttingen: Hogrefe.

Schuler, H., Funke, U. & Baron-Boldt, J. (1990). Predictive validity of school grades – A meta-analysis. *Applied Psychology: An International Journal Review, 39,* 89–103.

Schwarzinger, D. & Schuler, H. (2016). TOP – Dark triad of personality at work. Göttingen: Hogrefe.

Schwarzinger, D. & Schuler, H. (2017). Die Dunkle Triade der Persönlichkeit im Berufskontext. *Report Psychologie, 42,* 298–305.

Schyns, B. & Schilling, J. (2013). How bad are the effects of bad leaders? A meta-analysis of destructive leadership and its outcomes. *The Leadership Quarterly, 24,* 138–158.

Sende, C., Moser, K. & Galais, N. (2018). Die Leistungs- und Verhaltensbeurteilung in Arbeitszeugnissen. *Zeitschrift für Arbeits- und Organisationspsychologie, 62,* 169–187.

Seyda, S. & Werner, D. (2014). IW-Weiterbildungserhebung 2014 – Höheres Engagement und mehr Investitionen in Betriebliche Weiterbildung. – Online. Zugriff am 04.07.2016. Verfügbar unter: http://www.iwkoeln.de/wissenschaft/veranstaltungen/beitrag/pressekonferenz-iw-weiterbildungserhebung-2014-01454.

Sonntag, K. (2006). Ermittlung tätigkeitsbezogener Merkmale: Qualifikationsanforderungen und Voraussetzungen menschlicher Aufgabenbewältigung. In K. Sonntag (Hrsg.), *Personalentwicklung in Organisationen* (3. Aufl., 206–234). Göttingen: Hogrefe.

Sonntag, K. & Schaper, N. (2006). Wissensorientierte Verfahren der Personalentwicklung. In H. Schuler (Hrsg.), *Lehrbuch der Personalpsychologie* (2. Aufl., S. 253–280). Göttingen: Hogrefe.

Sturm, M., Reiher, S., Heinitz, K. & Soellner, R. (2011). Transformationale, transaktionale und passiv-vermeidende Führung: Eine metaanalytische Untersuchung ihres Zusammenhangs mit Führungserfolg. *Zeitschrift für Arbeits- und Organisationspsychologie, 55,* 88–104.

Sunstein, C. R. (2009). Going to extremes: How like minds unite and divide. New York: Oxford University Press.

Taormina, R. J. & Gao, J. H. (2013). Maslow and the motivation hierarchy: Measuring satisfaction of the needs. *The American Journal of Psychology, 126,* 155–177.

Taylor, H. C. & Russel, J. F. (1939). The relationship of validity coefficients to the practical effectiveness of tests in selection: Discussion and tables. *Journal of Applied Psychology, 23,* 565–578.

Taylor, P. J., Russ-Eft, D. F. & Chan D. W. L. (2005). A meta-analytic review of behavior modeling training. *Journal of Applied Psychology, 90,* 692–709.

Taylor, S. N. & Hood, J. N. (2010). It may not be what you think: Gender differences in predicting emotional and social competence. *Human Relations, 64,* 627–652.

Tepper, B. J. (2000). Consequences of abusive supervision. *Academy of Management Journal, 43,* 178–190.

Tett, R.P. & Meyer, J. P. (1993). Job satisfaction, organizational commitment, turnover intention, and turnover: Path analysis based on meta-analytic findings. *Personnel Psychology, 46,* 259–293.

Tepper, B. J. (2000). Consequences of abusive supervision. *Academy of Management Journal, 43,* 178–190.

Theeboom, T., Beersma, B. & van Vianen, A. E. M. (2013). Does coaching work? A meta-analysis on the effects of coaching on individual level outcomes in an organizational context. *The Journal of Positive Psychology, 9,* 1–18.

Trapmann, S., Hell, B., Weigand, S. & Schuler, H. (2007). Die Validität von Schulnoten zur Vorhersage des Studienerfolgs – eine Metaanalyse. *Zeitschrift für Pädagogische Psychologie, 21,* 11–27.

Underhill, C. M. (2006). The effectiveness of mentoring programs in corporate settings: A meta-analytical review of the literature. *Journal of Vocational Behavior, 68*, 292–307.

Van Eerde, W. & Thierry, H. (1996). Vroom's expectancy models and work-related criteria: A meta-analysis. *Journal of Applied Psychology, 81*, 575–586.

Van Hoye, G. (2013). Recruiting through employee referrals: An examination of employees' motives. *Human Performance, 26*, 451–464.

Van Hoye, G., Bas, T., Cromheecke, S. & Lievens, F. (2013). The instrumental and symbolic dimensions of organisations' image as an employer: A large-scale field study on employer branding in Turkey. *Applied Psychology: An International Review, 62*, 543–557.

Van Iddekinge, C. H., Lanivich, S. E., Roth, Ph. L., & Junco, E. (2013). Social media for selection? Validity and adverse impact potential of a facebook-based assessment. *Journal of Management, 20*, 1–13.

Varelmann, L. & Kanning, U. P. (2018). Personalauswahl: Praktiker überschätzen Validität von Auswahlverfahren. *Wirtschaftspsychologie aktuell, 1*, 43–47.

Verquer, M. L., Beehr, T.A. & Wagner, S.H. (2003). A meta-analysis of relations between person-organizational fit and work attitudes. *Journal of Vocational Behavior, 63*, 473–489.

Vroom, V. H. (1964). Work and Motivation. New York: Wiley.

Vroom, V. H. & Yetton, P. (1973). Leadership and decision-making. Pittsburgh: University of Pittsburgh Press.

Wahba, M. A. & Bridwell, L. G. (1976). Maslow reconsidered: A review of research on the need hierarchy theory. *Organizational Behavior & Human Performance, 15*, 212–240.

Walker, H. J., Feild, H. S., Giles, W. F. & Bernerth, J. B. (2008). The interactive effects of job advertisement characteristics and applicant experience on reactions to recruitment messages. *Journal of Occupational and Organizational Psychology, 81*, 619–638.

Walter, M. & Kanning, U. P. (2003). Wahrgenommene soziale Kompetenzen von Vorgesetzten und Mitarbeiterzufriedenheit. *Zeitschrift für Arbeits- und Organisationspsychologie, 47*, 152–157.

Webber, S. S. & Donahue, L. M. (2001). Impact of highly and less job-related diversity on work group cohesion and performance: A meta-analysis. *Journal of Management, 27*, 141–162.

Wegge, J. (2014). Gruppenarbeit und Management von Teams. In H. Schuler & U. P. Kanning (Hrsg.), *Lehrbuch der Personalpsychologie* (S. 933–983). Göttingen: Hogrefe.

Wegge, J., Roth, C. & Schmidt, K.-H. (2008). Eine aktuelle Bilanz der Vor- und Nachteile altersgemischter Teamarbeit. *Wirtschaftspsychologie, 3*, 30–43.

Wenderdel, M. & Kanning, U. P. (2008). Wer mehr weiß beurteilt anders. *Perso-nalwirtschaft, 8*, 52–54.

Wiesner, W. H. & Cronshaw, S. F. (1988). A meta-analytic investigation of the impact of interview format and degree of structure on the validity of the employment interview. *Journal of Occupational Psychology, 61*, 275–290.

Witkowski, T. (2012). A review of research findings on neuro-linguistic programming. *The Scientific Review of Mental Health Practice, 9*, 29–40.

Woehr, D. J. & Arthur, W. Jr. (2003). The construct-related validity of assessment center ratings: A review and meta-analysis of the role of methodological factors. *Journal of Management, 29*, 231–258.

Worchel, S., Rothgerber, H., Day, E. A., Hart, D. & Butemeyer, J. (1998). Social identity and individual productivity within groups. *British Journal of Social Psychology, 37*, 389–413.

Zettler, I. & Lang, J. W. B. (2015). Employees' political skill and job performance: An inverted U-shaped relation? Applied Psychology: *An International Review, 64*, 541–577.

Zottoli, M. A. & Wanous, J. P. (2000). Recruitment source research: Current status and future directions. *Human Resource Management Review, 10*, 353–382.

HAUFE.

 Ihr Feedback ist uns wichtig!
Bitte nehmen Sie sich eine Minute Zeit

www.haufe.de/feedback-buch

Stichwortverzeichnis